Filosofía de las corridas de toros

Muletazos

Colección dirigida por

D. Fernando del Arco, escritor

Francis Wolff

Filosofía de las corridas de toros

Edicions Bellaterra

Título original: *Philosophie de la corrida*

Diseño de la cubierta: Joaquín Monclús

Segunda edición, 2010

Navas de Tolosa, 289 bis. 08026 Barcelona
www.ed-bellaterra.com

Impreso en España
Printed in Spain

ISBN: 978-84-7290-484-2
Depósito Legal: B. 3.471-2010

Impreso por Romanyà Valls. Capellades (Barcelona)

A quienes son ajenos al mundo de los toros
esperando que vislumbren la universalidad de un arte singular
y a todos los aficionados
para que alcen la cabeza con su tesoro.

Índice

Prefacio

¿Filosofar sobre la corrida de toros?

En primer lugar, se trata de un intento de traducción: a falta de poder curar sus pasiones, un filósofo debe esforzarse por expresarlas en el idioma de la razón. Así, pues, en el caso del autor de estas líneas, se trata también de saldar una deuda: devolver a la corrida de toros un poco de la experiencia singular que ofrece y el sinfín de goces que brinda transponiéndolos en una lengua extranjera y universalmente accesible, la de los conceptos y los argumentos. En una palabra, se trata de hacer de un objeto de amor un objeto de pensamiento.

Como toda gran obra humana, la corrida de toros engendra otras obras: obras de arte, de otras artes. Pintura, escultura, música, cine, todas ellas han acudido a sus citas. Pero también engendra discursos. La corrida de toros tiene sus teóricos, autores de «tauromaquias», la más venerable de las cuales es la famosa *Tauromaquia o el arte de torear a pie y a caballo* (1796) de Pepe Hillo. Tiene sus historiadores. Tiene sus críticos. Tiene sus lexicógrafos y sus especialistas. Tiene sus novelistas, sus poetas, sus cuentistas. Tiene, evidentemente, sus sociólogos y sus psicólogos. Tiene sus antropólogos. Pero, si bien se recuerdan los nombres de algunos filósofos a los que interesó, si bien se conoce a filósofos a los que apasiona, son pocos los que se han aventurado a filosofar sobre ellas.[1]

Parece una empresa incongruente. ¿Qué sentido puede tener «filosofar» sobre un arte, menor donde los haya, o sobre un juego, por serio que sea? No es que haya temas inconvenientes o asuntos demasiado fútiles para la filosofía. Por lo demás, la corrida de toros no es ni inconveniente ni fútil, sino, si acaso, edificante y grave más bien. Infunde a quienes la aman y la comprenden, emociones y alegrías tan profundas y refinadas como las artes más estéticamente correctas. Es más bien que no se sabe cómo podría la filosofía abordar la corrida de toros. No se sabe siquiera lo que es: juego, rito, arte, espectáculo, deporte u otra cosa o todo ello a la vez. Hay una filosofía del juego, una filosofía del arte, se puede filosofar sobre los ritos, los espectáculos o los deportes, pero no puede haber ideas sobre lo que no pertenece a ninguna categoría. Así, pues, que los no filósofos se tranquilicen, que aquellos a los que la propia palabra de «filosofía» espanta (o aburre) se tranquilicen; no hay que tomarla al pie de la letra en este caso: las páginas que siguen no constituyen un tratado como Dios manda sobre «la esencia de la corrida de toros» ni encontrará el lector en ellas argumentación rigurosa alguna, de principios a consecuencias, sobre su «fundamento último». Y aprovechemos esta consoladora noticia para tranquilizar también a los no aficionados: también ellos podrán entenderlo todo. Como la filosofía comparte con la corrida de toros la imagen fatal de ser un lugar reservado a los iniciados y protegido por una jerga abstrusa, podemos avisar a los profanos de esas dos materias de

1. Excepciones notables: el hermoso ensayo de Víctor Gómez Pin, *La escuela más sobria de vida. Tauromaquia como exigencia ética.* Madrid, Espasa Calpe, 2002; y de Alain Renaut las convincentes defensas de las corridas en nombre de los valores humanistas: por ejemplo, en «L'esprit de la corrida», *La Règle du jeu*, París, Grasset, 1992.

que nos hemos esforzado por evitar el falso tecnicismo y la jerigonza que, en éste como en otros casos, suelen servir exclusivamente como signos totalmente exteriores de distinción.[2] Resulta posible interesarse por lo que llamamos la «filosofía de la corrida de toros» sin haber leído nunca un libro de filosofía ni recordar las lecciones de los últimos cursos del bachillerato, sin haber visto nunca una corrida de toros ni haber pinchado a la menor vaquilla.

Sea lo que fuere, la corrida de toros se presta al análisis conceptual cuando afecta a los valores. No se sabe bien lo que es, pero se discute para saber lo que vale. La duda sobre su «naturaleza» y las diferentes posiciones que esa perplejidad engendra debe ser recordada como «prólogo» a cualquier otro análisis. Nos ha gustado escribirlo en forma de diálogo «socrático», pues Sócrates se negaba siempre a responder a las cuestiones de valor sin haber examinado previamente las de definición... y con frecuencia éstas resultan irresolubles (¿acaso no es así en el caso de la inclasificable corrida de toros?). Así, pues, el resto del libro está dedicado a la cuestión de los valores.

Los hay de dos clases: éticos y estéticos. La corrida de toros es un combate a muerte entre un hombre —hombres— y un toro «salvaje». No es una definición, sino apenas una descripción... inexacta, incompleta, discutible, pero plantea una primera interrogación: ¿es moralmente defendible dar muerte así a animales? A esa

2. No podía privar mis afirmaciones —sin despojarlas de su sentido o reducirlas a algunas abstracciones— de alguna ilustración precisa: con excepciones ínfimas (algunas corridas «históricas» célebres), he recurrido exclusivamente a recuerdos personales procedentes de las 1.200 corridas, más o menos, a las que he tenido oportunidad de asistir desde 1969; en esos casos cito, como en relación con cualquier otro arte escénico, sucesivamente el lugar, la fecha y el nombre de los artistas, es decir, el del torero y el del toro... o al menos el de su ganadería. Tampoco podía eliminar de ellas sin edulcorarlas o privarlas de su pertinencia todas las referencias a fases, acciones, suertes, gestos determinados y, por tanto, dispensarme de recurrir a un mínimo de vocabulario técnico.

interrogación, formulada desde el exterior de la corrida de toros, no se puede responder sin poner en entredicho nuestros deberes para con los animales en general y sin preguntar a la propia corrida de toros, desde el interior, lo que nos enseña sobre dichos deberes, pues es portadora de una auténtica moral «animalista» por los valores que atribuye al toro y por las normas de su combate, lo que nos mueve a interrogarnos por el sentido de esa ley extraña y necesaria que exige la muerte del toro de lidia: ¿se trata del fin de un sacrificio ritual? ¿Se trata del término de una epopeya heroica?

Otra vertiente del problema ético planteado por la corrida de toros ya no se refiere al animal, sino al hombre. Ahora bien, los valores con que está investido el torero parecen simétricos precisamente a los del toro, ya que unos y otros son las virtudes heroicas del combatiente: «ser torero» es indudablemente una forma de *ser*, de «estilizar la existencia propia» (Michel Foucault), de identificarse con la función propia; es una determinada manera de exponerse sin mostrarlo, de dominar los acontecimientos dominándose a sí mismo y de prometer una victoria sobre lo imprevisible. Dos toreros singulares —Paco Ojeda y José Tomás— ilustran de la forma más radical —y opuesta— esa ética de la libertad mediante el combate. ¿Es Sébastien Castella el heredero de esos dos maestros del «aguante»?

Pero la corrida de toros no es sólo una lucha a muerte o su conversión en espectáculo... cosa que siguió siendo hasta el final del siglo XIX. Desde el comienzo del siglo XX y lo que se ha podido llamar la revolución formal de Juan Belmonte, pasó a ser una clase de arte. Así, pues, los valores éticos van emparejados con los estéticos. De hecho, lo que es un «arte» no es seguramente la corrida misma, sino lo que se llama toreo, es decir, la acción del torero que engaña a los toros cuando, equipado con una simple capa o una muleta, provoca y esquiva las sucesivas embestidas. En efecto, el toreo obedece a las reglas más clásicas de las bellas artes (pintura, música, literatura) y responde a la exigencia fundamental de todo arte humano: dar forma a una materia. El toreo es el arte de dar forma humana —familiar— a un material en bruto... o al menos extraño, la embestida del toro: equilibrio de las líneas y los volúmenes en tensión opuesta, como en la obra plástica, concordancia de los acontecimientos consonantes o disyuntos, como en la obra musical, bodas del azar y la necesidad, como en cualquier actuación única. Ese arte pone la mira en el valor estético por excelencia de las artes clásicas de la representación, el más conmovedor y caído en desuso de los valores: la belleza. Belleza paradójica sobre un fondo de sublimidad, armonía conquistada a la tensión, la desmesura y el caos, en el caso de un arte que no lo es en verdad, ya que está asediado por la presentación en bruto de la realidad y la muerte.

Y después, ¿qué queda de todo eso? Conceptos estéticos, argumentos éticos, tal vez... o tal vez sólo el eco inexpresable de una experiencia singular, cierta alquimia de los placeres y los días.[3]

3. Este libro es inédito, pero algunos capítulos proceden en grados diversos de estudios ya publicados. Una versión diferente del prólogo fue publicada en español en la difunta revista *Taurología*, n.° 2, Madrid, invierno de 1990. Una versión diferente del capítulo 1 fue publicada con el título de «Le statut de l'animal dans la corrida», *Cahiers philosophiques*, n.° 10, CNDP, 2005. Algunos de los materiales del capítulo 2 proceden de una contribución en español a la *Revista de Estudios Taurinos*, n.° 16, Sevilla, 2003; otros, de dos artículos bilingües de *Clarín Taurino*, Bilbao, agosto de 1996 y 2000. Algunos de los elementos del capítulo 3 sirvieron para una comunicación en el Congreso Internacional de Sevilla, 2001, reproducida en Antonio García-Baquero González y Pedro Romero de Solís (comp.), *Fiestas de toros y sociedad*, Universidad de Sevilla, 2003; otros fueron utilizados en una comunicación en el coloquio «Éthique et esthétique de la corrida» (École Normale Supérieure, París, diciembre de 2005). Una versión diferente del capítulo 4 fue publicada en *Clarín Taurino*, Bilbao, agosto de 2003. Una pequeña parte de los materiales del capítulo 6 fueron utilizados en un artículo en español en *Taurología*, n.° 1, otoño de 1989. Una versión bilingüe sensiblemente diferente del capítulo 7 fue publicada en la revista *Clarín Taurino*, agosto de 2005, a cuyo director, Alfonso Carlos Saiz de Valdivieso, saludo aquí por la calidad de su labor de editor y promotor de las corridas de toros.

PRÓLOGO

¿Qué es la corrida de toros? (Sócrates y los toros)

Para hablar pertinentemente de algo, sea lo que fuere, habría que poder definirlo. Al menos eso es lo que se repite desde los Diálogos *de Platón: el primer deber de quien quiere hacer de filósofo es el de determinar aquello de lo que habla; hay que decir «lo que es» antes de intentar decir «cómo es» (bueno o malo, bello o feo) a fin de poder decir «por qué es» (conmovedor, escandaloso, magnífico...). Ahora bien, no se puede decir precisamente a qué género pertenece la corrida de toros. En vano buscaremos la rúbrica en la que leer sus crónicas en los periódicos (¿deporte? ¿cultura? ¿bellas artes? ¿sociedad?), no sabemos de qué ministerio depende su administración (¿Agricultura? ¿Interior? ¿Educación? ¿Cultura?), no sabemos en qué clase de actividad clasificarla (¿rito? ¿juego? ¿deporte? ¿arte? ¿espectáculo?). ¿Será como un drama inclasificable, el ornitorrinco de las actividades humanas, un desafío al orden establecido, entre juego y seriedad, entre profano y sagrado, entre representación y realidad, entre tragedia verdadera y actuación plástica?*

Personajes: Sócrates, filósofo, y, por orden de aparición: Empirion, Génesis, Doctos, Agon, Atlos, Calímaco, Histerion y Sacerdos, aficionados.

Un rumor confuso se alzaba a lo lejos en la atmósfera cálida. La fiesta volvía a apoderarse de la ciudad. Algunos compases de un pasodoble se deslizaban hasta el fondo del café. ¿A quién le importaba? La conversación estaba animándose. Se trataba de determinar si el «tercer toro» había sido bravo o no. Atlos así lo había considerado, cosa que enfurecía a Doctos: «Siempre has de confundir bravura y poder —acusaba—. No porque haya derribado dos veces al picador...». Atlos, con gesto tan amplio como podía hacer temer su anchura de hombros, había derribado su copa de jerez: «Seguro que tú prefieres las cabras que nos presentaron ayer...» El corto argumento resultó terminante, por lo que la atención general se centró en la conversación paralela de Empirion y Calímaco. Aún no habían pasado del segundo toro. Se trataba de evaluar la primera serie de verónicas del torero madrileño. «Espectacular...», «efectista...», «sin hondura...», pontificaba Calímaco. Empirion hojeaba, febril, su cuaderno para buscar con qué replicar, pero en sus notas sólo encontraba una retahíla de constancias de ujier (número de puyazos, de pases naturales, de derechazos, etcétera) sin nada tangible que permitiera zanjar la controversia estética. Histerion aprovechó la calma momentánea para señalar al camarero las copas vacías con un guiño de complicidad. Sin embargo, una intervención de Agon hizo elevarse de pronto la discusión hacia tópicos generales. Esos mismos lances de recibo volvían sobre el tapete. «Con dominio...», afirmaba Doctos. «Bastos», replicaba Calímaco. «Eficaces», decía uno, «pesados», respondía el otro. Había llegado el momento de la *disputatio* entre el Arte y la Técnica. El resultado del combate era incierto, pero las batallas se anunciaban previsibles: la compañía actuaba todas las noches desde hacía cuatro días en el mismo salón interior y todos conocían el papel de los demás tan bien como el propio. Sin embargo, aquel día todo podía dar un vuelco: estaba allí Sócrates. Aún no había dicho nada. Lo abordaron. Le rogaron que zanjara: «De forma general —resumió Génesis—, ¿qué te parece, Sócrates? ¿Debe el torero poner la mira en la belleza o en el dominio?» Se hizo el silencio, iba a hablar el maestro. Cierto es que no había asistido a la corrida de toros (por cierto, ¿habría entrado alguna vez en una plaza?), pero eso tenía que saberlo.

—Amigos míos, creedme que me gustaría sumar mi opinión a las vuestras, pero me resulta rigurosamente imposible. —Se sintieron decepcionados—. Pues, para poder resolver vuestro problema y saber si el torero debe procurar más que nada producir la belleza con sus gestos o demostrar con sus actos su dominio del animal, habría que saber lo que son las corridas de toros. —Suspiraron—. Ahora bien, debo reconocer que yo lo ignoro. —Protestaron—. E incluso añadiría que nunca ha conocido a nadie que lo supiera. —Respiraron: era pura y simplemente la ironía habitual de Sócrates—. Por eso —continuaba éste—, a mí me corresponde en primer lugar preguntar y a vosotros responder, queridos amigos aficionados, vosotros que, según dicen, no ignoráis nada de la lidia de toros. ¿Cuál de vosotros, más sabio que los demás, aceptaría disipar mi ignorancia? —Y cada cual expuso sus méritos. Uno había visto morir más de diez mil toros, otro había leído todos los libros, otro más había visto con sus propios ojos lidiar a Juan Belmonte—. Entonces, no os resultará difícil responder a mi pregunta: a ver, ¿qué es la corrida de toros?

Fue Empirion quien rompió el silencio:

—Sócrates, nada hay más sencillo. —Y se puso a explicarlo—. Ya sea en Sevilla, Madrid, Bilbao, Nîmes, Dax o México, una corrida es, aquí tienes la respuesta a tu pregunta, Sócrates, la lidia y la muerte de varios toros «bravos» (generalmente seis) criados para ese fin. ¿Qué quiero decir con eso? —se interrogaba Empirion, en vista de que nadie le preguntaba nada—. El desarrollo de cada lidia está rigurosamente establecido: una vez atemperada y canalizada la fogosidad del animal mediante una serie de capotazos, unos jinetes (los «picadores») entran en escena y lo pican en lo alto de la cruz mediante un hierro empotrado en un largo mango de madera para hacerle bajar la cabeza y poner a prueba su bravura; ese cuerpo a cuerpo del toro contra el grupo ecuestre resulta interrumpido con frecuencia con series de capotazos —los quites— elegantes o audaces. Después otros subalternos del matador, los banderilleros (tres por matador, pero dos por toro) se adelantan y, esquivando la embestida del animal, le clavan dos pares de banderillas en la cruz; luego viene el duelo final, la culminación de la corrida, cuando el matador, esa vez solo y armado de un simple trapo de tela roja montado sobre un palo, la muleta, intenta crear su obra (la faena) mediante pases encadenados y tan arriesgados como brillantes frente a un toro cada vez más agotado, pero cada vez más peligroso, pues no cesa de aprender a lo largo de la lidia. Por último, menos de una decena de minutos después, el matador se perfila para la suerte de matar que siempre se debe dar a…»

—¿Y por qué no el diámetro del ruedo, la longitud de las banderillas o el peso de los toros? —se sublevó Génesis—. Tu pormenorizada reseña no explica nada.

—Es como si —asintió Sócrates señalando a Empirion— te esforzaras para hacernos entender la construcción de una sinfonía enumerando así: hay un *re*, después dos *sol* sostenidos, más luego otro *re*…»

—Evidentemente —se vanaglorió Génesis—. Por lo demás, para comprender lo que es la corrida de toros, de nada sirve describirla. Hay que comprender su origen. ¿Debemos verlo en el arcaico culto a Mitra, en la leyenda de Hércules o en la mítica hazaña de Teseo? (Bostezaban.) Por mi parte, prefiero ver su fundamento a comienzos del siglo XVIII, en la revolución —sí, mido mis palabras: revolución— de un Francisco Romero, que rompió con las «proezas» caballerescas de los príncipes ibéricos, consistentes en matar, desde lo alto de un caballo, un toro salvaje. (Empezaban a charlar.) Como precursor que fue en el arte de matar a pie y armado con una espada y un simple trozo de tela, al substituir la brutalidad de los efectos por la elegancia del gesto, selló el acto de nacimiento de la corrida de toros, que, al pasar a ser cosa del pueblo, ganó, aun así, en nobleza, como nos cuentan los mejores historiadores. Poco a poco, se fueron constituyendo ganaderías para seleccionar la sangre «brava», se codificó y se depuró el espectáculo, hubo profesionales de la valentía que lo ilustraron, teóricos que lo conceptualizaron, poetas que lo cantaron...

Amenazaba con estallar un abucheo. Sócrates hizo callar a los chillones, pero interrumpió la lección magistral:

—Vuestras respuestas, de uno y otro, no pueden satisfacerme —dijo—, pues, si me pregunto con vosotros qué es la corrida de toros, no es con el exclusivo fin de colmar mi ignorancia. Es, os lo recuerdo, para determinar en qué debemos poner la mira: el arte o la técnica. Dicho de otro modo, para saber lo que es un maestro consumado en esa actividad, hay que conocer su finalidad, problema que, a su vez, no se podría resolver sin haber resuelto previamente la cuestión de su esencia. Ahora bien, ni tu descripción, Empirion, por bien informada que esté, ni tu apelación a la Historia, Génesis, por erudita que me parezca, pueden aclararnos. Pero veo que Doctos comprende lo que quiero decir.

En efecto, Doctos estaba limpiándose las gafas, señal manifiesta de que deseaba hablar:

—Es una definición la que esperas de nosotros, Sócrates, y voy a dártela. La corrida de toros es simplemente la muerte pública y leal de toros salvajes, precedida por una lidia regulada.

Esa vez se hizo un silencio admirativo. Doctos saboreó aquellas miradas dirigidas a él y prosiguió:

—En eso estriba el sentido profundo de la corrida de toros: una lucha cuyo resultado es seguro, pero cuya ejecución es siempre incierta; una lidia en la que se ha de engañar al adversario, desde luego, pues es el arma de la inteligencia, lo que los griegos llamaban la *metis*, pero hay que hacerlo con lealtad y en eso estriba su ética. Si se trata también de engañar a este toro y no a otro, hay que saber ajustar la acción propia a las condiciones singulares del oponente, diferente por hipótesis de todos los demás, ya que es un ser mortal que combate una sola vez. Es un ser vivo, con su carácter singular, que se ha de saber descubrir, y su conducta imprevisible, que, sin embargo, se debe poder prever. «Cada toro tiene su lidia», dice el viejo adagio. ¿Es recta, larga o violenta su embestida? ¿Es móvil su cuello? ¿Da derrotes hacia adelante, hacia arriba, hacia los lados? ¿Cuál es su resistencia, su discernimiento, su acometividad? ¿Por qué lanza las patas hacia delante? ¿Cómo mete la cabeza en el engaño? ¿Cuál es su mejor pitón? ¿Cuál es su querencia? Ésas son las cuestiones que se plantean al hombre que, por instinto, hábito o razón, debe resolverlas. Y la respuesta está en el mando, dirigiendo la embestida del toro de la forma más precisa, más larga, más ligada posible. Y añado que las cuestiones que plantea el adversario son siempre nuevas, pues evoluciona a cada instante de la lidia: ¿por qué tiene tendencia, de pronto, a volver a las tablas? ¿Por qué acorta su embestida? ¿Estará pasando a la defensiva? ¿Habrá advertido la presencia del hombre detrás de la huidiza tela? ¿No sería mejor citarlo, ahora, por el pitón izquierdo, cambiar de terreno, abreviar el duelo? (Doctos se exaltaba.) El mejor torero es el que piensa con el animal, el que piensa por el animal. Debe adaptarse para dominarlo mejor, pues la inteligencia es plasticidad. Por lo demás, ésa es la palabra primordial de una corrida de toros: el dominio. —Se puso a pronunciarla recalcando las sílabas: *do-mi-nio*—. «El hombre debe obligar a la naturaleza del toro a actuar contra sí misma, poner orden y mesura en una embestida que de entrada no es otra cosa que un medio de defensa caótica. Observa a los grandes toreros del pasado, un Viti, por ejemplo, maestro en el arte de forzar al adversario a combatir; observa cómo un Paquirri era capaz de defender su terreno como un general del Imperio, cómo sabía un Rincón revelar el valor de su antagonista expresando todo su poder, cómo un Ponce, esta misma tarde, ha podido «inventarse un toro» alargando progresivamente su embestida y enseñándole a prestarse al juego de los engaños. —Empirion volvía a sumirse en sus notas para comprobar las afirmaciones de Doctos—. Hay que domeñar, encauzar, esa embestida, llegar incluso a corregir sus defectos: enseñar al toro rebelde a embestir, prolongar el recorrido del toro corto, moderar el toro demasiado codicioso, corregir el derrote intempestivo del toro bronco, pero también impedir que el toro listo aprenda demasiado deprisa; en una palabra, *dominar*. Eso, Sócrates, es la corrida de toros».

Calímaco lanzó un desdeñoso «¡bah!», pero Sócrates pareció satisfecho:

—Me parece, Doctos, que por fin empiezo a saber lo que es la corrida de toros. Sin embargo, hay elementos de tu definición que me gustaría ver precisados; hay algo en ella que me incomoda...

(Doctos no parecía afectado)

¡Es como si me hubieras definido la agricultura mediante la labranza!

—¿Qué quieres decir?» —se inquietó Doctos.

—Quiero decir que la habilidad del albañil sirve al bienestar de la vivienda y la competencia del zapatero satisface la comodidad del caminante y convendrás conmigo en que la agricultura domesticó las plantas y los animales para la alimentación de los hombres.

—Sí, ¿y qué? —Ya despuntaba la irritación.

«Pues que, de forma general, una técnica se define por su fin y me gustaría saber simplemente al servicio de qué fin pone el torero su técnica de dominio, a menos que creas que la corrida consiste en dominar el toro... por dominarlo?»

Empezaron a vacilar las convicciones de Doctos:

—No comprendo bien tu pregunta, Sócrates.

—Y, sin embargo, sigue siendo la misma desde el principio, pero voy a intentar formularla de otro modo. La corrida de toros, pese a ser la aplicación precisa de las reglas y normas de las que hablabas, no es una religión, ¿convienes conmigo? —Sí que convenía—. Por mucho que requiera todas las competencias y se apoye en todos los conocimientos de los que tú hablabas, no es una ciencia, ¿convienes conmigo? —Sí que convenía—. Entonces dime en qué categoría de las actividades humanas la clasificas.

Fue Agon el que respondió:

—Es que tus preguntas son trampas, Sócrates. Quieres definir la corrida de toros mediante su finalidad; ahora bien, precisamente carece de ella y eso precisamente es lo que la define. (La argucia hizo troncharse a Atlos.)

Sin embargo, se estaban invirtiendo los papeles.

—¿Qué quieres decir? —preguntó Sócrates.

—Quiero decir que la corrida de toros es un *juego*, tal es incluso su «esencia», por usar tu lenguaje. Y los juegos constituyen precisamente esa categoría de actividades humanas gratuitas, en el sentido de que no tienen otra finalidad que ellas mismas. En todas las sociedades, según las idiosincrasias de cada pueblo y la especificidad del medio ambiente, los hombres juegan con los animales salvajes, sin objetivo, por el simple placer de demostrar su valor, su fuerza o su habilidad. Escúchame bien, Sócrates: en todas las regiones del mundo en las que ha habido toros bravos han existido combates de toros. Es una constante antropológica. Enfrentarse al toro, imagen natural del combatiente y símbolo permanente del poder, es el sueño eterno del hombre. ¿Por qué? Por nada precisamente. Las diversas tauromaquias son diversiones reguladas, pero son ante todo desafíos gratuitos: en Francia la corrida camarguesa (llamada «a la escarapela» con sus *razeteurs* de altos vuelos y sus toros legendarios cuyas hazañas recuerdan sus estatuas en las plazas de los pueblos de Provenza), la corrida landesa, menos lúdica, más atlética, con sus saltadores y «écarteurs»; en Portugal, la corrida a caballo y los *forçados*, que detienen el toro con las manos desnudas; en España, los *recortadores* de Valencia, los corredores de los encierros de Pamplona, el «acoso y derribo» en las regiones ganaderas, que recuerda a los usos caballerescos. Y, además, en otras zonas, los rodeos mexicanos o americanos, las *corralejas* colombianas, las *coleadas* venezolanas, los combates de toros en el Japón, en Corea e incluso en la India y en Goa, no acabaríamos nunca…

—Por lo demás, sin remontarnos a las representaciones parietales de las antiguas culturas magdalenienses, en el arte popular minoico o en las paredes de los palacios cretenses vemos volteos… —quiso precisar Génesis, pero una voz lo interrumpió—: Ah, no, ¡él, no!

—Mejor vuelve a mi pregunta —exigió Sócrates a Agon—. ¿Un juego dices? ¿En esa categoría habría que clasificar la tauromaquia?

—Pues, claro, Sócrates —insistió Agon—. Por lo demás, pregúntate qué es un *juego* y descubrirás en él todas las características de la corrida de toros. ¿El tiempo de la corrida? Es el tiempo del juego, liberado de los trabajos y los días, pues el juego rompe con el curso social ordinario, como la corrida, que siempre ha ido unida a la fiesta. La *fiesta brava* substituye el tiempo lineal de la vida cotidiana por el cíclico de los domingos y las ferias. ¿Las reglas de la corrida de toros? Son las de un juego, ni más ni menos. Ya sabes que no hay juego sin reglas estrictas y las reglas de un juego se distinguen de todas las demás (por ejemplo, las reglas morales o sociales) en que tienen una finalidad interna (hacer posible simplemente el juego) y no una externa (garantizar el orden político o asegurar la mejor vida común); ahora bien, ése es el sentido de los artículos del Reglamento Taurino y el papel del Presidente de una corrida de toros, que sólo sirven para garantizar el desarrollo ordenado del juego en el ruedo: cada cosa a su tiempo, cada gesto con su función, cada cual en su lugar. Y, si necesitas ejemplos, piensa en las travesuras de El Cordobés, quien se divertía con cualquier cosa y jugaba con su muleta y el toro como si se tratara de un animal familiar, piensa en Luis Francisco Esplá, todo volteos y caracoleos lúdicos y pícaros, piensa en todos esos banderilleros geniales, príncipes de la burla y artistas de la pirueta: son jugadores, ¡sí, jugadores!

—¡Olvidas —intervino Atlos—, que el protagonista principal de tu supuesto juego no juega, por su parte! El toro combate y hasta la muerte. ¿Crees tú que juega? No, vive: nada más serio, más verdadero, menos fingido. En cuanto al torero, a veces hace como si jugara, pero es como cuando se dice de un actor que lo hace bien, pues, en realidad, se juega la vida, ¡y eso es todo lo contrario de un juego!

—Pero toda la grandeza de la corrida de toros radica en eso precisamente! —exclamó Agon—. Precisamente porque el torero se juega la vida, es la corrida de toros el más bello y noble de los juegos. Sí, es verdad, el torero hace de su vida lo que está en juego en una partida que siempre vuelve a empezar. ¿Por qué? ¡Por nada! Por el simple placer, por libertad. Para afirmar su propio desapego ante las vicisitudes de la existencia y su victoria sobre lo imprevisible. ¿Qué es entonces, sino un juego, como os digo? Un juego con frecuencia grave, a veces dramático, pero nunca serio...

Sócrates pareció convencido y se volvió hacia Atlos.

—¿Y qué sería según tú, si no es un juego?

—Pues fíjate en los valores que entraña la corrida de toros y descubrirás lo que es, Sócrates. La corrida magnifica el dominio del cuerpo, exalta el valor, el don de sí, la lealtad, el esfuerzo. La corrida es un *deporte*, en el sentido más noble del término. Esta palabra te choca, Agon, y a ti también, Calímaco, ya lo veo. Sí, lo veo en vuestras sonrisas socarronas. Son las mofas habituales de los intelectuales contra el deporte, que nunca habéis intentado comprender. Evidentemente, es algo que os supera: poner a prueba la resolución, afirmar su valor, afrontar el peligro, luchar con las manos desnudas contra un adversario más fuerte, ¡no comprendéis lo que es eso! Pero voy a decíroslo yo muy clarito: se trata de los trabajos de atleta...

—Ya el propio Hércules contra el toro cretense... —aventuró Génesis.

Atlos no había oído nada y continuaba:

—Conque intentad llevar un pesado traje de luces bajo el sol andaluz, armados con una capa almidonada y una pesada espada (me refiero al pasado, porque en la actualidad todos los toreros por desgracia usan en el tercer tercio del estoque simulado) y empezaréis a valorar la hazaña. Cierto es que, como ha dicho Doctos, para torear hacen falta sólidas virtudes intelectuales, pero, como en todos los deportistas, son inseparables de las virtudes físicas y morales: movilizar inmediatamente las fuerzas propias, verlo todo con un vistazo, reaccionar al instante, pero no cesar de actuar razonablemente, son cualidades deportivas y de las más altas. Y no olvidéis lo esencial: el torero debe domeñar su miedo, siempre presente. Debe luchar contra su instinto de supervivencia, combatir sus automatismos vitales, que en todo momento le dictan la retirada del cuerpo: en el momento en que cita al toro, debe abrir el brazo y no doblarlo con un gesto reflejo que le resultaría fatal y, en el encuentro con su adversario, ha de adelantar la pierna en contra su propia tendencia natural. Hay que doblegar el cuerpo propio contra la naturaleza, contra la relajación natural. Debe deshacerse de sus reacciones para hacerse con las reglas del arte, es decir, del deporte. Fijaos en que los que la corrida pone en juego son precisamente los valores eternos de la «deportividad», los mismos desde los antiguos juegos panhelénicos hasta las competiciones olímpicas modernas, pasando por las justas caballerescas. Uno, por ejemplo, es la aureola concedida a la hazaña individual: ¡comparad la escapada solitaria en la ascensión al Alpe-d'Huez y la «encerrona» con seis toros de ganaderías diferentes! Otro es el culto de la proeza: comparad la ascensión invernal de la cara septentrional del Eiger con la epopeya de un Antonio José Galán tirándose a cuerpo limpio entre los pitones de un miura bajo una tormenta torrencial. Otro es el gusto por la ascesis, pues el toreo defiende los valores más constantes del deporte popular (como el ciclismo): el antihedonismo. «Hay que hacerse daño.» Es hermoso sufrir. El espíritu de competición es el que a veces anima aún a los toreros... con demasiado poca frecuencia, por desgracia (pensad en las rivalidades en los quites, que ya apenas se ven). Otro es la aceptación del riesgo físico, con tal de que sea calculado, la búsqueda de la victoria, con tal de que sea leal. Y todo eso, ¿para qué? No exactamente para nada, como decía Agon, pero, sin referirnos, evidentemente, a los salarios que reciben los profesionales por el espectáculo que ofrecen, en el deporte y en la tauromaquia, la recompensa del torero es ante todo simbólica, como la del deportista: ya sea una corona de laurel o una medalla o bien una oreja. No busquéis más para saber lo que es la corrida de toros, su propia ética nos lo enseña: es un deporte, en el sentido más noble del término. Pensad en aquellos «gladiadores» del pasado, como Francisco Ruiz Miguel o Antonio José Galán, pensad en sus predecesores, los Jaime Ostos, Gregorio Sánchez o, más lejos de nosotros, los Machaquito, Bombita, pensad en ese atleta actual que es Juan José Padilla, fuerza de la naturaleza, en ese acróbata con piernas de acero, El Fandi (antiguo campeón de esquí), en la abnegación homérica de un Sébastien Castella, al soportar sin rechistar que el pitón le roce a cada pase, pensad en esos minúsculos colosos del cuerpo a cuerpo, los Valderrama, Fundi, Robleño, Ferrera.

Sócrates sonreía:

—Pero, ¿conoces un deporte, Atlos, y tú, Agon, conoces un juego sin vencedor ni vencido? ¿Y hay deportes o juegos cuyo resultado se conozca de antemano, en este caso la muerte del toro? Atlos tiene razón, Agon, no hay juego en los casos en que uno de los dos participantes no juega: podemos jugar con nuestro perro, no con un toro al que vamos a matar. Y, comprendo perfectamente, Atlos, que se debe tener alguna cualidad atlética para ser torero, pero no por ello es la corrida de toros un deporte. Entonces, ¿crees que podemos hablar de competición en sentido propio? ¿Crees que el tanteo, la plusmarca, la medida, cuentan ni siquiera mínimamente en la corrida? ¿Crees que cuenta el resultado, como sugería Agon, o más bien el desarrollo de la partida?

—Podemos preguntarnos —añadió Calímaco— qué habría pensado un Rafael El Gallo de tus elucubraciones «deportivas», él, que decía entrenarse… fumando puros. Por lo demás, toda la historia de las corridas de toros es un desmentido de tu tesis, mi querido Atlos. La genial revolución de un Belmonte, por ejemplo, ¿acaso no consistió en ser «antideportiva»? Pues precisamente porque, como sabes, no podía someter su cuerpo a las exigencias atléticas de una corrida móvil fue por lo que inventó ese arte excepcional del encadenamiento inmóvil de los pases gracias a la longitud del brazo al que se debe toda la belleza plástica del toreo. Esos dos auténticos creadores y sus descendientes (los Curro Romero, Rafael de Paula, los Ordóñez, Cepeda, Manzanares, Morante de la Puebla) encarnan perfectamente la esencia de la corrida, que no es ni una técnica ni un juego y menos aún un deporte, sino un arte sin lugar a dudas.

Atlos se tronchaba.

—Un arte —continuaba Calímaco, sereno—, sí, un arte, que, como todos los demás, depende de la inspiración del artista y no tiene otro fin que la belleza. ¿Un combate, decía Doctos? Lo reconozco, pero ese combate ya no tiene, y desde hace mucho, la finalidad de vencer a un animal salvaje, sino más bien, al hacerlo, crear la belleza, una belleza tanto más intensa cuanto que está continuamente amenazada con desbaratarse y que es tanto más inesperada cuanto que se hace sobre un fondo de lucha. ¿Acaso hay algo más bello, en su sencillez, que una verónica o un pase al natural? ¿Acaso hay algo más emocionante que ese grupo plástico en el que ya no se distingue el gesto del torero y la embestida del toro? ¿Acaso no es escultura? ¿Acaso hay algo más suntuoso que la dinámica de una serie de pases ligados en un palmo de terreno sin solución de continuidad? ¿Acaso no es música? ¿Acaso hay algo más impresionante que una faena construida, equilibrada, meditada y que parece salir, por decirlo así, directamente del pensamiento del artista? ¿Acaso no es la tragedia clásica? ¡Es algo muy alejado del Alpe-d'Huez y de los Juegos Olímpicos, mi querido Atlos! Vuelvo a lo que tú afirmabas, Doctos: la esencia de la corrida, decías, es conducir la embestida y dominar en la lidia el «mando» como dicen los aficionados, ¿no? En modo alguno, querido nostálgico de un siglo XIX imaginario, la esencia del toreo no es el mando, que igualmente podríamos esperar de un domador o un campeón de rodeo, sino el temple, que significa consonancia y armonía: el engaño que imanta al animal, sin choques ni enganchones, el gesto que parece reducir su codicia, quitarle todo el salvajismo y convertirlo en una obra humana, por decirlo así. Es que, mira, lo que falta a todas vuestras definiciones y conceptos es una idea, ¡oh, un simple matiz, pero esencial!, sin la cual una corrida de toros no valdría las dos horas de pesar que con frecuencia nos da. ¿Qué idea? El *estilo*, pura y simplemente. Conque llamad juego o deporte a las tauromaquias populares, que tienen su grandeza, pero no a *nuestra* fiesta. Preguntaos por qué todos esos juegos taurinos de los que hablaban Agon o Génesis no han superado generalmente las fronteras de la tribu ni los límites de su región, por qué no han alcanzado nunca el brillo universal de las corridas de toros, esa universalidad que les ha permitido emocionar e inspirar a los mayores pintores, de Goya a Picasso, a los poetas como Lorca o Alberti, a los escritores como Hemingway, Leiris o Vargas Llosa, a los cineastas como Eisenstein o Abel Gance. Extraña técnica, como observabas tú, Sócrates, que no tiene, al parecer, más fin que sí misma, extraño deporte sin plusmarcas ni vencedor, curioso juego que debe más a la inspiración que a la competición…

—Y curioso arte que no produce obras —añadió, malicioso, Sócrates—. En efecto, ¿dónde están las creaciones de tus supuestos artistas sino en tu imaginación o en tu memoria? Tu sensibilidad ilumina tus juicios, pero hasta el extremo de cegarte, pues pareces confundir el arte y la estética, mi querido Calímaco. Podemos concederte que haya belleza en una suerte, una tanda o una faena, pero, ¿acaso basta la belleza para definir el arte? Al fin y al cabo, hay gestos hermosos por doquier… y en la vida misma. Y, además, los jugadores de ajedrez y los matemáticos conceden sus «premios de belleza», los jueces de patinaje o de gimnasia puntúan la belleza de los gestos y la perfección en la ejecución de los movimientos, prueba de que puede haber belleza en toda técnica, incluso en un juego o una ciencia, incluso en un deporte y, en cualquier caso, fuera de las artes. Es que se juzga el arte más por sus productos que por el goce que brindan. Hay que evaluarlo por la obra (pirámide o catedral, retrato, misa o cantata) y no por el placer estético experimentado por tal o cual persona.

Calímaco quedó fuera de combate como los demás. Aventuró un lacónico «sin embargo...», que chocó con la carcajada de Atlos.

Al cabo de un rato, Sócrates prosiguió:

—Así, que mi sencilla pregunta os coloca, queridos amigos, en un extraño apuro. Entonces, ¿vuestra corrida de toros no es nada? Quiero decir: ¿nada definible? ¿No pertenece a categoría alguna? ¿Es, entonces, algo así como un monstruo cultural, único en su género, que nos vemos obligados a admitir aislado, en lo alto de una página en blanco en el inventario de las actividades humanas, como un olvido o un *lapsus*?

Histerion tomó, tímidamente, la palabra:

—Yo seré más modesto que mis compañeros. Ellos han intentado en vano definir la especie «corrida de toros», pero yo voy a aventurarme más simplemente a indicar su género, porque tal vez sea el arquetipo de él.

Se miraron: ¿qué significaban esas sutilezas dialécticas?

Histerion proseguía:

—Desde ese punto de vista, la respuesta a la pregunta socrática es fácil e indiscutible: la corrida de toros es un *espectáculo*.

—Bonito descubrimiento —dijo, irritado, Empirion—. Yo también lo había observado: ¡hay espectadores reunidos que pagan y actores que cobran!

Histerion había previsto el quite:

—Mi definición es más fecunda de lo que pensáis, pues no es sólo *un* espectáculo, sino *el* espectáculo; quiero decir: el arquetipo del espectáculo. Los espectadores están sentados como en el *teatron* griego, en el que todo se ve desde todos lados, destinado a ser visto por todos. Nada escapa a la vista, no hay bastidores ni telón. En la corrida de toros nada está latente ni oculto, pues todo es espectáculo. No hay más lugar para la «psicología» o la interioridad que en una tragedia de Esquilo; el drama está enteramente manifiesto, ofrecido a la mirada, y reviste todos los signos exteriores de la visibilidad. Toda la profundidad está vuelta hacia el exterior, todo el «ser» es en ellas «parecer».

—¿Quieres decir —preguntó Sócrates— que no hay nada que comprender, sólo que contemplar?

—No totalmente, Sócrates. Lo que quiero decir es que todo lo que hay que comprender en ella está visible. Mirad lo que es el toro: lo muestra en sus pitones, temibles, e incluso en su negrura, tan *manifiestamente* salvaje. Mirad al torero, *es* viril, es algo que se ve: ¿acaso no exhibe su prominencia? Pero también *es* ambiguo: mirad sus medias rosadas. Mirad su valor, lo muestra en sus gestos teatrales de bravata, su «tremendismo», como dicen los aficionados. Mirad el «dominio» del que hablaba Doctos, se muestra también en sus arrogantes actitudes de desafío, los desplantes. Su serenidad es su inmovilidad; su inteligencia, un simple movimiento de muñeca; su fervor es una señal de la cruz; su autoridad, un gesto a sus subalternos. Entregada como está al espectáculo puro, la corrida carece de algo implícito, de intimidad e interioridad.

—¡Querrás decir —estalló Sacerdos— que en eso se ha convertido en tiempos de decadencia!

Todo el mundo protegió su copa, pues, si bien las cóleras de Atlos eran fingidas, las de Sacerdos eran terribles. Por lo demás, nunca acudía a la plaza sin un silbato de manifestante, un juego de pañuelos de color, diversos ejemplares del Reglamento Taurino y un inquebrantable malhumor. Este no se había disipado desde el fin de la corrida (más detestable aún que la de la víspera), después se había encerrado en un silencio inexpugnable, pero las palabras de

Histerion lo habían despertado. Y ahí saltaba: «Las figuritas del toreo, los toros "que sirven", "arreglados" al gusto de un público frívolo que sólo piensa en divertirse, es seguramente un espectáculo, pero, ¡se trata del espectáculo de la degeneración!»

Sócrates fue el único que se atrevió a afrontar al morlaco:

—Entonces, ¿qué es, según tú, la corrida de toros, si no un espectáculo ni, supongo, un arte ni nada de lo que han podido decir antes que tú Empirion, Génesis, Doctos, Agon o Atlos?

—Un rito —respondió Sacerdos y repitió—: Un rito. —Acabó calmándose y accedió a explicarse—. Sí, un rito, que, como todos los ritos de todas las religiones instituidas y todos los mitos de los pueblos de la Tierra, vuelve a contar indefinidamente un mismo relato arcaico, el combate entre la Naturaleza y la Cultura. La Fiesta Brava sublima en el elemento del Trágico, el juego de la Necesidad. (Se había puesto a hablar con mayúsculas). En la corrida de toros todo está regulado, como en un rito, todo en ella está determinado. Ésa es la razón por la que, y os extrañaba, su desenlace está fijado de antemano: la muerte del toro; y sella la necesaria derrota del Caos de las fuerzas naturales. Ésa es la razón por la que todo lo que desnaturaliza la corrida de toros (y pienso en esos ballets delicados para personas sensibles que hemos vuelto a sufrir hoy y que tanto gustan a Calímaco) no sólo va contra su esencia (que lleváis una hora esforzándoos por encontrar), sino que, además, es casi sacrilegio. Por eso, hay que salvar lo que aún se pueda y a eso nos dedicamos. —Esa primera persona del plural designaba a su célebre banda de agitadores de la grada del 7. Continuaba—: «En la corrida de toros todo está regido por normas, como en todos los ritos; el tiempo mismo está contado y acompasado por los toques de clarín. Los actos que conducen al toro a la muerte están determinados, todos ellos, por el desarrollo inflexible del orden de los tercios y las reglas irrefragables del Reglamento. —Esta palabra hizo reír ahogadamente a Empirion y a Calímaco, pero, por suerte, Sacerdos no los oyó—. En cuanto a los demás gestos, exteriores al drama, pero necesarios para el rito, son siempre los mismos, señalados por la tradición: el mismo traje, la misma forma de colocarse el capote de paseo en torno al brazo, de desfilar después de hacer una señal de la cruz; la misma forma de enjuagarse la boca con el vaso de plata antes del duelo, la misma forma de cuadrar el animal antes del sacrificio en silencio. El rito es tal, que sólo se entra en él mediante una ceremonia de «iniciación» (la «alternativa»), tan rigurosamente regulada como la de una sociedad primitiva.

Sócrates estalló en una carcajada:

—¡Extraño ritual sin más allá! Ni dios ni transcendencia. Extraña ceremonia en la que los participantes comulgan aplaudiendo y extraño ritual en el que los sectarios pagan su localidad de espectadores...

Sacerdos iba a replicar, pero una salva de petardos estremeció el café. Era la hora de los fuegos artificiales. Se levantaron para seguir a la muchedumbre que se dirigía a verlos. Atlos decía que los toritos del día siguiente parecían chiquitos. Sacerdos levantaba los brazos al cielo: «¡Ya nada es como antes!» Doctos decía a Sócrates que, aun así, la corrida se anunciaba apasionante. Éste juró asistir aquella vez.

Capítulo I

De nuestros deberes para con los animales en general y los toros de lidia en particular

La corrida de toros y sus críticos

En la corrida de toros, unos hombres afrontan y matan a un animal. Se puede considerar esa actividad doblemente condenable. ¿Es moral que un hombre arriesgue su vida? ¿Lo es dar muerte a un animal? Durante algunos siglos, el primer problema era el que predominaba: un cristiano no podía poner en peligro una vida, que no le pertenecía.[1] La corrida de toros, condenada por los moralistas por las mismas razones que el teatro, estaba considerada menos fútil para

1. Respecto de la época clásica, consúltese Araceli Guillaume-Alonso, «Contre la corrida. Essai de typologie des positions anti-taurines (XVIe-XVIIe siècles)», en Annie Molinié, Jean-Pierre Duviols, Araceli Guillaume-Alonso, *Des taureaux et des hommes. Tauromachie et société dans le monde ibérique et ibérico-américain*, Presses de l'Université Paris-Sorbonne, col. «Iberica», París, 1999.

el espectador, puesto que en ella se admiran virtudes reales, pero más degradantes para el actor, porque se rebaja hasta el nivel de la bestia: el combate contra un animal envilece al hombre. Hoy en día, la crítica se ha invertido: el combate del hombre degrada al animal; ahora las condenas de la corrida de toros se hacen en nombre del respeto debido a los animales, no a los hombres. Es un ataque que podemos calificar de «animalista», si por tal entendemos una argumentación moral centrada en el animal en general. La fuerza cada vez mayor del animalismo tiene un doble origen. Por un lado, la modernidad ha ocasionado un aumento de los malos tratos a numerosas especies al reducirlas al estado de mercancías; la sensibilidad contemporánea se conmueve legítimamente ante las abyectas condiciones de vida concedidas a los pollos criados en batería o a los cerdos privados de luz y espacio, lisiados y mutilados. Por otro lado, bajo la influencia de las teorías morales y jurídicas anglosajonas, una buena parte de la problemática moral está acaparada ahora por el concepto ético-jurídico de «derechos» («se tiene el derecho *a*») y «el animal» pasa a ser un nuevo sujeto de dichos *derechos*. Sin embargo, con el concepto de «derechos de los animales» se establece la confusión: el Animal, portador de la «buena naturaleza», pasa a ser la Víctima universal que el hombre debe proteger del Hombre, portador de la «mala cultura». Entonces se mete todo en el mismo saco: la caza, la vivisección, la corrida de toros, la ganadería industrial y (en el futuro... en la actualidad incluso) la alimentación a base de carne o los zapatos de cuero. En ese guirigay se oyen voces que defienden la suerte de los animales sufrientes y otras que protegen las especies amenazadas, entre las cuales habría que contar pronto los toros de lidia, si se escucharan las primeras. Se confunden las condiciones de vida de los toros (las mejores posibles) y las de los cerdos (las peores), las condiciones de muerte de los toros (en la lucha y en público) y las de los animales de matadero (ni vistos ni conocidos), la violencia del combate que libran los toros en el ruedo y la experimentación animal que se aplica a animales impotentes, etcétera. Convenimos enteramente en que hay que indignarse por la mercantilización de los seres vivos, oponerse a los suplicios infligidos a ciertos animales de ganadería industrial, luchar por una mejora de las condiciones de vida y de matanza de ciertas especies: ningún animal es una *cosa*, pero no por ello un animal es un hombre ni el Animal en general: un mosquito es un mosquito, un gato doméstico no es un tigre de Bengala, un toro de lidia no es ni un chimpancé de África ni un cobaya de laboratorio. Ahora bien, eso es precisamente lo que nos enseña la corrida de toros: el toro no es ni un hombre ni una cosa. Tampoco es «el Animal», víctima pasiva e inocente. Es una especie animal singular cuyas condiciones de vida y de muerte deben respetar su singularidad. En la lidia el hombre no está frente al toro como ante una cosa que pueda tratar como le apetezca ni ante una mercancía que pueda destruir y tirar, sino ante un ser vivo dotado de una personalidad singular, criado con respeto de su naturaleza y matado con la consideración que se debe a su ser.

En efecto, lejos de ser una manifestación de la arrogancia antropocéntrica para con el reino animal o una indiferencia cruel ante el sufrimiento, es portadora de una ética coherente y respetuosa de los animales. Si un día llegaran a prohibirse las corridas de toros allí donde están autorizadas, sería no sólo una pérdida cultural o estética, sino también moral. Doblemente: una dimensión esencial del «ser hombre», pero sobre todo una *dimensión esencial del «ser animal»*, desaparecería con ellas. Prohibirlas sería no sólo condenar a la extinción inmediata la especie animal que es su protagonista, sino también privar a los hombres de una relación insubstituible con los animales, la que han mantenido en todas las civilizaciones con los toros bravos.

La corrida de toros no es ni «inmoral» ni «amoral» para con las especies animales. Aunque no difunda la moral universalista de los derechos humanos o la ética reduccionista de los derechos de los animales, es moral. Más aún: el estatuto ético del toro en la corrida podría servir de modelo para el que debemos a todos los animales. ¡No es que haya que criarlos para lidiarlos como toros! Pero la relación del hombre con los toros durante su vida y su último combate es en muchos sentidos ejemplar en cuanto a cierto respeto debido a todas las especies. Así, pues, no hay que pedir para la corrida de toros una vaga indulgencia, no hay que defenderla como un mal benigno, hay que protegerla como un bien precioso. Es que, además de lo que nos revela de los toros y los hombres, la corrida nos enseña implícitamente nuestros deberes para con todas las especies y algunos valores fundamentales para la nuestra.

Lo que nos enseña en primer lugar la corrida de toros es a prestar atención a una relación no con el animal en general, sino con el toro en particular. Es la única vía de entrada posible en la moral para con los animales: pensar la singularidad de las especies y la especificidad de las relaciones que nos vinculan con cada una de ellas. A la inversa, el primer obstáculo que se debe eliminar para poder pensar sobre las relaciones entre los hombres y las otras especies (tanto lo que *son* como lo que *deberían* ser) es conceptual: el animal. El «animal» no existe. No porque dispongamos de una palabra para designar los millones de especies animales (del paramecio al bonobo, del tripanosoma al podenco bretón) lograremos con ella una idea. Así, pues, intente el lector pensar en lo que hay en común entre el protozoario que transmite la enfermedad del sueño y el toro de lidia: por mucho que diga que son dos «animales», advertirá en seguida que no ha dicho nada. Asimismo, los astrónomos griegos creían pensar en algo con la palabra «planeta», que designaba para ellos todos los astros «errantes», los que no se desplazan con la «esfera de las estrellas fijas». Así, pues, la palabra reunía Marte, Venus, la

Luna y el Sol. El concepto moderno de «animal» no está mejor concebido que el concepto antiguo de «planeta». Es el efecto de una ilusión antropocentrista: nos situamos frente a todas las demás especies, las bautizamos globalmente con el mismo nombre «animal» y, al hacerlo, nos erigimos en dueños y legisladores de una naturaleza de la que no formaríamos parte. Eso es exactamente lo que hacen los animalistas, a su pesar. Dictan leyes morales para regular la conducta que los animales humanos deberían tener para con los otros, pero que no se aplican, evidentemente, a ellos: ¡id a pedir a los mosquitos o a los leones que dejen de hacer daño a las otras especies! ¡Id a pedir a los toros de lidia que dejen de combatir entre sí! Pese a creer precisamente lo contrario, el animalista es el antropocentrista por excelencia y, además, incoherente, pues, para él, el hombre es un animal a la vez como los otros y opuesto a todos los otros. Por un lado, es también un animal; de lo contrario, no tendría esos derechos naturales que el animalista reconoce a las especies animales *en cuanto tales* (pero entonces nos preguntamos cómo, en virtud de qué autoridad, estarán las otras especies animales obligadas a respetar los derechos humanos, así como los derechos de todas las demás especies animales). Por otro lado, la especie humana está considerada totalmente distinta de todas las demás, ya que es la única que tiene una conducta «criminal» para con ellas y, por consiguiente, debe someterse a unas *reglas* para con ellas. Esa es la contradicción fundamental de todo animalismo. En nombre de la unidad de la «naturaleza», quiere hacer extensivos a los animales (en sentido amplio, incluido el hombre) derechos que hasta entonces sólo se reconocían a los hombres; sin embargo, debe limitar al hombre el deber de respetar el animal (en sentido estricto, excluido el hombre). Preguntémosle por qué actúa el hombre criminalmente cuando juega con el toro antes de matarlo y no el gato que juega con su presa herida antes de despedazarla. ¿Habría que impedírselo en nombre de los derechos de los ratones? ¿Deberían respetar todas las especies animales los «derechos del animal»? ¿Se deberá pacificar toda la naturaleza? ¿Y a la fuerza? ¿Hay que *declarar* que en adelante deberá abstenerse de toda conducta «cruel» consigo misma? Pero entonces, ¿quién hará de policía?

No, el «animal» no existe. Lo que existe es una extraordinaria prolijidad de la vida, con una prodigalidad no menos considerable de lo que podemos llamar las *especies* animales, los millones de especies, *todas diferentes*, entre las cuales el hombre ocupa un lugar singular, al que debe su capacidad para reconocer valores y su facultad para imponerse normas.

Si el animal no existe, ¿hemos de concluir que no debemos «preocuparnos» por los animales, que no debemos regular nuestra conducta para con ellos? Muy al contrario. Puesto que nos hemos deshecho de ese seudoconcepto de animal, resulta posible una ética coherente para con la naturaleza. En efecto, tan irracional sería sostener que deberíamos tratar *todos* los animales como cosas o «máquinas» (incluidos los chimpancés o los caniches) como afirmar que deberíamos considerar *todos* los animales igualmente con el mismo «respeto» (los lobos como los corderos, los escorpiones como los gatos persas, las arañas como los toros).

Es que el problema de la «buena» conducta para con otras especies no es nuevo, nacido del «progreso de las costumbres» o de una repentina toma de conciencia de la comunidad natural que nos vinculara con nuestros amigos los animales o también de una extensión progresiva y saludable de la esfera de los «derechos naturales» (a todos los hombres, después a las mujeres, luego a los niños, etcétera). Desde la Antigüedad, la filosofía moral se ha planteado con frecuencia esa cuestión: ¿cómo debemos regular nuestro comportamiento para con los animales? Lo mismo ocurre con las morales populares: todo el mundo admite espontáneamente que no podemos actuar sin normas para con las especies animales, que no se come cualquier cosa o a cualquiera, que no se trata al buey, al asno o a las ovejas propios de cualquier modo y sobre todo que no se consideran todas las *especies* del mismo modo. De hecho, los hombres han tenido siempre conductas extraordinariamente variadas para con los animales y han aprendido a someter a normas dichas conductas conforme a valores diferenciados: nunca se ha colocado el mosquito en el mismo saco axiológico que el perro labrador, nunca se han confundido el animal tótem o el compañero vital con el parásito o el predador.

Se puede comparar esa riqueza de sentimientos morales posibles para con innumerables especies animales (¿cuántas? ¿dos millones?, ¿cincuenta millones?) con su extraordinaria pobreza en una ética de los «derechos de los animales»; el sentimiento que debe determinar todas nuestras conductas queda reducido en ella a uno solo: la compasión. Los animales no son sino un solo ser, *el animal*, que sólo puede desempeñar un papel: el de víctima. Está dotado de un solo modo de ser o de relación con el mundo: el sufrimiento. Es una criatura que padece, en el doble sentido del término: es pasiva y experimenta dolor. Y el hombre, verdugo en potencia, debe protegerla contra *sí mismo* (ya que se define *a priori* el animal como un ser impotente) o procurar no hacerla sufrir (ya que el animal, criatura mítica, es un ser pasivo, que sólo tiene una idea en la cabeza: no sufrir). Comparemos esa pobreza moral de los «derechos» con la variedad de los afectos que los hombres pueden experimentar por otras especies. Están tan diferenciados como las acciones comunes que los reúnen: hay las especies con las que se vive con compañerismo, aquellas con las que se juega, aquellas que se honran, aquellas que se amansan, aquellas que a veces se adoran, hay las que se cazan, aquellas que se lidian, aquellas que desearíamos poder exterminar. La variedad de las formas tanto de amistad como de enemistad es inmensa: aniquilar la especie parásita, destruir la especie dañina, apartar la especie peligrosa, luchar lealmente contra la especie temible, pescar la especie apetitosa, etcétera, pero también venerar la especie sublime, glorificar la especie intrépida, identificarse con la indomable, mantener al protector, estimar al colaborador, querer al compañero, amar al amigo, etcétera. Se puede experimentar por los animales casi toda la gama de sentimientos morales que sentimos por hombres: amistad, apego, respeto, admiración o, al contrario, enemistad, desagrado, temor, espanto, execración, etcétera, ¡cosa que no significa, naturalmente, que los tratemos como a hombres!, pero, ¡qué absurdo sería admitir una sola norma moral única e indiferenciada para una variedad tan amplia de formas de vida y tipos de relación con los hombres!

Así, pues, para juzgar el valor de las corridas de toros, hay que someterlas a la prueba de las normas morales, infinitamente variadas, que deben guiar nuestras conductas y nuestras actitudes para con otras especies animales. Se pueden reducir dichas normas a tres grandes principios: *subordinar* el respeto debido a ciertos animales al debido a todos los hombres, *ajustar* nuestra conducta para con los animales a las relaciones afectivas que tenemos con ellos, *adaptarla* a su naturaleza. La corrida de toros hace algo más que respetar esos principios éticos: los concentra. Es el modelo del que podemos deducirlos.

Entre dos barbaries

El primer principio es evidente: *se deben «respetar» los animales o al menos algunos de ellos, pero no en igualdad con los hombres*. Sólo los hombres formulan normas éticas, enuncian reglas, se someten a deberes, experimentan o no respeto. Así, pues, para empezar, esos conceptos morales se formulan (son instituidos, concebidos, reconocidos) por hombres y para hombres. Tenemos en primer lugar deberes para con los otros hombres y sólo en segundo lugar deberes para con otras especies. Si los tenemos, son hipotéticos y no categóricos: estamos obligados a respetarlos sólo si no nos impiden cumplir los que tenemos para con otros hombres. Sólo es absoluta la moral que nos vincula con la Humanidad: con la especie humana considerada colectivamente y sobre todo distributivamente con todos los individuos que forman parte de ella. Los deberes que tenemos para con otras especies, incluso las más próximas a nosotros, están *subordinados* a los que tenemos para con otros hombres, incluso los más lejanos. Siempre e incondicionalmente hay que salvar al niño desconocido antes que al animal familiar.

Ahora bien, la ética general de las corridas de toros es precisamente la aplicación e incluso la codificación de ese «principio de subordinación». Es que la moral de la lidia se resume así: el animal *debe* morir, el hombre *no debe* morir. Ésa es la ley suprema. Cierto es que puede ocurrir, excepcionalmente, que en una corrida un hombre muera o que un animal no muera, pero una cosa es el principio y otra el accidente. La regla fundamental de la corrida de toros expresa una asimetría absoluta entre los dos protagonistas del drama y un antagonismo de sus destinos: la vida para uno, ora gloriosa ora sin gloria, y para otro la muerte, ora sin gloria ora gloriosa.

Algunos se sublevan: se trata de una desigualdad. Es cierto, pero esa desigualdad misma es lo que es moral en su principio. Un combate cuyo desenlace está fijado *a priori* es injusto, sostienen sus detractores, un enfrentamiento en el que el vencedor está designado de antemano no lo es. Es cierto, las corridas de toros no son ni un deporte ni un arte marcial, pero, ¿qué querríamos? ¿Que las posibilidades del hombre y del animal fueran iguales, como en los juegos circenses? ¿Sería más justo que unas veces muriera uno y otras veces el otro? En todo caso, sería más bárbaro.

En la corrida, el toro muere necesariamente. No al grito, sin embargo de «¡qué la bestia muera!» Sería otra barbarie, simétrica de la precedente. El toro no es abatido, es combatido. Siempre muere, pero es porque un hombre triunfa sobre él, no porque sea un ser naturalmente impotente. La ética de las corridas de toros es la del combate, poder contra poder, no la del sacrificio, del débil por el fuerte. Es que, aunque el combate en el ruedo sea fundamentalmente desigual, es básicamente leal. El toro no es tratado como un animal dañino que se pueda exterminar ni como el chivo expiatorio que se deba sacrificar. Así, pues, se debe hacer con respeto de sus armas naturales. Físicamente, las fuerzas del toro no deben haber sido disminuidas artificialmente ni sus pitones afeitados. Moralmente, el hombre debe engañar al toro, pero de frente, dejándose «ver» siempre lo más posible, colocándose deliberadamente en la línea de su embestida natural: es lo que se llama «cargar la suerte». Como dijo Ángel Peralta, con lo que resumió perfectamente la ética de las corridas de toros: «Torear es engañar sin mentir». Un combate desigual, pero leal: las armas de la inteligencia y de la astucia contra las del instinto y la fuerza, un quiebro del cuerpo o un engaño en forma de trapo contra un poder brutal y pitones acerados.

Así, pues, la ética de la corrida de toros es la aplicación del primer principio moral que nos vincula con los animales: respetar al toro, pero no en igualdad con el hombre. Subordinar el respeto debido a la otra especie al respeto absoluto debido a la nuestra. La corrida se mantiene así en equilibrio entre dos males. Es lo contrario de la barbarie, porque se sitúa a igual distancia de dos barbaries opuestas. Si el combate fuera en condiciones de igualdad, su práctica sería innoble para el hombre, el valor de la vida humana quedaría reducido al animal. Si el combate fuera desleal, su práctica sería innoble para el toro, el valor de la vida animal quedaría reducido al de una cosa. En la corrida, un hombre no lucha ni contra un hombre ni contra una cosa. El hombre *afronta* su «otro»... en el sentido estricto del término, pues están frente a frente. Un hombre afronta, en un combate injusto pero leal, un animal que no es un animal como él, pero que, como él, es un animal.

Diferenciar las especies

No podemos ni debemos, evidentemente, tratar todos los animales del mismo modo. Así como nosotros no somos perros, éstos no son garrapatas. Todo el problema consiste en determinar criterios de diferenciación y jerarquización. Lo que es seguro es que debemos tratar los lobos como lobos, los corderos como corderos (es decir, ni como hombres ni como lobos), las langostas peregrinas como langostas peregrinas, los animales de compañía como animales de compañía, los perros de caza como perros de caza (es decir, ni como hombres ni como lobos ni como gatos domésticos) y los toros de lidia como toros de lidia. Positivamente, eso significa *adaptar* nuestra conducta a *lo que es* cada una de las especies y *ajustarla* a lo que esa especie es *para nosotros*. Concedemos a las especies animales valores diferentes, según la diversidad de las relaciones que tenemos con ellas y de la que se desprende una gama de sentimientos morales. ¿Qué lazos vinculan a los hombres con los toros y qué sentimientos morales se desprenden de ellos?

Aquí tenemos, pues, una primera cuestión: la relación del hombre y del toro, pues la palabra «animal» es ambigua: tantas especies, tantos animales, pero la palabra «especie» también es ambigua... y hay una cuestión previa: ¿tenemos relaciones y deberes para con la especie *en cuanto tal* o para con los individuos que la componen? (Y, antes de saber qué deberes tenemos para con los toros, debemos saber de qué hablamos: De la especie *bos taurus ibericus* o de cada uno de los toros particulares?) Nada tienen que ver, aunque el «defensor de los animales» confunda con frecuencia las dos cosas o pase de una a otra. Podemos admitir que se deben defender ciertas especies amenazadas de extinción, para preservar la diversidad biológica o el equilibrio ecológico de determinado ecosistema o también por opción *a priori* a favor de la multiplicidad de las especies, de la mayor diversidad posible de las formas de vida o por cualquier otra razón. (Sin embargo, conviene observar que la vida y la muerte de las especies son, de todos modos, consubstanciales a la evolución y seguramente carece de sentido querer preservar a toda costa *todas* las especies.) Pero, al hacerlo, en modo alguno se pretende defender a tal o cual animal determinado, *pues no se puede defender a la vez uno y otra*: para defender tal o cual especie (el oso, por ejemplo), con frecuencia hay que acceder a sacrificar tal o cual individuo (determinada gallina) y, para defender a tal o cual individuo (el animal del rebaño), con frecuencia hay que hacerlo contra tal o cual especie (el predador). Las dos reglas son incompatibles: si defendemos la especie de los lobos, debemos aceptar sacrificar algunos individuos de la de los corderos. Y, para mantener un equilibrio que preserve la *diversidad* de las especies, con frecuencia habrá que sacrificar millares de individuos de una especie demasiado proliferante y que, por consiguiente, amenace a las otras. ¿Qué hará el «defensor de los animales»? Entonces es cuando tendrá que elegir su bando: el *ecologista* (preocuparse por la salvaguardia de los ecosistemas, por el equilibrio de las especies o incluso por la defensa de las especies amenazadas) o el *animalista* (preocuparse por el mal o por el bien que se hace a cada animal individual). ¿Defenderá los lobos o los corderos? Tal vez abrigue la generosa esperanza de salvar unos y otros, las especies y los individuos, es decir, a fin de cuentas *la naturaleza contra sí misma.* Es de temer que esa noble alma imagine un reino natural irénico en el que las especies, abandonadas a una naturaleza «sin hombre», no estuvieran en guerra permanente por su supervivencia, ya sea la de cada cual o la de la especie… y sabido es que con frecuencia el «comportamiento natural» de numerosos animales se rige por el principio de sacrificar la vida del individuo a la supervivencia de la especie. A menos que —más incoherente aún, pero más bueno que el pan— considere oportuno defender la naturaleza «buena» contra la «mala» y quiera a toda costa proteger el cordero del lobo, pero entonces, ¿es que no tiene la menor piedad por el lobo hambriento? ¿Acaso quiere sólo impedir que los desdichados conejos sean comidos por los perversos zorros? Pero, ¿quién protegerá a los pobres zorros de ese maligno y funesto impedimento? ¿Y quién protegerá la moral contra la tontería? Sea como fuere, cada cual debe elegir su moral: ¿va destinada a la especie o al individuo? ¿A quién deseamos el bien?

Esta cuestión es particularmente decisiva cuando se trata de defender a los «toros de lidia». Preservar la especie «toro de lidia» es por definición defender la lidia. Por consiguiente, no se puede defender a la vez el derecho a la existencia de la especie y el de los individuos, ya que la supervivencia de la especie requiere el derecho a matar algunos individuos. A la inversa, prohibir matar los individuos es condenar a muerte a la especie y, por consiguiente, condenar a muerte *inmediatamente* a todos los individuos que la componen. Así, pues, el aparente dilema del animalista es el siguiente: ¿hay que defender las corridas para preservar la especie o hay que abolirlas para no «dañar» a los individuos? Es de temer que esta segunda «solución» sea una «quimera», como en la famosa de «¿la bolsa o la vida?». Como todo el mundo sabe, si optamos por perder la bolsa (tal vez) preservemos la vida, pero, si optamos por perder la vida, perderemos *también* la bolsa sin lugar a dudas. Lo mismo ocurre en este caso: «¿La especie o el individuo?» Al optar, como ecologista consecuente, por defender la especie del toro bravo «en detrimento» de los individuos que son lidiados al cabo de cuatro años de vida en el campo, preservará la *existencia* de la especie y también la *vida* de los individuos actuales y futuros. Si optara por socorrer a los individuos, condenaría a muerte la especie y, *por consiguiente, también a todos los individuos*. Si se prohíben las corridas, se sacrificarán todas las manadas, erales, becerros, vacas y toros, ya que los toros «bravos» son criados, seleccionados y preservados exclusivamente con vistas a la lidia en el ruedo: ¿estarán mejor defendidos cuando no existan? El abolicionista tal vez diga: «¡Al menos habrá menos sufrimiento!» Pero ese razonamiento utilitarista está fuera de lugar: equivaldría a afirmar que la exterminación de los cinco mil millones de habitantes del tercer mundo disminuiría la miseria en la Tierra.

Ahora nos encontramos ante *dos* preguntas: ¿cómo jerarquizar los intereses morales que debemos tener con las diferentes especies animales y singularmente con la del toro bravo? ¿A qué «bien» debemos aspirar con ello? ¿Al de la especie o al de los individuos?

¿Domésticos o salvajes?

Resulta que las dos preguntas anteriores pueden recibir *a primera vista* una respuesta única, pues desde siempre los hombres han trabado dos tipos de relación con las especies animales: por una parte, las que llamamos «domésticas» (criadas por el hombre, es decir, seleccionadas, mantenidas e incluso, la mayoría de las veces, *creadas* por el hombre); por otra, las llamadas especies «salvajes», es decir, las que viven lejos de la protección o del dominio (pero no de la amenaza) de los hombres. A consecuencia de esa división, tenemos deberes con los *individuos* domésticos y las *especies* salvajes. En efecto, no podemos ni debemos preocuparnos por la suerte de cierta gamba singular que puebla los bancos de krill ni de la vida, la supervivencia, las condiciones de existencia o del bienestar individual de los billones de animales salvajes que pertenecen a los millones de especies vivas, pero debemos abstenernos, en la medida de lo posible, de perjudicar el equilibrio de las especies naturales y esforzarnos por preservar la diversidad de las especies animales o incluso por salvar las «amenazadas»... en la medida en que se deba, es decir, a condición de que ese deber no choque con otros propios de esferas morales más elevadas, ya se trate de la preservación de las especies de animales domésticos o, *a fortiori*, de la supervivencia o las condiciones de existencia de los hombres, las sociedades, los grupos humanos, actuales o futuros. Dicho de otro modo, con las especies salvajes debemos tener un comportamiento esencialmente *prudente* y también *para nosotros mismos* (ya se trate de la Humanidad actual o por venir), comportamiento del mismo tipo que el que debemos tener para con el «medio ambiente» en general: defender las especies amenazadas, dejar vivir a las que ni están amenazadas ni son amenazantes, defendernos contra las amenazantes: aquí, la hiena; allí, el gorgojo.

No ocurre lo mismo con especies animales que viven a la vez *por* el hombre (es decir, dependientes más o menos de los hombres para vivir) y *para* el hombre (es decir, que prestan servicios a los hombres), pues las dos relaciones están mutuamente vinculadas: precisamente porque son útiles, el hombre las ha sometido y sigue criándolas. En este caso estamos ante una relación casi contractual, como ya observaban Epicuro o Lucrecio, quien distingue los animales

… que hemos
Puesto nosotros bajo nuestro amparo
Por las utilidades que acarrean. (…)
Empero el fiel y vigilante perro
Y acémilas y ovejas regaladas
Y bueyes laboriosos son especies
Generalmente confiadas, Memmio,
A la guarda y tutela de los hombres:
Huían de las fieras alimañas
Y tras la paz se andaban y querían
Los pastos con largueza y sin trabajo.
Se los damos nosotros como en premio
De los muchos servicios que nos hacen.

(Lucrecio, *De la naturaleza* V, 860-871,
trad. del Abate Marchena)

Si las relaciones morales que tenemos entre hombres se basan en algo así como una relación «contractual» (y el contrato consiste en no dañarse mutuamente y, de ser posible, ayudarse), hay que reconocer que mantenemos una relación similar con ciertas especies, las llamadas domésticas: nuestra salvaguardia y nuestra alimentación a cambio de sus servicios. Y las relaciones de intercambio que tenemos con la *especie* nos obligan a relaciones de protección para con los *individuos* que las componen.

Se podría llegar a conclusiones similares por otras vías. Una moral del sentimiento observaría que la comunidad de vida de los animales y los hombres crea relaciones de afecto recíproco (lo que no significa simétrico), que es una de las formas de la amistad: ésa es, indiscutiblemente, la relación que vincula al amo con su perro o su gato, al campesino con su asno, al pastor con sus ovejas. En este caso el sentimiento coincide con la razón o la utilidad: tenemos deberes para con los animales domésticos.

Por lo demás, así lo reconoce, de hecho, la mayoría de las culturas humanas. Admiten un tratamiento diferente para con los animales que dependen de nosotros (y de los que recíprocamente dependemos) y para con las especies que viven como pueden lejos de nosotros (algunas de las cuales son dañinas, otras indiferentes y otras más o menos «interesantes»). Estamos obligados *para nosotros mismos* a adoptar una actitud prudente para con todas las especies animales, ya sean domésticas o salvajes, pero, además, nos sentimos obligados, *hacia ellas mismas*, a una serie de acciones, abstenciones o actitudes (atención, protección, etcétera) para con los *individuos* que componen esas especies. Esa distinción domésticos/salvajes tal vez sea el fundamento del derecho antiguo; en todo caso, es el fundamento de la mayoría de los sistemas de derecho moderno que determina el estatuto jurídico de los animales. Hacia mediados del siglo XIX, gran número de países europeos se dotaron de un aparato jurídico para definirlo. Así fue en el caso de Francia con la ley Grammont (aprobada el 2 de julio de 1850), que castiga con multa y reclusión «a quienes ejercieren pública y abusivamente malos tratos para con los animales domésticos». Mientras que el derecho anterior sólo reconocía dos tipos de seres, las «personas» (que pueden poseer, pero no ser poseídas ni enajenadas) y las «cosas» (que no pueden poseer, pero pueden ser poseídas), el «animal doméstico» pasa a ser un tercer ser, ni persona ni cosa: como una cosa, puede ser poseído (por su dueño), pero, al contrario que una cosa, no se puede tratarlo como se guste y no se pueden ejercer tratos crueles con él.

Ahora bien, esa distinción domésticos/salvajes fue decisiva durante mucho tiempo para el estatuto jurídico de la corrida de toros, ya que la Sociedad Protectora de Animales (cuya sección francesa data de abril de 1846) intentó, a lo largo de todo el siglo XIX, hacer aplicar la ley Grammont a las corridas de toros y la legalidad (y, seguramente también, la legitimidad) de las corridas «al estilo español» en Francia dependió durante mucho tiempo de esta pregunta: ¿es o no es el «toro de lidia» un animal doméstico? Hubo que esperar al fallo de 16 de febrero de 1895 para que se sentenciara que el toro de lidia era un animal doméstico y, por consiguiente, se podía perfectamente aplicar la ley Grammont a las corridas de toros. El Tribunal Supremo confirmó, mediante fallo de 13 de junio de 1932, el fallo de 1895: «El toro sufre la dominación del hombre, es seleccionado por éste, es criado en las dehesas y, de hecho, recibe su alimento de él». Aunque oficialmente estaban prohibidas, las corridas estuvieron toleradas, mediante multas, en las regiones taurinas, hasta la aprobación de la ley de 24 de abril de 1951, que, al añadir un apartado a la ley Grammont, concedió por fin un estatuto legal en Francia a las corridas de toros «del tipo español» (es decir, «de muerte»): «La presente ley no es aplicable a las corridas de toros en los casos en que se pueda invocar una tradición ininterrumpida.» Un decreto de septiembre de 1959 añadió el epíteto «local» a la palabra «tradición». Desde 1951, los jueces que han abordado el fondo del asunto, dependientes del Tribunal Supremo, se han esforzado por precisar, en una serie de fallos, los términos de «tradición» (fallo del Tribunal de Apelación de Toulouse de 3 de abril de 2000) y «local» (fallo del Tribunal de Apelación de Agen, de 10 de enero de 1996), mientras que el término «ininterrumpido» sigue siendo objeto de batallas jurídicas.[2]

2. Sobre el estatuto jurídico de las corridas en Francia, el libro de referencia es *La corrida par le droit* de Emmanuel de Monredon, Nîmes, UBTF, 2001. Antes había habido un análisis recapitulativo de P. Dupuy en *Les Fanatiques du taureau*, Nîmes, 1972, en el que el lector encontrará extractos interesantes de los debates en la Cámara y en los tribunales. Más accesibles resultan el artículo «Droit français et tauromachie» de Philippe Teissier (*La Tauromachie. Histoire et dictionnaire*, bajo la dirección de R. Bérard, París, R.Laffont, col. «Bouquins», 2003) y la *Histoire de la corrida en France* de A. Lafront, París, Juillard, 1977.

¿Es el toro de lidia doméstico o salvaje? Al final, los jueces descartaron ese asunto. Seguramente estuvieran en lo cierto, pues cualquier distinción estricta entre animales domésticos y salvajes es discutible. Así lo demuestra François Sigaut en su hermoso artículo «Critique de la notion de domestication» (*L'Homme*, 108, octubre-diciembre de 1988 págs. 59-71). Tras repasar la extraordinariamente variada gama de las relaciones de los hombres y los animales, el autor muestra que se puede situarlas en tres ejes independientes, que no se pueden reducir a la oposición simple de doméstico y salvaje: el eje *jurídico* de la apropiación, el eje *etológico* de la familiarización y el eje *antropológico y social* de la utilización. Un animal puede ser objeto de apropiación sin ser domesticado ni utilizado: véanse las reservas de caza de animales llamados salvajes. Ciertas utilizaciones del animal por el hombre, diferentes de las corridas de toros, entrañan que el «salvajismo», en el sentido de algo así como una hostilidad natural de la especie al hombre, «lejos de ser un obstáculo para la utilización del animal es una condición necesaria para ello». Por ejemplo, según los autores de finales del siglo XVIII, para que los gatos cacen eficazmente los ratones, no deben llegar a familiarizarse con la casa. Otro ejemplo: en otro tiempo, se criaba el gato de algalia en Etiopía para aprovechar su almizcle: «Pero el gato de algalia sólo eyacula su almizcle excitado por la cólera, por lo que, para obtener su producto, había que atormentar al animal.» Ningún criterio absoluto permite reducir las relaciones de los hombres con los animales a dos clases, los domésticos opuestos a los salvajes. Incluso nuestro vocabulario corriente es más refinado: hay animales comensales y animales familiares, domésticos y domesticados, amansados, domados, cautivos, confinados, criados, aclimatados...

Así, pues, sean cuales fueren los méritos, en una primera aproximación, del criterio de la domesticación, resulta demasiado impreciso para poder determinar aquellos animales a los que debemos relaciones morales individualizadas. En cualquier caso, está claro que es la familiaridad, más que la apropiación o la utilización, la que nos apega a los animales con relaciones afectivas personalizadas (los animales de compañía, el perro pastor, el gato doméstico, el mainate, el caballo de carreras, el chimpancé domesticado de los etólogos, el delfín de los parques acuáticos, etcétera) o al menos personalizables (los animales que viven en torno a la casa, el corral, el asno de carga, el buey de tiro, la oveja del rebaño, etcétera). Esas relaciones individualizadas determinan deberes para con los individuos de esas especies: deberes de asistencia (atención, alimentación), de protección contra los predadores, trato decente, etcétera. Así, pues, conforme al principio de diferenciación, habría que poder determinar, en cada caso, qué tipo singular de relación afectiva se establece entre un hombre y un animal particular. Sea como fuere, resulta a la vez *necesario* comportarnos de una forma que respete la especificidad de la relación que mantenemos con los individuos de tal o cual especie *familiar* (y que, por tanto, no rompa el contrato moral que nos vincula con ellos) e *imposible* generalizar esas obligaciones y prohibiciones morales a todas las especies animales. Más concretamente, apalear ferozmente al perro propio es moralmente censurable (en la misma medida que jurídicamente condenable), porque en ese caso hay una ruptura unilateral del contrato moral de «sumisión a cambio de protección» entre un perro y su amo, en su vida común, y, además, ruptura y traición de las relaciones de afecto que de él se desprenden. En cambio, nada condenable hay en principio en la caza (ya sea alimenticia o recreativa), siempre y cuando preserve las especies y respete los equilibrios sistémicos, porque con los animales de caza (sean o no criados en reservas) no tenemos relaciones individualizables que nos comprometan moral o afectivamente: no estamos vinculados con los animales cazados o matados mediante un contrato de reciprocidad (criterio contractualista) ni por relaciones afectivas individuales (criterio del sentimiento moral), como tampoco lo están ellos mismos con todas las *demás* especies de predadores que forman parte —ni más ni menos que la especie humana— de su modo de vida.

Así, pues, el principio de diferenciación nos invita a distinguir dos tipos de deberes para con los animales: los que tenemos para con la mayoría de las *especies*, por una parte, y por otra, los que tenemos para con animales de ciertas especies *familiares*. El contenido de estos últimos viene determinado en gran medida *por la naturaleza misma de esa relación* (atención y alimentación a cambio de protección, etcétera). Es lo que podemos llamar *principio de ajuste*: «Trata siempre el animal *familiar* de un modo acorde con las relaciones de reciprocidad que se han trabado con la especie de la que forme parte y con las relaciones afectivas que de ellas se deriven.»

De las relaciones de los hombres con los toros y los deberes que de ellas se desprenden

Así, pues, ¿cómo debemos tratar el toro de lidia? ¿Es acorde la corrida de toros con el principio de ajuste?

Recordemos, en primer lugar, algunos datos. El «toro bravo» es una variedad de bovino muy diferente de la que se encuentra en nuestros campos. Es una especie —o, si se prefiere, una raza o una variedad (*bos taurus ibericus*)— que vivía en estado salvaje en varias regiones de España (Andalucía, Castilla, Navarra) hasta el siglo XVII, antes de que la codificación de la corrida moderna (a pie), durante el siglo XVIII, tuviera como consecuencia el nacimiento y el desarrollo de grandes ganaderías encaminadas a seleccionar los productos más idóneos para la lidia en la plaza. Así, pues, la progresiva evolución de esa raza ha ido determinada por la de las corridas de toros, exactamente como la evolución de la equina ha dependido de la existencia y del desarrollo de las carreras de caballos. En otro tiempo, las corridas de toros eran ante todo una exhibición de proezas ante una fiera y se centraban en la pureza con que se ejecutaba la suerte de matar: así, pues, el toro debía conservar toda su fiereza primitiva: aquella era la cualidad buscada en los reproductores macho y hembra. Las corridas se fueron centrando de nuevo progresivamente en el encadenamiento audaz de suertes en las que se engaña al animal con astucia y elegancia: ahora se espera de él ante todo la constancia y la franqueza de las embestidas; éstas son hoy las cualidades que los ganaderos intentan seleccionar en las tientas. En efecto, el toro bravo existe tan sólo por y para la corrida. Los toros viven tan sólo porque, *en el mejor de los casos*, están destinados a morir en la plaza... lo que constituye, desde luego, un argumento suficiente a favor de la corrida de toros para quienes se preocupan ante todo de la supervivencia de la especie, pero no para quienes se escandalizan de que se críe a unos individuos durante años con el fin exclusivo de lidiarlos y matarlos.

Para saber si esa práctica está justificada, no en general, sino en las condiciones particulares de la corrida de toros y en relación con ese animal particular que es el toro de lidia, hay que decidir con el criterio de nuestros principios y, por tanto, saber lo que es el toro *en relación con nosotros* y lo que es *en sí mismo*. Resulta que las dos preguntas tienen una misma respuesta, que tiene que ver con una sola palabra peliaguda: bravura.

En efecto, el español (como el portugués) dispone de una palabra intraducible en muchas otras lenguas que es la clave del estatuto ético del animal en la corrida de toros. Es la de «bravura». El toro de lidia recibe el nombre de «toro bravo». Se trata, en primer lugar, de la característica zootécnica *general* de una especie que, por oposición a sus congéneres, los «mansos» (por ejemplo, los bovinos criados como animales de tiro o de alimentación), está dotada de una hostilidad innata para con los extraños y, en particular, con el hombre. Ése es el concepto fundamental que caracteriza el toro de lidia. Por eso, esa idea de bravura permite comprender a la vez lo que es el toro de lidia para nosotros (un animal criado por el hombre, paradójicamente por ser bravo para con él) y lo que es en sí mismo (un animal que es por naturaleza bravo).

Para *ajustar* nuestra conducta a los toros de lidia, hay que comprender la relación de reciprocidad «contractual» existente entre los hombres y los toros, así como las relaciones afectivas que de ella se desprenden. En ellas se ven a la vez la fuerza del criterio jurídico de la «domesticación», formulado por la ley Grammont, y sus límites. Su fuerza estriba en que es por definición «contractualista». «Nos debemos» a quien nos «debemos»: tenemos *deberes* para aquellos con quienes tenemos *deudas*. Su debilidad es la de confundir conceptos distintos. Además, es particularmente inapropiada para el toro de lidia, llamado «toro bravo».

Pues el toro es un animal del que el hombre se ha *apropiado*, al menos desde que existen ganaderías. Por otra parte, sirve a un fin humano y su «especie» existe tan sólo porque es *utilizada* por el hombre. Es el fruto (por selección y control de la reproducción) más idóneo para ese fin y si el toro bravo no sirviera para ese fin, no sólo no existiría, sino que, además, sus características morfológicas y etológicas son en gran medida fruto de la voluntad humana. En ese doble sentido, se puede muy bien llamarlo «doméstico», si nos atenemos a esa palabra. (Recordemos los cuatro criterios del Tribunal Supremo: «El toro sufre la dominación del hombre, es seleccionado por éste, es criado en las dehesas cercadas y, de hecho, recibe su alimento de él».) La paradoja es que esa *apropiación* y esa *utilización* por el hombre suponen y entrañan que sea criado preservando su desconfianza natural y desarrollando su agresividad natal, es decir, su hostilidad al hombre. Se trata de una *familiarización* singular, ya que se hace con vistas al combate contra el hombre y, por tanto, sólo tiene sentido, si contradice en sus efectos sus propios medios. Hay que volverlo a la vez lo más «doméstico» posible (en el doble sentido de su apropiación y su adaptación a los fines del hombre) y lo menos «doméstico» posible (lo menos amansado posible y, por tanto, lo más rebelde para el hombre).

La especie «toro de lidia» no es ni doméstica ni salvaje: es un animal *bravo*. Por las mismas razones, no se ajusta a las oposiciones «familiar/extraño» y «amigo/enemigo»: ni amigo, ya que es lidiado y muerto, ni enemigo, puesto que no debe ser ejecutado ni exterminado; el toro debe ser lidiado por quien acepta exponerse él mismo al mayor peligro y es matado conforme a reglas y formas que se basan en el respeto de su integridad física (los pitones, temibles armas naturales) y moral (no puede ser excitado ni disminuido artificialmente). Por una parte, a semejanza del animal familiar, es un ser valorizado por la relación singular, casi igualitaria y sobre todo casi simétrica, que el hombre mantiene con él (de combatiente a combatiente, como cuando se dice «de hombre a hombre»). Por otra, a semejanza del animal dañino, su naturaleza debe seguir siendo ajena al hombre. El toro debe seguir siendo lo más opuesto al hombre para que pueda combatir y ser, así, lidiado por él, pues, si el toro no fuera un combatiente *del* hombre, no podría ser un combatiente *para* el hombre. En el caso del toro, casi podríamos decir que cuanto más «domesticado» el toro (es decir, apto para servir a los fines del hombre, consiguiendo así el derecho contractual a ser su *amigo*), tanto más «salvaje» (es decir, apto para el combate contra el hombre, consiguiendo así el estatuto de *enemigo*). Ni doméstico ni salvaje, pero mantenido en una clase de salvajismo domesticado, ni familiar ni extraño, puesto que está a las puertas de la casa, pero no puede acercarse a ella, ni amigo, puesto que se le lidia, ni enemigo, puesto que el hombre se mide con él: es el *adversario*. Tal es la secreta ambigüedad de la personalidad del toro en la corrida (a la vez peor amigo y mejor enemigo del hombre), que revela el doble sentido de la ética de ésta (por una parte, lucha trágica a muerte con el antagonista; por otra, duelo lúdico de igual a igual con el contrincante) y que revelan los dos sentidos entre los cuales vacila el concepto de bravura: entre la virtud sobrehumana de la valentía y el instinto bestial del salvajismo brutal.

En este sentido es en el que la lidia respeta lo que es el toro *para nosotros*. No debe ser tratado ni como un animal doméstico, como ha hecho el hombre para servir a sus fines domésticos, caso en el que no debería ser lidiado, ni como un animal salvaje, caso en el que podría perfectamente ser sacrificado, sino que debe ser tratado como un animal bravo, es decir, conforme a lo que es para el hombre que lo ha hecho ser así precisamente, su mejor y su más próximo enemigo, su eterno adversario. El toro es bravo para con el hombre, porque el hombre ha querido que lo sea. La bravura es en la *naturaleza* del toro lo que su *aculturación* por el hombre ha hecho de ella. Así, pues, existen muchas relaciones de reciprocidad trabadas con el toro bravo y debemos respetarlas: dejarlo vivir en paz, guardado por nosotros lejos de nosotros, mantenido cerca de nosotros y con la mayor desconfianza de nosotros.

Pero, para respetar el principio de ajuste, no basta con tratar al animal conforme a las relaciones de reciprocidad que en su momento se establecieron con la especie, hay que respetar también el tipo de afecto que se desprende de dichas relaciones. Ahora bien, precisamente porque está destinado a la lidia y a la muerte, el toro bravo es tratado por el hombre, durante su vida, durante su lidia y después de su muerte, de una forma acorde con la consideración debida al adversario. Por encarnar lo «vivo» por excelencia, puesto que vive *con vistas a la muerte*, es digno de respeto: su vida debe haber sido libre, su muerte debe ser digna. Está ritualizada conforme al avance inexorable de una ceremonia, que obedece al desarrollo inexorable de los tres tercios de la lidia y su ejecución es frontal, franca y rápida. La dignidad intrínseca del ser-toro se manifiesta tanto en las formulaciones como en las prácticas.

Las formulaciones que rodean todas las formas de tauromaquias exaltan sistemáticamente el toro. En todas las civilizaciones en que se ha combatido con el toro y se lo ha ejecutado de modo formalizado, ha sido admirado, alabado, celebrado y más cantado como un dios que tratado como un animal. Aún hoy se podrían encontrar mil pruebas en la literatura de tema taurino o en las crónicas tauromáquicas, en el lirismo de la poesía taurina, popular o culta: el toro es, como decía una obra, en tiempos célebre, de Marie Mauron, un «dios que combate».[3]

Pero, si nos atenemos a las prácticas de la corrida, el respeto debido al toro está inscrito en los cuatro momentos de su gesta en ella: antes de la lidia, durante la lidia, en el momento de la muerte, después de su muerte. Antes de la lidia, el toro debe estar «puro» (limpio). Seguramente esta idea tiene un fundamento técnico: el toro nunca debe haber sido afrontado, so pena de haberse vuelto inabordable, ya que, en cualquier momento de su vida o de su lidia, aprende progresivamente a desbaratar los engaños y lo recuerda todo. Por lo demás, ésa es la razón por la que nunca se puede «poner a prueba» la «bravura» de los machos jóvenes (en una tienta corriente), sino sólo la de las futuras madres: unos minutos frente a una capa o una muleta en su infancia bastarían para hacerles compren-

3. Véase Marie Mauron, *Le taureau, ce dieu qui combat*, París, Albin Michel, 1949. Véase también la misma imagen del dios combatiente, que se alimenta, evidentemente, de los más antiguos mitos occidentales relacionados con el toro, en M. Delgado-Ruiz, *De la muerte de un dios. La fiesta de los toros en el universo simbólico de la cultura popular*, Barcelona, Península, 1984.

der dónde y cómo se mantiene el hombre tras los engaños y volverlos definitivamente «intoreables», inengañables en la plaza unos años después. Pero el toro llega «puro» a la lidia en otro sentido. No debe haber sido «manipulado» ni debilitado. También debe ser virgen. Esta exigencia está motivada seguramente por razones técnicas (la reproducción está controlada, evidentemente, para los fines de la selección), pero con ellas se combinan, más o menos explícita pero inevitablemente, connotaciones simbólicas. En el momento en que entra en la plaza, el toro está *intacto* en todos los sentidos de este término. Es como si, precisamente porque está destinado a la muerte, el animal deba gozar de la vida más pura posible.

Ese respeto que se tiene al toro se manifiesta en el comportamiento que el torero debe tener para con él durante la lidia. Es censurable cegar al animal con un capote, pues hay que «dejarse ver» siempre y, por tanto, dejar*le* ver; está prohibido hacerlo chocar contra la barrera (art. 72-3 del Reglamento Taurino), porque podría quedar con sus facultades físicas disminuidas. Está prohibida toda acción perjudicial para la dignidad del adversario: tirarle de la cola, por ejemplo (salvo cuando un hombre está en peligro, lo que es conforme con lo que hemos llamado el principio de subordinación). El público avisado censura, como fuera de lugar, todo gesto de humillación del toro: cubrirlo con un engaño, darle patadas, golpearle con el estoque simulado, etcétera.

En el momento de la muerte, ese respeto que se debe al toro adquiere un carácter casi sagrado. La corrida no se basa en la ejecución del animal, como en el matadero, sino en la pureza de la ejecución de la estocada, que se debe administrar del modo más leal posible: de frente, «dejándose ver» (para permitir al adversario embestir y coger su presa al paso) y en pleno centro de la diana, volcándose entre los pitones. El hombre corre así el máximo de riesgos, ya que pierde de vista por un instante los pitones del toro.

Ese cuerpo a cuerpo en el que los dos cuerpos se buscan, ese cara a cara en el que se enfrentan sus dos armas, el pitón y la espada, se llama «suerte de matar». Se podría llamarlo también «don de la muerte».

Por último, después de la muerte, con frecuencia se aclaman los restos mortales del toro combativo. A veces incluso se le concede la vuelta al ruedo, a paso lento de las mulillas, y la muchedumbre se levanta y se descubre a su paso. A veces se graba su nombre en la piedra y las efemérides conservan el recuerdo de sus hazañas: pruebas suplementarias, si fueran necesarias, de que el toro de lidia no es para el hombre una «cosa». Su vida, su gesto, su muerte tienen un sentido. Tienen un gran valor ético. Así, pues, los toros de lidia son tratados antes, durante y después de su lidia conforme a lo que son *para el hombre*: con la consideración que se debe al adversario, con la admiración que se debe al *bravo*.

De la naturaleza de los toros y de los deberes que de ella se desprenden

Pero nuestra conducta para con los animales no debe ir determinada sólo por la naturaleza de nuestras relaciones, sino también por la propia naturaleza de éstos. Es lo que se puede llamar el *principio de adaptación*. Aun cuando tengamos el mismo tipo de relación con el perro y el gato doméstico (nos hacemos compañía mutuamente), no por ello debemos tratar al perro y al gato del mimo modo. Aunque tengamos el mismo tipo de relación con la gallina y la vaca (las alimentamos y ellas nos alimentan) o con el antílope y el cocodrilo, no podemos ni debemos tratarlos del mismo modo. Debemos no sólo *ajustar* nuestra conducta a lo que son para nosotros, sino también *adaptarla* a lo que son en sí mismos: sus necesidades, sus exigencias, sus tendencias, etcétera. Si no los consideramos como lo que son, corremos el riesgo de reducirlos todos a lo mismo y al reduccionismo se suma a veces el escollo del antropocentrismo: con el pretexto de que los hombres prefieren generalmente la independencia y la libertad, atribuir esa preferencia al perro, que, por su parte, necesita un amo y se siente tranquilizado por una correa o una orden; con el pretexto de que los hombres gustan de las señales de afecto y las caricias, atribuir esa preferencia a los bebés focas, que mueren a consecuencia de ellas, o a los osos, que se defienden de ellas vigorosamente. Por lo demás, se trata con frecuencia de preferencias muy determinadas en el plano cultural, histórico o ideológico que son atribuidas a los animales por sus supuestos «defensores»; esas preferencias son simples manifestaciones de los prejuicios de los animalistas sobre lo que es el hombre y lo que debe ser: a la aversión a la monotonía (cuando, en realidad, la regularidad es tranquilizadora para los seres vivos), el gusto por una vida apacible (cuando, en realidad, ciertas especies son naturalmente belicosas), en una palabra, todo el *ethos* de los «derechos humanos» resulta proyectado en el animal en general y en todos los animales en particular, cuando, en realidad, está claro que, según su naturaleza, ciertos animales «prefieren» la independencia, otros la dependencia e incluso el sacrificio al grupo o a la prole, algunos son reacios al cambio o a la aventura fuera del territorio familiar, algunos son naturalmente agresivos entre sí, otros sólo con tales o cuales especies, etcétera. Desde luego, es inevitable que el hombre proyecte en los animales con los cuales traba relaciones sus sentimientos, sus aspiraciones, sus ideales, sus fantasmas. Por eso, el principio de adaptación sólo puede tener una formulación negativa y una aplicación modulada: «Trata al animal familiar de un modo que contravenga lo menos posible su naturaleza.» Este principio es decisivo para el estatuto ético del animal en la corrida de toros. En efecto, ¿qué son los toros de lidia? ¿Cuál es su naturaleza? ¿Qué idea del hombre *positiva* o *negativa* proyectamos en ellos?

Para saber si las corridas de toros respetan el principio de adaptación, conviene determinar *lo que son* los toros de lidia. También a ese respecto el concepto de bravura puede servirnos de hilo conductor. Evidentemente, sería imposible responder de forma rigurosa o incluso pertinente a la cuestión de la *naturaleza* de una especie animal. Como máximo, podemos describir algunas de sus características singulares. Un toro bravo es un animal naturalmente desconfiado, dotado, como muchos animales «salvajes», de un instinto de defensa, en él particularmente desarrollado[4] (y cada vez más por la selección a la que se somete la raza desde hace más de dos siglos), que se manifiesta desde el nacimiento y que se llama bravura: el becerrito bravo que apenas se sostiene sobre sus patas intenta dar cornadas con unos cuernos aún inexistentes a quien se le acerca. A consecuencia de ese instinto belicoso, que se desarrolla con la edad, resulta muy difícil acercarse a las manadas de toros bravos y «manejarlas». Los toros pueden entregarse a combates enconados entre sí por el liderazgo de la manada e infligirse heridas mucho más graves que las de la lidia en la plaza, pero sobre todo, en cuanto un animal en el campo se encuentra —por poco que sea— aislado de sus congéneres o de su terreno habitual o en cuanto siente que un extraño cruza o podría cruzar su línea de retirada hacia su sitio familiar («querencia»), ataca al intruso y se encarniza hasta dejarlo por muerto. Esa acción (o reacción) de embestida inmediata contra quien es

4. En sus investigaciones, el profesor Juan Carlos Illera del Portal, director del Departamento de Fisiología Animal de la Facultad de Veterinaria de Madrid, se inclina por atribuir esa excepcional agresividad del toro de lidia, casi única en el mundo animal, a las características de su regulación hormonal: en efecto, se observa en esa «raza» un desarrollo singular de la glándula adrenal, una notable cantidad de células productoras de hormonas y un nivel particularmente elevado de serotonina segregada por el toro, desde su más tierna edad, cuando se cree amenazado.

considerado potencialmente «enemigo» denota la bravura; es el fundamento de toda tauromaquia, ya sea ritual, lúdica, atlética o artística, ya considere el hombre la lidia como ceremonia sacrificial, gesto de lucimiento, desafío al rival, espectáculo festivo organizado o exhibición pública de fuerza, valor, destreza, astucia, etcétera.[5] La corrida es un poco todo eso. Entre centenares de tauromaquias,[6] unas decenas de las cuales están vivas,[7] es una de las formas que entrañan la muerte del adversario. De hecho toda tauromaquia se basa en la bravura, la *furor* latina, que se manifiesta mediante la acometida espontánea, inmediata, violenta, repetida, del toro a su presa, en particular en cuanto se encuentra en un espacio cerrado, cuyo prototipo es el ruedo. Toda ética tauromáquica consiste en permitir la manifestación de esa embestida violenta del toro, de esa fuerza activa, de esa «naturaleza». Las corridas no consisten en abatir un animal. Es todo lo contrario. Como su nombre indica, consisten en *dejar al toro correr*, acometer, combatir. Carecerían de interés, sentido y

5. Véase, por ejemplo, Ángel Álvarez, *Ritos y juegos del toro*, Madrid, Biblioteca Nueva, 1998; Ramón Grande del Brío, *El culto al toro, ritos y símbolos de la tauromaquia*, Madrid, Tutor, 1999.

6. El lector se hará una idea gracias a los trabajos comparatistas de Frédéric Saumade, *Des sauvages en Occident. Les cultures tauromachiques en Camargue et en Andalousie,* París, MSH, 1994, y *Les tauromachies européennes. La forme et l'histoire, une approche anthropologique*, París, CTHS, 1998, *Las Tauromaquias europeas. La forma y la historia, un enfoque antropológico*, trad. cast. de Ángela Fábregas García, Fundación de Estudios Taurinos, Sevilla, 2006. Una exposición celebrada en el Museo de las Culturas Taurinas de Nîmes (20 de mayo-17 de octubre de 2004) y titulada «Ritos eternos. El hombre y el toro en el mundo» (catálogo: Nîmes, éditions Romain Pages y Museo de las Culturas Taurinas, 2004), permitía apreciar la extraordinaria variedad de las tauromaquias vivas y de algunas de las desaparecidas.

7. En Francia, cuatro tauromaquias están vivas: dos propiamente francesas (la corrida camarguesa, llamada «de la escarapela») y la corrida landesa (saltos y «écarts») y dos de origen extranjero: la corrida española y la corrida portuguesa (practicada a caballo), con sus variantes andaluza (el rejoneo) o propiamente portuguesa (con sus grupos de *forcados*).

valor, si el toro no fuera considerado como un ser naturalmente combativo. Afrontar un animal desarmado, inofensivo o pasivo, sería propio de un matadero. La ética «animalista» de la corrida consiste en permitir a la naturaleza del toro expresarse, doblemente: en su vida y en su muerte.

Durante toda su existencia en el campo, se le deja *libre*, entre tres y cinco años, en inmensas dehesas de Andalucía, de Extremadura o del «campo charro», incomparablemente más vastos que aquellos de los que disponen todas las especies domésticas: vive conforme a su naturaleza «salvaje», rebelde, insumisa, indócil, indomable. En el momento de su muerte, combate hasta la muerte, conforme a esa misma naturaleza: brava. (Habrá quienes digan: el hombre «quiere» combatir, lo elige, el animal está abocado al combate, no lo elige, pero el valor de la *elección* es un valor de hombre, la de la «voluntad» es —más que ninguna— una facultad humana. Cierto es que el toro «no quiere el combate», pero lo que sería contrario a su naturaleza no es *combatir,* sino *querer.*) Toda la ética de la lidia consiste en permitir a la bravura del toro manifestarse. Cierto es que el aficionado va a las plazas de toros a ver a unos toreros expresarse ante los toros, pero también —y con frecuencia en primer lugar— a ver a toros expresarse en su combate. Para el torero, expresarse es cierta forma de estar *inmóvil* ante el toro; para el toro, es cierta forma de estar *móvil* ante todo adversario, congénere o no. Es correr para acometer, para coger, para matar. Se va a una corrida de toros a ver buen toreo, pero también y en primer lugar a ver *correr* los toros. En la suerte de varas, prueba por excelencia de la bravura, es en la que el toro debe poder expresar en primer lugar su naturaleza arrancando por sí mismo contra el caballo sin ser solicitado por capotazos. Uno de los espectáculos más sublimes es el de un toro detenido lejos del picador inmóvil, que mira fijamente la masa indistinta del jinete montado en su caballo protegido y lanzándose al asalto de esa fortaleza para derribarla: el torero atento a la bravura de su adversario la hará brillar lo más posible alejando a cada nuevo asalto el toro del caballo. Al menos eso es lo que debe hacer en las corridas concursos, que son ante todo competiciones de bravura entre toros. Se la juzga por la fijeza de la arrancada, la extensión y la aceleración de la embestida, el poder del empuje de los cuartos traseros, con los pitones bajos para coger y no la cabeza alta para defenderse, por la tenacidad y la constancia en el impulso, la repetición de las embestidas en el mismo terreno, etcétera. Pero el torero podrá exhibir también la bravura del toro en el momento del duelo final con la muleta: hacer embestir al toro desde lejos, dejarlo acelerar su ataque, concederle margen para la carrera, para permitirle decir todo lo que debe decir, que es algo así: «Defenderé mi terreno, toda la plaza es mía, todo el ruedo me pertenece, todo el espacio me resulta vital, expulsaré a todo extraño que lo holle, cogeré a quienquiera que se aventure en él, te expulsaré, seas quien fueres, volveré hacia ti para golpearte, una y otra vez...» Ésa es la voz del toro bravo, tal como la hace oír el torero leal.

Algunos toreros «ahogan la embestida» (es decir, la naturaleza misma) de su adversario: se plantan en la punta de los pitones, con el toro casi quedado, deshecho, descompuesto y quieren brillar en su detrimento, exponiéndose al peligro de un arranque imprevisible, pero el peligro no entraña forzosamente la virtud. Venciendo sin respeto, se triunfa sin gloria. El respeto para con el toro consiste en dejarle decir... y hacer. Y, cuando un torero sin genio particular se contenta con encarnar, con un valor fuera de lo común, ese *respeto* de la naturaleza de su adversario, se vuelve por un tiempo el semidiós de la plaza y el paladín de la tauromaquia eterna: es lo que le ocurrió a César Rincón al comienzo del decenio de 1990. En su caso, era sencillo como un manual de tauromaquia y moral como una fábula. La distribución de los papeles era perfecta, el ideal que cada cual describía sin haberlo visto nunca, la realidad tal como se la ha soñado. El torero, hombrecito inmóvil y frágil, esperando los asaltos de un toro lanzado desde una distancia de treinta metros. Cada cual en su lugar, cada cual en su papel, en los dos polos del ruedo y del mundo. Cada cual expresando su naturaleza propia y permitiendo a la del otro expresarse. La humanidad contra la toreidad. *Homo sapiens* vulnerable, pero sereno, frente a la fuerza vana del *bos taurus ibericus*. Naturaleza lúcida contra naturaleza ciega. El *homo* no siempre triunfaba: a veces dejaba ver con un temblor de la tela que había perdido el control de la embestida, a veces revelaba su humanidad con un pasito atrás, pero reanudaba, obstinado, su trabajo, moralmente ejemplar, de exhibidor de toros. (Se recuerda, por ejemplo, su inmensa e incierta lidia frente al intrépido «Bastonito» de Baltasar Ibán, Madrid, 1993.) Su heroísmo era en primer lugar aquel que permitía a su adversario revestirse del mismo. A César el público lo *amaba*. Las muchedumbres de seres humanos que poblaban los tendidos veían en él algo así como un sacerdote de la probidad taurina, la imagen de una humanidad generosa que les habría gustado encontrar en sí mismos, siempre lista para dar lo que no tiene, y lo que no tenía era lo que debía revelar del toro: su naturaleza por fin libre. Se sospecha incluso que las manadas de toros que pueblan los paisajes andaluces vieron en él al mesías esperado y lo erigieron en su héroe.

Comparemos esa idea (o esa visión) de la naturaleza del toro en esa ética de la corrida con la idea (o la visión) de la naturaleza del animal en la ética animalista.

Para la ética animalista, lo que cuenta es *no sufrir*. El animal tiene derechos, tiene el derecho a que no se le haga sufrir. El animal existe: es el ser esencialmente —aunque en potencia— sufriente. Esa concepción es con frecuencia el envés de una visión miserabilista de la Humanidad. El hombre es potencialmente el mismo por doquier, es una criatura sufriente. Por eso tiene derechos. Por eso los tiene también el animal. El prójimo, ya sea un animal (sentiente) o un hombre (sentiente) es un ser sufriente —en el doble sentido del dolor y de la pasividad—, porque el valor más alto de la vida consiste en no sufrir. El animal no *hace* nada, no actúa, sufre. El hombre también. Combatir, por ejemplo (combatir para defender tal o cual causa o en el nombre de tal o cual valor, la libertad, por ejemplo), no puede ser una *razón* para vivir: sólo puede ser una *causa* de sufrimiento. Así: más vale una larga vida encadenada de buey de labor, que se acaba pasivamente sin dolor en el matadero, que una vida libre de toro que concluye en veinte minutos de combate valiente. Poner la vida propia en juego no puede tener valor, despreciar el peligro y el sufrimiento no puede tener sentido, pues, si tuviera sentido para el hombre, sería *imaginable* para un animal. No hay ideal ni virtud ni excelencia, no hay deber ni valor que merezca que se le sacrifique cosa alguna, no hay valor moral aparte de la experiencia individual, presente e inmediata, calibrada con el par placer/dolor.

Por oposición a esa ética animalista del sufrimiento, la ética de las corridas ve en la bravura (el instinto de combate), virtud activa, la definición de la naturaleza del toro. Se dirá que con ello dicha ética se dirige a la especie (el toro bravo), que, además, es una especie dotada —¡a su pesar!— de virtudes más o menos mitológicas (sabido es de sobra de qué símbolos, muy diversos, es portador el toro bravo en numerosas civilizaciones), y no se preocupa de las cualidades individuales (este toro concreto, que sufre, en el centro de la plaza). Así, pues, trata el toro como un animal ajeno y no como el animal «más o menos familiar» que es... y, por tanto, individualizable conforme al principio de diferenciación. Se dirá que resulta demasiado fácil hacer de la corrida de toros un combate ritualizado entre el hombre y el toro. Lo que está en el centro del ruedo no es el toro bravo en general, la criatura vagamente legendaria, sino siempre un animal particular, de carne y hueso.

Es cierto, pero precisamente la ética de las corridas de toros está individualizada. Son el arte, la pintura, el grabado, la literatura, el mito los que han exaltado al toro abstracto, símbolo de la bravura. Las corridas reales, por su parte, sólo tienen que ver con individuos y es cierto que se conoce el linaje, la procedencia, la fecha de nacimiento y el nombre de todos los toros. Cada uno tiene su nombre propio, su personalidad y a eso se debe enteramente el interés de su combate único. Siempre se trata de admirar, apreciar, comprender y, de ser posible, prever un comportamiento singular (en el caso del torero como en el del espectador). El aficionado o el torero, si se acuerda de sus mejores faenas, recuerda siempre los más grandes toros que ha visto lidiar o que ha lidiado y que fueron honrados con una vuelta al ruedo póstuma: «Guerrerito», de Conde de La Corte, que embistió durante trece minutos contra el caballo de picar sin querer soltar su presa (Bilbao, 28-8-1972); «Inoportuno» de Miura, que murió como un héroe bajo una tormenta demencial (Pamplona, 14-7-1973); «Mediaonza», de Victorino Martín, que permitió a su ganadería entrar con honor en el templo de la bravura (Bilbao, 19-8-1975); «Buenasuerte», de Torrestrella, de una intrepidez incansable (Madrid, 15-5-1979); «Trompetillo», de María Luisa Domínguez Pérez de Vargas, que arrancaba desde una distancia de treinta metros con una energía y una clase inauditas (Nîmes, 27-9-1986); «Chivito», de Pablo Romero, una de las fieras más salvajes y poderosas de los cincuenta últimos años (Pamplona, 11-7-1987); «Jordano», de Murube, que ganó de calle la primera corrida concurso de Mont-de-Marsan (21-7-1987); «Gravato», de Palha, cuya bravura se acercó a la del toro ideal (Nîmes, 18-5-1997); «Jarabito», de Zalduendo, de nobleza excepcional (Sevilla, 20-4-1999); «Descarado», de Victoriano del Río, que fue indultado por su infatigable rectitud (Nîmes, 1-6-2001); «Harinero», de Fuente Ymbro, obnubilado por la muleta y que también fue indultado (Valencia, 18-3-2006), etcétera.

Ese ser singular es precisamente el que tiene un valor ético, aquel al que se respeta por su combate y hasta en su muerte, lo que es conforme al principio de diferenciación: *respetar individualmente a los animales familiares*. Pero no es al toro individualmente ni al toro en general, ni familiar de verdad ni del todo ajeno, al que se concede el estatuto ético o, mejor dicho, a uno y al otro a la vez y supremamente. En cada uno de los toros debe manifestarse el Toro. Ésa es la fuerza del concepto de bravura. El toro, siempre bravo, por definición, es a veces bravo por idiosincrasia. Todos son *combatientes*, pero cada cual es más o menos *combativo*. Es una cualidad infinitamente variable según los individuos, algo así como una «disposición comportamental» presente en grados diversos en todos los toros bravos y encarnada en grado máximo en ciertos individuos excepcionales. Así el concepto de bravura pasa a ser normativo: ésa es su riqueza, pues la palabra, además de su doble sentido descriptivo, que permite caracterizar la relación de ciertas especies con el hombre (*ser bravo* es ser «salvaje» o «indómito» por oposición a *manso*, «doméstico, domesticado») o caracterizar ciertos comportamientos individuales (*estar bravo* es estar «furioso, encolerizado»), se carga, evidentemente, en el caso del toro de lidia, de connotaciones morales, más o menos antropomórficas: valiente, intrépido, animoso, etcétera. La apreciación concedida a cada uno de los toros será proporcional a la forma como realice en sí la esencia misma de su especie o su raza. Se lo llamará *bravo*, *bravito*, *bravucón* o, al contrario, *manso*, *manso perdido*, *mansurrón*, etcétera. El verdadero toro, el buen toro, el «toro toro», como se suele decir, es el que es, excepcionalmente, conforme a lo que debe ser, es decir, bravo o, dicho de otro modo, *adecuado a su propia naturaleza*. Así como sólo ciertos toreros logran ser lo que son («¡eso es un torero!»), cuando realizan en sus actos las virtudes de toreros, así también sólo ciertos toros bravos son conformes a lo que son: bravos. A veces se dice: «¡Eso es un hombre!»

Lo mismo ocurre con la bravura. Es la virtud mediante la cual se considera que el toro es conforme con su propia naturaleza inscrita en él. Es en cierto modo la «toreidad» del toro. Se llama «bravo», en este último sentido, a un toro dotado de la misma «excelencia» que su oponente, el torero, dotado, por su parte, de valor. La bravura es simétrica en el toro al valor en el hombre. No es sólo su «toreidad» lo que demuestra al ser bravo, sino también y en cierto modo su «virilidad» de macho... si es cierto que ese sentido del «valor», la hombría (la *andreia* griega) designa la virtud, más propiamente masculina, del combatiente. Eso quiere decir que el toro debe ser, en la lidia y por la lidia, lo que es por naturaleza. La ética de la corrida de toros exige correlativamente al hombre (al torero) la misma cosa: ser conforme a su «oficio». Ahora bien, en el toro ese «oficio» viene dado por su naturaleza: la bravura, y se realiza en sus actos; más aún: en una *actividad*, la de la lidia. No es una moral de la acción, que dependería de normas externas (¿son buenas o malas esas acciones?), *es una ética de la actividad*, que sólo conoce normas internas: ¿qué naturaleza realiza? ¿qué potencia actualiza? ¿qué virtud denota?

Lo demuestra el hecho de que se sitúe la bravura naturalmente junto a otras dos para constituir la trilogía de las virtudes cardinales del toro de lidia: la bravura, la nobleza y el poder. Se considera que la bravura es la virtud ofensiva, la propia del atacante, la facultad de embestida. La nobleza está subordinada a ella. Técnicamente, califica el carácter rectilíneo de la embestida, pero moralmente connota la franqueza, la sinceridad y, en resumidas cuentas, la rectitud. Claude Popelin, analista riguroso y gran teórico de la corrida de toros, pese a ser poco sospechoso de apología de la virtud de la «nobleza» del toro, ha llegado a escribir incluso que el «súmmum de la nobleza en un toro es no volver a coger en el suelo a un torero al que haya derribado». (*La Tauromachie*, París, Seuil, art. «Noble», pág. 162). ¿Quién osaría afirmar que no se trata de lealtad? Como se ve, a la bravura del toro corresponde el valor del hombre y a la lealtad del hombre corresponde la «nobleza» del toro, pero con esas dos virtudes que caracterizan el toro debe combinarse una tercera cualidad: el poder. El poder en el toro es la fuerza física, la resistencia en el combate y el carácter incansable de la embestida. El poder en el hombre (el torero) es el de su astucia y su autodominio: a la violencia móvil y furiosa del toro debe responder la fuerza tranquila y hierática del hombre. El poder, tanto en el toro como en el torero, es una encarnación opuesta de la virtud de los combatientes, capaces en todo instante de ocupar el espacio para imponerse al adversario. Bravura, nobleza, poder: trilogía de las virtudes del toro bravo y, *por consiguiente*, del torero. Espejo de las virtudes, como en toda *ética heroica*, pues el hombre (el torero) sólo puede revestirse con esas virtudes heroicas porque afronta a un ser que es portador natural de ellas. Virtudes del torero sin duda, pero ante todo del toro, pues esas tres cualidades —el poder físico, la bravura en el combate y la nobleza para con el adversario— son de las que se reconocen en los caballeros. Es una prueba de que el toro no es, efectivamente, ni una persona ni un animal ni una cosa; es un ser bravo, capaz en la lidia de las hazañas más extraordinarias y singulares, gracias a las cuales se granjea la aclamación de las multitudes y obtiene todos los honores por su muerte gloriosa. El toro bravo es para el hombre menos que un hombre, pero es casi un dios: es un héroe...

Así, pues, comparemos dos maneras de ver el toro en la plaza: la del «defensor de los animales» y la del admirador de los toros. Cuando el animalista ve (o, mejor dicho, imagina) una corrida de toros, ve un animal sufriente, asiste a un drama patético: unos hombres que se divierten martirizando a un ser sensible. Siente piedad de él. La piedad supone dos procesos: una identificación con un ser y la representación de dicho ser como esencialmente sufriente, como lo es uno mismo, si así se siente. Al contrario, cuando el aficionado asiste a una corrida, ve un toro que combate. El toro no es para él un ser naturalmente sufriente, sino un ser naturalmente combatiente. El aficionado siente admiración de él y el torero siente respeto; en los dos casos, es el sentimiento que se experimenta para con quien combate despreciando el peligro e *incluso su propio sufrimiento*, quien pone su libertad por encima de su existencia y el valor de su vida por encima de su vida misma. Esa admiración (o ese respeto) supone también dos procesos: una identificación también, es innegable, pero que atañe a un ser que es esencialmente valeroso, como lo es uno mismo, si es torero, como le gustaría ser a quien es aficionado. No es que sean indiferentes al sufrimiento del toro de lidia. Es que atribuyen al toro en la lidia esa indiferencia a su propio sufrimiento. Más aún: esa insensibilidad del toro es la condición de posibilidad de su lidia.

A veces se cree que el torero o el aficionado a las corridas de toros es un ser insensible para con el toro. Es lo opuesto enteramente: es, al contrario, particularmente sensible al *drama* del toro y, si no lo vive en forma de *compasión*, es porque ese drama no es para él una «pasión», la representación patética de una catástrofe, sino una *acción* trágica, uno de cuyos héroes es el toro, porque es su primer *actor*. Es necesario repetir que la ética de la corrida de toros no hace del toro una víctima pasiva, sino el ser *activo* por excelencia... aunque acabe vencido (¿acaso no consiste en eso la vida misma?). Así, pues, la sensibilidad para con la lidia del toro es más «coactiva» que «compasiva». A veces se cree que el torero o el aficionado a las corridas es cruel, incapaz de sentir piedad. Sin embargo, casi ninguno soportaría el espectáculo de un perro que sufre o de un asno golpeado. Es que los mecanismos de identificación son siempre complejos y lo son en la misma medida, evidentemente, para los amigos de los toros que para los defensores de los animales: ¿compadecen ellos mismos tanto el sufrimiento del lobo hambriento como el del cordero amenazado?

A propósito de ese «sufrimiento» del toro durante los veinte minutos de la lidia, que ha llegado a ser el principal argumento contra la corrida de toros, hemos de esbozar aquí una observación rápida. Imaginar «el animal» como un ser simplemente «sentiente», hacer del dolor el mal *natural* absoluto y de la reducción de todo dolor el ideal ético impuesto por la naturaleza sería condenar el ser natural *a muerte*. Es lo que observa Callicott: «En el mundo animal el sufrimiento desempeña un papel importante porque es funcional: avisa de los peligros, puede ser un elemento de selección de las cualidades individuales, etcétera; la erradicación del sufrimiento sería la desaparición del mundo salvaje» (citado por Catherine Larrère, *Les Philosophies de l'environnement*, PUF, pág. 56). Dicho de otro modo, si el ser vivo no fuera ante todo un ser que puede batirse para vivir antes que uno que evita a todo precio el dolor, no estaría, sencillamente, vivo. La vida es, para el ser vivo, un *acto* antes de ser un estado. Concretamente, eso significa que, sean cuales fueren las heridas del toro durante la corrida —comparables a las que podría infligirse luchando contra todo ser vivo, congénere o no—, no son torturas infligidas a un ser pasivo, atado y desarmado, como las que sufre el animal de laboratorio, son golpes recibidos en la acción, esforzándose por devolverlos, son efectos del combate por la vida. (No hay razón para distinguir entre el combate de los animales entre sí, que sería «moral», y el de los animales y los hombres, que sería «inmoral», ya que los animales, incluso los evolucionados, no tienen una aprehensión diferenciada de las especies, como los etólogos coinciden en considerar.) Además, sabemos que un ser vivo no siente las heridas resultantes del combate psicológicamente —ni físicamente siquiera— como «sufrimientos»: el soldado —¡o el torero!— «olvida» sus heridas en el ardor del combate, no las siente como simples dolores, quedan absorbidas por la acción y transformadas en actos precisamente. Es lo que confirman los datos fisiológicos. Así, las medidas hormonales, hechas por el equipo del profesor Juan Carlos Illera, de la Universidad de Madrid, demuestran que la «raza» del toro de lidia cuenta con una facultad excepcional, superior a la de todas las demás especies animales, para anestesiar su sufrimiento gracias al combate. Al medir en varios centenares de toros las secreciones de hormonas hipofisiarias y adrenales, que son las marcadoras del estrés, ha demostrado que el nivel de sufrimiento debido al estrés es tres veces más elevado durante el transporte en camión o incluso en el momento de su salida al ruedo que durante la lidia. Más aún: el nivel de producción de dichas hormonas vuelve a ser normal al cabo de unos minutos de asaltos diversos y, en particular, durante la suerte de varas, como si éstas tuvieran el efecto de calmar su malestar al permitirle expresar su agresividad. Además, durante la lidia, el toro segrega una cantidad excepcional de beta-endorfinas cuyo efecto es el de bloquear los receptores del dolor, de modo que la lidia provoca en él algo así como una excitación regocijante que compensa el sufrimiento… cosa imposible en toda situación en la que el toro se sienta cautivo. Así, pues, todo parece indicar que la naturaleza del toro bravo —coproducida durante siglos por la «cultura» taurina humana— está adaptada al combate… y de manera singular a la lidia. Cierto es que las propias corridas de toros se han edificado a partir de esa naturaleza, a la que en un sentido se han adaptado, pero que también han contribuido a modelar. El toro bravo está hecho para las corridas y éstas están hechas para el toro bravo.

Se dirá que esa «defensa de la ética de las corridas de toros», en nombre de *lo que es* «por naturaleza» el toro (un ser vivo que combate y no un animal sufriente) y, por tanto, en nombre de lo que *hace* es una justificación *ad hoc*, que se trata de una simple reconstitución teórica *a posteriori*, y que, en realidad, es decir, fuera de las formulaciones justificativas, la corrida de toros es simplemente un espectáculo cruel que niega valor alguno al animal y lo reduce a la condición de juguete despreciable. No es así, pues ese estatuto ético del animal en la corrida de toros no se desprende sólo de las representaciones o las formulaciones, sino también de las prácticas mismas y de sus normas. Está inscrito en las reglas de la lidia.

Examinemos, por ejemplo, las reglas que rigen la ejecución de la suerte de varas, puesto que ésta, más aún que la suerte de matar, es aquella contra la que cargan los «animalistas». Todas esas reglas recogen el principio de que el toro deba arrancarse al caballo y volver espontáneamente, es decir, atacando por sí mismo a su adversario. La suerte de varas, más que infligir una herida al toro, es la prueba de su bravura y sobre todo ésta debe ser siempre la causa de aquélla. Así, el picador se debe mantener en la periferia del ruedo y debe esperar, a la distancia reglamentaria (tres metros) a que el toro lo embista, pues un toro bravo acomete sin sentirse amenazado, es decir, sin que se entre en su terreno, sin que se holle su línea de retirada. Además, el picador debe situarse en «contra querencia», es decir, en el extremo opuesto de la puerta del toril (art. 73-1 del Reglamento Taurino) del que el toro ha salido y que podría constituir una querencia o un refugio instintivo. El toro debe embestir alejándose de su propio «terreno» natural y cargar al caballo de picar, no para intentar liberarse de él, sino para derribarlo, de modo que cuanto más «quiere» el toro combatir más se hiere, pero en todo momento debe poder escapar de la vara, si «prefiere» la huida al combate (véase el art. 73-4: está prohibido tapar la salida al toro). Dicho de otro modo, el principio que rige la ejecución de la suerte de varas es el de que la herida que el animal se inflige sea consecuencia de su propio instinto ofensivo, de su propia bravura. Así, pues, se basa en la idea de que el animal que combate, en la medida en que es un animal bravo, coloca el valor de su combate por encima de su propio sufrimiento:[8] eso precisamente es lo que lo caracteriza como bravo. Las reglas de la lidia están hechas para el toro, que, a su vez, está hecho para dichas reglas. Se trata de un doble mecanismo adaptativo, bastante frecuente en la historia de la evolución. La formulación progresiva de las reglas de la corrida de toros (durante estos dos últimos siglos) se ha basado en las singularidades de la bravura del toro de lidia, cuya fisiología se ha ido modelando, a su vez, progresivamente (gracias a la selección hecha por los ganaderos) mediante las prácticas de la corrida de toros.

Se dirá que toda esta argumentación, explicitada en las formulaciones e implícita en las prácticas, no está exenta de connotaciones antropomórficas. Es posible. En toda ética, incluso la «animalista», hay una concepción del hombre y de lo que constituye su valor. Sin una idea del hombre, dejaría de ser una *ética*, sería, en el mejor de los casos, una *etología*. El problema radica enteramente en saber qué idea de lo que debe ser el hombre se afirma tras la idea que se

8. También en este caso las reglas tradicionales de la corrida reciben una asombrosa confirmación en la fisiología del toro de lidia que describen las investigaciones veterinarias más recientes de J. C. Illera o de algunos de sus doctorandos, como Ramón Esteban Gavín (en su tesis doctoral, *Influencia de la lidia en los perfiles hormonales plasmáticos en ganado bravo*, Madrid, 2003). El toro de lidia es un animal absolutamente singular, el único del reino animal que vuelve inmediatamente hacia el lugar (la pica) o hacia el enemigo (el caballo del picador) que le ha infligido el dolor y al que no ha podido derribar. Parece deberse a su sistema hormonal único. La pica y las banderillas —según se está demostrando actualmente— provocan una doble reacción fisiológica en el toro: por un lado, lo estresan y, por otro, causan un dolor ante el que reacciona inmediatamente con una secreción de beta-endorfinas, de modo que vuelve al combate. Así, al contrario de lo que podría hacer creer un «sentido común compasivo», un toro de lidia experimenta mayor sufrimiento (por el estrés) en las formas de «juegos» taurinos «no crueles», sin picas ni banderillas, que en una tauromaquia de verdadera lidia, como aquella a la que puede entregarse de forma natural con sus congéneres y a la que su sistema hormonal parece perfectamente adaptado.

tiene del animal, al menos del que se considera digno de ser portador de valores. El torero o el aficionado trata a los mosquitos como mosquitos, no como «seres vivos» ni como animales en general. No trata a su perro como un «ser sufriente» ni como un animal: trata a su perro, animal familiar, como un animal familiar y lo hace como debe, es decir, conforme a lo que es por naturaleza y a lo que es para él, conforme a su naturaleza de animal de compañía y a las relaciones de afecto recíprocas que los vinculan a uno con el otro. Asimismo, trata el toro de lidia conforme a su naturaleza y a lo que es para el hombre, es decir, conforme a su naturaleza de animal que combate y a las relaciones de respeto que se tiene con aquel al que se afronta como un igual. Así, pues, la ética tauromáquica es la siguiente: se respeta la *propia* naturaleza del *toro* al lidiarlo, ya que es un animal de lidia, y, en la forma de lidiarlo, se respetan también las relaciones afectivas singulares de amistad/enemistad que el hombre mantiene con él. Se trata, por tanto, de una ética cuyo principio general es el siguiente: para todos los seres, su *bien* supremo no es simplemente un estado pasivo (el placer o incluso la carencia de dolor). El sumo bien radica en una *actividad* mediante la cual todos los seres actualizan sus potencialidades, mediante la cual realizan activamente su propia esencia. El toro realiza su bien máximo viviendo libremente y muriendo en combate: así realiza enteramente su naturaleza.

De modo que toda la ética de la corrida de toros se basa en ese único concepto: el de bravura. El toro de lidia, el toro bravo, no es ni una cosa ni una persona, ni un animal doméstico ni un animal salvaje, ni un amigo del hombre ni un enemigo, es un ser esencialmente bravo. La bravura es la única justificación de la corrida y su mayor gloria. No hay otro fundamento que determine sus reglas, ya sea en el sentido de sus condiciones de posibilidad (sin bravura, no hay embestida del toro y, por tanto, no hay corrida), en el de su reglamentación (véase la suerte de varas y la suerte de matar) o en el de su valor moral: en la lidia, el animal es adecuado para su propia naturaleza. La bravura del toro, creación en gran parte humana, determina un modo de relación singular con el hombre: éste se apropia del toro sin amansarlo, lo cría y selecciona para que sea rebelde con él. Pero la bravura no es sólo un modo de relación con el hombre, sino también un modo de «ser animal», cierta forma de vivir combatiendo, que se manifiesta según los grados de una virtud variable: la acometividad. Esa bravura del toro es la prueba de que la suerte que le asigna la corrida es acorde con los principios de ajuste y adaptación: el toro debe vivir soberanamente en los campos y con toda independencia, ya que es bravo, pero, por serlo, puede morir en el cercado del ruedo combatiendo al extraño que le disputa esa soberanía.

Ya se ve lo que es esa ética de la bravura. Está en las antípodas tanto de las morales de los «derechos subjetivos» como de las morales compasivas. No se basa en el concepto omnicomprensivo de animal ni en la simplista oposición de las «personas» y las «cosas», abandonada incluso por el derecho. Es una ética basada en la variedad de los afectos y adaptada a las diferencias específicas y, por tanto, *matizada*. Así, pues, es una ética de la virtud y, por tanto, del *ser*. Es una ética heroica y, por tanto, de la *excelencia*. Es una ética del oficio y, por tanto, de la *actividad*.

Así, pues, hay que rendirse a la evidencia: la corrida de toros respeta los principios generales que deben guiar nuestras conductas para con otras especies. Más aún: hay que observar que de la propia ética de la corrida es de la que se pueden deducir esos principios. Se intentaba juzgar la corrida de toros con la vara de la moral. Se ha podido juzgar la moral con la vara de la corrida. Éstas no son sólo «morales», en el sentido de no ser «inmorales». Son una moral. Al enseñarnos que se debe subordinar el respeto debido a la vida del toro al debido a la vida del hombre pero también que se debe respetar lo que es el toro para nosotros —el adversario— y lo que es por naturaleza —libre y rebelde—, las corridas de toros nos muestran cómo deberíamos tratar a todas las demás especies.

¿No habremos hecho con ello sino racionalizar una pasión? Tal vez. No obstante... ¿quién podría negar que la humanidad necesita la animalidad en toda su diversidad? Abolir las corridas de toros en nombre de un supuesto «progreso moral», privarse de los toros de lidia y enviarlos, de una vez por todas, al matadero, no ver en los bóvidos sino promesas de rosbeefs o de reeboks, ¿acaso no sería también privarse, en medida no desdeñable, de las representaciones animalistas que pueblan los mitos y los sueños de los hombres? ¿No sería también empobrecer irreversiblemente nuestra ética? ¿Y quién podría negar que el toro de lidia, sin expresar *la* moral absoluta (no existe tal cosa), es portador de una ética, que se resume en el lema de la Pasionaria: «Más vale morir de pie que vivir de rodillas»? Aun cuando esa ética no esté de moda en el momento del triunfo uniforme del moralismo compasivo y de la consigna «¡ante todo cero muertos!», ¿no merece subsistir en alguna parte como un ideal e incluso recuperar, de vez en cuando, un poco de realidad? Además, tal vez los autoproclamados defensores de los animales compadezcan los sufrimientos de algunos de ellos, ¿pero sienten de verdad amor por los animales, lo que son, lo que *hacen*, lo que *encarnan*? Quien ama la corrida, ama por fuerza los toros. Se sueña sin lugar a dudas como toro: apenas hay excepciones a esa regla. Se complace con esta idea: *llegar a ser toro*... a falta de poder ser torero. Piensa simplemente esto: de las suertes de todas las especies animales que el hombre se ha apropiado para servir a sus fines, de todas las especies que pueblan la imaginación de los hombres, ¿acaso no es una de las más envidiables la de este animal que vive libremente para morir combatiendo? ¡Compárese!

Capítulo 2

¿Por qué muere el toro?

¿Por qué se matan los toros? ¿Por qué muere el toro en la tauromaquia española? La pregunta es sencilla y raras veces se formula y la respuesta no es evidente. A veces se da la de que podría ser un rito sacrificial. El sacrificio de un animal es uno de los actos esenciales del culto en numerosas religiones: los hombres inmolan colectivamente un animal, durante ceremonias cuidadosamente reglamentadas, para obtener a cambio alguna gracia de las divinidades destinatarias de la ofrenda. Cierto es que en las corridas de toros no hay espíritu divino, salvo el «duende» caprichoso que desciende a veces a inspirar a los artistas andaluces lunáticos... Para ser justos con la tesis «sacrificialista», habríamos de decir que la corrida de toros es —ya que no la celebración *efectiva* de un rito profano que tuviera por finalidad el sacrificio del toro— el simple vestigio de semejante rito, fosilizado en espectáculo, cuyo sentido original y profundo se hubiera perdido. Ésa era ya la interpretación propuesta por los mejores autores, como Michel Leiris:

«La corrida entera, como un sacrificio, tiende a su paroxismo: la suerte de matar, después de la cual se puede producir la distensión, como después de la posesión del objeto deseado, en el amor, o la muerte del héroe, en la tragedia (...). En el caso del sacrificio, ese paroxismo o máximo de tensión es el momento mismo de la inmolación (...). La estocada transmite al toro toda la muerte que durante las diversas suertes parecía lógicamente reservada al torero. Así, una vez muerto el toro, resulta restablecido el orden y todo vuelve a estar en su lugar...» (*Miroir de la tauromachie*).

El antropólogo que mejor defendió, no hace mucho, la tesis «sacrificialista» es Julian Pitt-Rivers.[1] Según él, el sacrificio del toro tiene un sentido preciso: «Mediante la representación de un intercambio de sexo entre el torero y el toro y la inmolación de este último, que transmite su potencia genésica a su vencedor, se produce una transmisión entre la Humanidad y la Naturaleza: los hombres sacrifican el toro y reciben a cambio el poder que éste tiene». Por eso, durante la lidia, el «matador» (Pitts-Rivers observa que esta palabra procede del latín *mactare*, que en su origen significaba «inmolar») se despoja progresivamente de sus atributos femeninos (por ejemplo, su capa bicolor, que se arremolina como una falda y en la que se envuelve, en el primer tercio, al ejecutar ligeras figuras de danza) para adquirir los símbolos de la virilidad (en particular, la espada del sacrificio), mientras que el toro se va deshaciendo progresivamente de su virilidad salvaje, la del monstruo todo poderoso. Evidentemente,

1. Julian Pitt-Rivers, «Le sacrifice du taureau», en *Le Temps de la réflexion*, 4, 1983, París, págs. 281-297. Pedro Romero de Solís ha propuesto una hermosa defensa e ilustración de la teoría sacrificialista en «La tauromaquia considerada como un "sacrificio". Algunos aspectos sobre el origen, posición y calidad de su público», en *Sacrificio y tauromaquia en España y América*, Universidad de Sevilla, 1995. Este último autor ha editado y traducido al español la obra taurina completa del antropólogo J. Pitt-Rivers en la *Revista de los Estudios Taurinos*, n.os 14-15, Sevilla, 2002.

se puede rechazar esta interpretación y, más en general, toda explicación «sacrificialista», pero entonces se vuelve a plantear la pregunta: ¿por qué muere el toro? Pregunta perturbadora, porque choca con una verdad manifiesta para quienquiera que haya visto aunque sólo sea una corrida: ¡*es necesario* que el toro muera! Una corrida (no hablemos de las otras tauromaquias) en la que, por una razón u otra, el toro no muera (fin del tiempo reglamentario o indulto del toro) parece *con evidencia* un espectáculo amputado, un relato inacabado, una sinfonía sin su coda: se nota perfectamente que falta lo esencial, el fin de todo ello, en los dos sentidos de la palabra «fin», pero, ¿por qué?

¿Sacrificio ritual?

Habría dos formas de verificar la explicación «sacrificialista»: mediante investigación genealógica o mediante análisis sistemático. Se podría buscar en los «orígenes» andaluces si la «corrida de muerte» se deriva lejanamente de un rito de sacrificio o si al menos fue justificada mediante mitos de esa clase. Sabemos que en tiempos hubo en Andalucía ritos sacrificiales de toros (en particular, el del «toro nupcial», con frecuencia estudiado por los antropólogos) y que no hace mucho hubo mitos y leyendas populares vinculadas con esos ritos arcaicos, pero nunca se ha podido confirmar la menor relación entre esas tradiciones y las corridas de toros. Así, pues, dejaremos a los antropólogos y los historiadores la cuestión genética y nos limitaremos a buscar, en el ordenamiento actual de la «corrida de muerte», indicios de semejante rito: uno relativo a las formas del espectáculo, otro relativo al valor del animal muerto y otro más relativo al sentido de la relación entre el hombre y el animal.

Para que haya «sacrificio», es necesario que haya celebración de un ritual y que su conclusión sea la inmolación pública de un animal. Ahora bien, de todos los espectáculos modernos, la corrida de toros es indiscutiblemente el más obsesivamente ritualizado. Todo es signo. El lugar cerrado y circular del ruedo está dividido en partes jerarquizadas, cada una de las cuales tiene un sentido reconocible: el espacio periférico de la contemplación y el espacio central de la acción; el sector de «sombra» y el de «sol»; aquí el toril y allí la presidencia. El desfile inicial (paseíllo) de las cuadrillas obedece a un orden supremo, temporal y espacial. Comienza infaliblemente a la hora en punto y obedece a las prescripciones intangibles de un espacio polarizado en todas sus direcciones. Todo el mundo está en su sitio, uno solo posible, según un reparto espacial doblemente jerárquico: jerarquía de las funciones (los matadores delante de los banderilleros, que van delante de los picadores, quienes van delante de los areneros), jerarquía de antigüedad. (Entre los matadores, lo que cuenta no es la edad legal, sino la edad real en el desempeño de la «función de matador» o, dicho de otro modo, la fecha de la «alternativa», ceremonia de intercambio de los trastos de matar, cercana a la «iniciación» religiosa, entre un veterano y un aspirante, durante la cual éste pasa a ser matador de toros.) Y toda esa pompa converge hacia donde se encuentra la Autoridad que preside el desarrollo reglamentario de la ceremonia y ordena sus diferentes momentos. Todo parece saturado de sentido, nada está vacío, nada es vano. Bien lo ve el niño que pregunta durante una corrida de toros lo que significan todas las cosas («¿Y por qué tocan los clarines? ¿Y por qué saca el presidente el pañuelo?»), se siente en una misa («¿Y por qué se levantan? ¿Y por qué el sacerdote levanta el vaso?»). Como en una ceremonia religiosa, el espacio está cerrado y reglamentado, todos los sitios son indicaciones, todas las acciones forman parte de un relato: los hombres no son individuos, sino funciones, expresadas mediante emplazamientos y gestos, siempre los mismos.

Y después continúa. El presidente lanza la llave (simbólica) del toril a su representante en el ruedo (el alguacil), que la exhibe maquinalmente a la multitud y se la entrega al portero, quien aparenta utilizarla, mientras los mozos de espadas recogen, maquinalmente, el capote de paseo de los toreros (que pueden, así, desplegar, maquinalmente, su capote de brega) y los empleados de la plaza rastrillan la arena para limpiarla o, con más frecuencia, para aparentar que lo hacen. Todo está limpio y en su sitio y todo es puro. Después de esos ritos propiciatorios, el espectáculo —o, mejor dicho, el sacrificio— puede comenzar.

Pero se reanudan los mecanismos de los lugares y de los signos. El orden de antigüedad impone un orden temporal: primero, el matador más antiguo, ya sea para la muerte o para los quites, y en las corridas concursos el toro de la ganadería más antigua primero. Y el orden jerárquico impone un orden espacial: el primer banderillero hará todo el trabajo de colocaciones y desplazamientos (la lidia) al primer toro y pondrá, en el segundo tercio, los pares primero y tercero de banderillas y a la inversa en el caso del segundo banderillero, mientras que el tercero «guardará» al segundo picador en el primer tercio y pondrá dos veces el segundo par de banderillas en el segundo tercio, etcétera. Y después los saludos: al presidente, ¿cuántas veces? Hemos perdido la cuenta, ¿y por qué? Ya no lo sabemos. Y después los pañuelos: blanco (para todos los cambios de acto o para las recompensas simbólicas al matador), verde (para la substitución de un toro defectuoso), rojo (para la condena a las infamantes banderillas negras de los toros irreductiblemente mansos), azul (para rendir homenaje a los toros particularmente bravos con una lenta vuelta póstuma al ruedo), anaranjado (para conceder el «indulto» a los toros excepcionales). Los toques de clarín acompasan el tiempo, separan las diferentes lidias, las fraccionan en tercios o avisan al matador y al público del descuento del tiempo reglamentario. Automatismo de los gestos: la señal de la cruz, el brindis con la montera, el vaso de plata que se besa y en el que se bebe un trago de agua, al instante escupido, antes del tercer tercio, el restregar de las manos, etcétera. Automatismo de las frases escuetas: «Con su permiso, señor Presidente...» No hay azar ni improvisación: cada uno de los actores parece colocado ahí por una voluntad ordenadora y cada uno de los actos parece causado por un mecanismo todopoderoso. Todo eso, que el aficionado curtido ya no advierte, fascina al espectador novicio. Pero, se pregunta aún el aficionado, ¿por qué muere el toro?

Y el tiempo es cíclico, tan circular como el espacio. Los tres tercios se siguen, los tres matadores se suceden y el primero vuelve después del último. Los toros se siguen, pero es como si cada uno de ellos *renaciera* en el siguiente. Todo es circular, como en toda ceremonia de muerte, que significa también el ciclo de la vida y el renacimiento de los seres vivos. Y todo va distribuido con el tres, número del círculo: las tres partes de la plaza (sombra, sol y sol y sombra), las tres partes concéntricas del ruedo, los tres matadores, los tres banderilleros, los tres miembros del equipo presidencial, los tres tercios de la lidia, los tres estados físicos sucesivos del toro durante su vida pública, los tres puyazos (en el antiguo reglamento), los tres pares de banderillas, los tres avisos reglamentarios, los tres pañuelos blancos para las recompensas supremas (dos orejas y rabo), los tres tiempos del pase (citar, dirigir, rematar), las tres prescripciones del toreo («parar» la embestida del toro, «mandar» o dirigirla, «templar» o ajustarse a su ritmo).

Pero el círculo no es sólo simbólico y estático, es también dinámico y real. Todo da vueltas: los picadores y los banderilleros en torno al toro y el toro en torno al matador. La plaza es un cosmos: las esferas son concéntricas, los astros giran conjuntamente, llevando consigo a algunos planetas que también giran con un vago margen de libertad y es como si todo volviera siempre a lo mismo. Por lo demás, eso es precisamente lo que ve el espectador neófito: en la plaza, cuando se ha acabado, se vuelve a empezar. (Sabido es el chiste de los dos turistas que llegan con retraso a su primera *bullfight,* cuando se acaba el primer tercio. Entonces, pasan las banderillas, la muleta, la muerte, el arrastre de las mulillas; sale el segundo toro, pasa el tercio de varas y vuelven a sonar los clarines. Entonces el hombre dice a la mujer: «¿Vamos, querida? Ésta es la escena de cuando hemos llegado».) Hay que tener la mentalidad deformada de un aficionado para haber dejado de ver que en una corrida de toros siempre sucede lo mismo. Es el universo infernal —o paradisíaco— de la repetición.

Por su manía frenética del ceremonial, de las reglas, de las formas, del orden, de la distribución de los lugares y de la reproducción de lo mismo, la corrida de toros participa indiscutiblemente del *rito*: conviene volver a hacer siempre cuidadosa, escrupulosa, religiosamente los mismos gestos, repetir también aquellos cuyo sentido se ha perdido e incluso los que nunca lo han tenido y cuyo significado se agota simplemente en la repetición. Pero esa forma ritual no está vacía: rodea, sostiene, protege la inmolación pública de un animal. Más aún: su fin es necesaria, infaliblemente, la muerte del animal. ¿Acaso no es un argumento «sacrificialista»? Por mucho que la lidia sea siempre incierta, el comportamiento del animal imprevisible y el accidente siempre posible, el desenlace, en cambio, está previsto, la muerte es segura... es incluso lo único que es casi seguro. En efecto, esa *necesidad* de la muerte del animal distingue las corrida de todas de las demás «diversiones» humanas en las que mueren animales: la caza, por ejemplo. Cuando la caza no es alimenticia, sigue siendo un deporte o un juego y no un sacrificio, porque incluso en sus formas más ritualizadas, como la caza de montería, se esfuerza por dejar al animal posibilidades de fuga, evitación o regate en un espacio más o menos abierto y una duración que no está fijada *a priori*. La corrida de toros no es ni un deporte ni un juego, porque su desenlace está determinado y el ruedo está cerrado, como el tiempo, que fija *a priori* la duración de la vida y el momento de la muerte. El toro tiene que morir. Está *prometido* a la inmolación. Todos los anuncios de corridas dicen una sola verdad: habrá corrida *de muerte*. Ceremonia para una muerte de animal anunciada: un sacrificio, por tanto, al menos en apariencia...

La segunda condición para que tengamos derecho a hablar de sacrificio es el valor insigne que debe tener el animal inmolado. A ese respecto la corrida de toros también se distingue de las demás ejecuciones de animales. A veces los hombres, como las demás especies animales, matan otros animales por necesidad vital o económica; en ese caso, no es el valor negativo del animal, sino el valor *positivo del animal muerto* el que explica y justifica su ejecución: el valor alimenticio de la carne, la calidad de su cuero, de su sangre, de sus defensas. Otras veces los hombres, como las demás especies animales, exterminan las especies perjudiciales o se deshacen de los animales viles: se puede abatir una fiera que amenace a la familia o que sea dañina para el rebaño, se puede eliminar un insecto innoble o un bicho repugnante. En esos casos, el valor *negativo del animal vivo* es el que explica y justifica su muerte. Pero en todos los casos anteriores —ya se trate de eliminaciones defensivas del animal funesto o de ventajas obtenidas del cadáver del animal matado— no es a la muerte del animal en sí misma, a su *ejecución*, a la que se concede un valor, sino a su «carencia de vida», a su *inexistencia*. Lo que vale, lo que se pretende, es que el animal dañino sea reducido a la nada o que el animal benéfico pase a ser un simple despojo. Se quiere que estén *muertos*, no se quiere *matarlos*. Siempre hay una excepción a esas reglas generales: son las ceremonias sacrificiales, precisamente. En el sacrificio lo que cuenta no es que un animal deje de vivir, sino que se le dé muerte. Lo que vale no es su estado de muerte, sino su ejecución.

Y lo que da sentido a esa ejecución es el valor atribuido al animal *vivo*. La razón por la que se debe eliminarlo no es la de que su vida no valga nada o la de que sólo valga muerto. Precisamente porque su vida *vale*, porque el ser vivo que es o que representa es superior, es por lo que el acto ritual de la ejecución adquiere un sentido. Con esa condición puede el animal ser el objeto de un intercambio simbólico con los poderes sobrenaturales. Un don sólo es posible si se concede un valor a lo que se entrega, no si lo que se hace es deshacerse de él. Esa exigencia es el origen de la clase de sacralización del toro, «dios que combate», en las formulaciones y las prácticas tauromáquicas. Ya hemos observado que, durante su vida y antes de su lidia, el toro debe ser preservado en su *pureza*, en todos los sentidos del término (ni manipulado ni toreado, virgen de enfrentamiento con el hombre y de contacto con la hembra). Es como si el animal hubiera vivido, lo más lujosa y fastuosamente, tan sólo para ser preparado, dispuesto para la ceremonia final de su muerte pública. ¿Cómo no vamos a ver en ello un significado simbólico? Por estar destinado a la muerte es por lo que el toro debe permanecer intacto, «casto y puro», hasta la hora de dicha muerte, protegido en su naturaleza inviolable: siempre son vírgenes quienes están destinados al sacrificio.

Y esa vida llena de sí misma y vacía de sentido, toda ella dispuesta con vistas a su fin, cargado de sentido, tiene por fuerza que acabarse en ese clímax que se llama precisamente la «hora de la verdad». Para todos los comulgantes, es el momento del recogimiento. En ese momento, todo el regocijo (o todo el jaleo) cesa... por un instante. Se guarda silencio forzosamente cuando el torero monta la espada. Incluso los públicos más ruidosos, los que van a la plaza como a un estadio y no como se va a misa, sienten perfectamente en ese momento que la fiesta de los toros es en el fondo una ceremonia grave, que lo que constituye el valor de la corrida es la muerte del toro y que lo que atribuye valor a esa muerte es la importancia que se concede a ese ser vivo. Esa deferencia para con el animal, que culmina en el instante de su muerte, se prolonga en el respeto por sus restos mortales: se oye su eco en los aplausos (a veces los abucheos) que saludan su salida de la escena al galope apresurado de las mulillas o en su paso lento ofrecido a los toros «bravos», acciones, todas ellas, de gracias simbólicas que parecen dirigirse al fantasma del toro muerto o a la memoria que su espíritu nos ha legado y que flota aún en derredor.

Para que haya sacrificio, es necesaria una tercera condición. No basta con que haya inmolación ritualizada de un animal y que éste sea valorado: es necesario, además, que ese acto permita la transmisión de ese valor del animal al hombre. Pitt-Rivers lo concebía como intercambio de sexo y rapto de poder. Sin negar esas connotaciones, podemos identificar en el acto tauromáquico otro intercambio simbólico entre el toro y el hombre: el de la «bravura», que es la excelencia suprema del toro. Como hemos observado, la bravura es una cualidad ambigua, ni propiamente salvaje ni de verdad doméstica o, mejor dicho, a medias natural y a medias humana, mezcla equívoca de disposición natal y de virtud moral, combinación de la agresividad ciega de la fiera y del valor lúcido del hombre. Ahora bien, parece como si, entre su entrada y su salida, la bravura del toro hubiera pasado de uno al otro: la energía salvaje, natural y desordenada, se ha vuelto memoria e inteligencia, se ha atemperado, mesurado, aculturado, se ha vuelto refinada y temible como la astucia, curva como el artificio, a medida que el animal se ha «humanizado», por decirlo así, y en ese momento es en el que debe morir. Ha aprendido. El toro muere —lo sabemos— en el momento en que su estado físico, pero también moral, «exige» la muerte, es decir, en aquel momento en que, al comprender lo que ocurre, podría llegar a saberlo todo («incluso griego y latín», como dice la vieja sabiduría taurina)... lo que lo volvería demasiado peligroso. Este último límite fijado a la vida del toro corresponde, naturalmente, a exigencias técnicas o funcionales, pero entraña también, sin duda, una dimensión simbólica. Así como el hombre, en numerosos mitos, debe ser condenado a muerte cuando se acerca, por *hybris*, al saber reservado a los dioses, transgresión fatal de los privilegios de la divinidad, así también el animal debe morir cuando tiene acceso al saber de los hombres... transgresión fatal de los privilegios de la humanidad. El toro ya sabe demasiado al respecto, ha abandonado su naturaleza animal para acercarse a la del hombre, la naturaleza en él se ha hecho cultura: debe morir. Y, paralelamente a esa humanización del animal, se da la animalización del hombre.[2] La cultura en él se vuelve naturaleza: mata. Y en ese gesto, a la vez extraordinariamente brutal y supremamente controlado que es la estocada, el más violento de los actos y la más técnica de las suertes, el hombre se apropia, por decirlo así, de la bravura del toro... en un rapto del poder de la víctima, que caracteriza todo sacrificio ritual.

Así, pues, tenemos tres indicios poderosos de la verdad de la tesis «sacrificialista». El orden tauromáquico parece claramente un rito cuya finalidad es la de dar muerte al animal. El toro debe morir porque es un ser vivo venerado. Para apoderarse de su excelencia es para lo que el hombre lo mata en un intercambio simbólico de sus naturalezas respectivas. Esos son los tres pilares del sacrificio taurino.

Sin embargo, esta explicación no puede obtener enteramente la adhesión, aunque sólo sea porque no explica un aspecto constitutivo de la «corrida de muerte», de su sentido, de sus valores, de su regu-

2. Véase Antoine Compagnon, «La jouissance du taureau», *Critique*, agosto-septiembre de 1976, n.ºs 375-376, «L'animalité», págs. 901-902, París, Minuit.

lación: la lidia. La corrida de toros no puede ser (sólo) un ritual sacrificial, porque es también —*esencialmente*— una lucha entre un hombre y un toro. Ahora bien, nada hay más contrario a la idea de sacrificio que la idea de combate. Cuando se inmola un animal, éste está pasivo, es una simple víctima: puede morir debatiéndose, no combatiendo. Cuando un sacrificador oficia, puede ser valeroso, pero es ante todo verdugo. Que arriesgue su vida es accidental, no esencial, para su función: puede ser matando mal, pero no combatiendo bien. Si es «sacerdote», no es «guerrero»; y, si no hay sacrificio sin una asistencia, el papel de ésta es el de comunicar en silencio, pero no el de admirar la gesta de los combatientes (toro o torero) ni glorificar el valor, la inteligencia, la abnegación o la elegancia del hombre. En una palabra, la muerte del toro no puede reducirse a un sacrificio, porque sigue a un combate que le da su sentido, porque el público espera del torero —y, simétricamente, del toro— las virtudes de los combatientes y porque los valores de los que son portadores son heroicos y no místicos.

¿Epopeya heroica?

Los tres indicios anteriores que acercan las corridas de toros al ritual sacrificial son ajenos a esa dimensión «agonística» suya. La ceremonia en primer lugar, sólo atañe a lo *exterior* al combate, el decoro, la etiqueta, la puesta en escena. Lo que está ritualizado es todo lo que puede corresponder a la necesidad, no lo que escapa por definición de ella... y que, sin embargo, es esencial: el comportamiento ofensivo o las reacciones defensivas del animal, el juego de engaño y regate del hombre, las figuras inesperadas de su antagonismo. Por lo demás, es indispensable que el ritual sea exterior a la esencia de la corrida. La función de todo ceremonial —el del trapecista, del neurótico obsesivo o de todas las religiones instituidas— es la de conjurar la muerte familiarizándose con lo imprevisible, remitiendo lo desconocido a lo conocido y la diferencia a la repetición. Precisamente porque una corrida de toros es un combate de muerte, en el que el hombre acepta a sabiendas ponerse en peligro, en que el riesgo supremo siempre merodea, todo lo que *rodea* ese combate debe estar determinado, fijado, regulado por reglas intangibles y guardado por usos tranquilizadores, repetidos, maquinales. Porque los desplazamientos del toro son previsibles, las posiciones de los hombres deben estar rígidamente fijadas. Porque no se sabe nunca lo que va a suceder, se imita maquinalmente y todo lo posible la repetición de lo mismo: gestos, tics, posturas. Porque el centro focal de la corrida corresponde a la incertidumbre (el accidente, la herida, la muerte tal vez), un amarre riguroso de necesidades exteriores lo protege: todo lo que se pueda situar por adelantado no dejará de estar en su lugar, el suyo, el único, predeterminado; todo lo que está sometido a control llegará en su momento y a su hora. Dicho de otro modo, el ritual en la corrida sólo puede ser accesorio. Está ahí para abrigar lo esencial, marcado por el sello de lo aleatorio —el combate, las vidas, la muerte—, y rodearlo de una barrera protectora. El orden total (de las posiciones, los signos, los actos) es una simple apariencia: está ahí sólo para conjurar el desorden que amenaza y en torno al cual todo gira: la lucha a muerte.

Lo mismo ocurre con los indicios segundo y tercero a favor de la tesis «sacrificialista». Cierto es que por su dignidad y no por su indignidad es por lo que se da muerte al toro, pero su dignidad no la debe a virtud inmanente, intrínseca o *a priori* alguna, de lo que la ceremonia tuviera la función de despojarlo (como en un sacrificio). Su valor lo debe a su naturaleza brava, que sólo existe en y por el combate y cuya revelación y celebración es precisamente la función de la corrida. El toro tal vez sea un dios, pero es un dios *que comba-*

te. La corrida es el «rapto» de un poder tan sólo porque es ante todo la ocasión, la razón de ser y el testimonio clamoroso de dicho poder: la bravura.

Así, pues, la explicación sacrificial no es falsa, pero sólo puede ser parcial. Pasa por alto deliberadamente un aspecto esencial del acto taurino: el de que se trate precisamente de... tauromaquia. Así, pues, al contrario que la interpretación «sacrificialista», hay que responder a la pregunta: «¿Por qué matar los toros?», planteando la tesis de que el toro de lidia no es —sólo— un animal sacrificado, sino que es también —¿y ante todo?— un animal en lucha.

Veamos una explicación de la muerte del toro que se basa precisamente en la corrida-combate: llamémosla la interpretación «agonística». El matador no es un sacrificador, es un gladiador. No mata encarnando los valores sagrados del sacerdote, sino los valores profanos del héroe. El toro no es el animal que se inmola, sino el antagonista absoluto con el cual se mide su adversario. ¿Por qué matarlo? No porque encarne ese poder casi inviolable del que el hombre en general se apropia por la muerte, sino porque es el adversario casi invencible que un hombre singular logra vencer hasta la muerte. El matador no glorifica el animal al matarlo, se glorifica a sí mismo. Ha vencido su poder, *el* poder, algo así como un poder absoluto. Entonces, ¿qué es la corrida de muerte? No una misa, sino el campo cerrado de los desafíos y las hazañas... lejanamente heredada de los torneos de la caballería, emparentada por alianza con las cacerías de montería. ¿Qué es la estocada? No un acto ritual, sino la demostración aristocrática de una superioridad guerrera contra un animal salvaje. Es la «proeza» suprema, en el sentido que ese término tenía en la ética caballeresca: aquella por la que se afirma el poder soberano de un hombre y el triunfo del valiente solitario.

También a ese respecto, incluso quien se negara a aceptar esa interpretación en toda su radicalidad debería conceder que muchos elementos de las corridas de toros abogan a su favor. Tenemos al menos tres indicios de ello.

La corrida de toros es (¿acaso debemos repetirlo?) el combate regulado entre un hombre y un animal o, dicho de otro modo, la representación de la lucha entre dos formas de vida: el poder sereno de la inteligencia —la astucia— contra el poder de la fuerza bruta, el instinto ciego. Así, pues, es en primer lugar algo así como una exhibición clamorosa de omnipotencia delante del mundo. Un hombre —un héroe, algo así como un semidios— se proclama capaz de un gesto heroico para granjearse la admiración de todos y alcanzar la gloria: poner su vida en juego frente a una fiera y lograr acabar con ella. En relación con el público, la corrida es una hazaña: «¡Admirad mi victoria! ¡Mirad mi triunfo!» Pero, en relación con el animal, es un desafío: «Tú, que eres tan fuerte, ¡mátame, si puedes!... Y, puesto que no puedes, soy yo quien te mata.» Ése es el sentido profundo de la muerte del toro y es inseparable de toda la lidia que la precede, pues, frente a la explicación sacrificialista, podemos sostener que no es la *muerte* del animal lo que cuenta, en la «hora de la verdad», lo que inspira silencio y respeto, sino *el acto* último —y *extremo*— del hombre combatiente. La suerte de matar es simplemente el último gesto del último acto del drama. Es su remate y como su dibujo acabado. El combate se ha estrechado progresivamente del primero al último tercio, la batalla se ha vuelto justa: el matador ha ido prescindiendo poco a poco de sus subalternos, sus armas y sus desplazamientos y después ha entregado su inmovilidad a los vanos asaltos de una fuerza en movimiento, pero el espacio se ha encogido también en el momento supremo y por fin están los dos combatientes inmóviles, uno frente a otro. La corrida culmina en un duelo, que, a su vez, culmina en el cara a cara de la estocada. Para que ese duelo tenga un sentido, es necesario a la vez —paradójicamente, pero sin contradicción— que el combate sea *leal* y que el desenlace sea *conocido* de antemano.

La ética del combate es opuesta a la moral. La ética exige la equidad: aceptar el cara a cara, no hacer trampa, respetar al adversario, no disminuir artificialmente sus fuerzas o sus armas. La moral exige la desigualdad: el hombre triunfa, el animal muere.

Testimonio de ese sentido caballeresco de la muerte del toro es también la forma como los públicos (*todos* los públicos) aprecian confusamente la importancia de ese gesto como prolongación natural de la lidia que lo precede, al no solicitar un trofeo para el torero que ha combatido valerosamente y ha toreado elegantemente a su adversario, pero ha matado torpemente; a la inversa, a veces se premia una gran estocada que sigue a una faena cualquiera. A contrapelo de toda la historia de las corridas de toros en el siglo XX e incluso ya en el XIX, en la que ha ido disminuyendo la importancia de la estocada y aumentando considerablemente la de la faena de muleta y pese a todo lo que se dice, se escribe, *con razón*, sobre la estetización de la lidia y la «pérdida del sentido» de las multitudes, se trata de algo así como una reminiscencia inconsciente de la verdadera importancia relativa de los actos tauromáquicos y de un presentimiento universalmente compartido del sentido arcaico de la corrida de toros. Todo el mundo sigue comprendiendo perfectamente, pese a todo, que la estocada puede expresar por sí sola el dominio total sobre el toro, el mismo precisamente que la faena pretendía expresar. Todo el mundo ve claramente que la suerte de matar no es sólo el desenlace normal de las peripecias tauromáquicas, sino también su verdadera razón de ser. Todo el mundo sabe perfectamente, sin saberlo del todo, que el verdadero significado y toda la belleza de la lidia pueden concentrarse en su conclusión. (Y de nada sirve decir que lo que nos gusta, lo que esperamos, lo que buscamos de temporada en temporada, de feria en feria, lo que nos hace soñar —y correr y llorar— es «la gran faena»... Pues, ¿qué es una gran faena mal concluida? Un sueño inacabado.)

Aunque actualmente el cara a cara torero-toro del tercer tercio haya llegado a ser primordial, aunque el toreo sea apreciado en sí mismo, aunque el valor de la faena de muleta, creación fugaz de una obra de arte improvisada, supere con mucho su razón de ser, no por ello deja de ser cierto que, *funcionalmente*, si es que podemos decirlo así, todas las fases y todos los actos de la lidia preparan la estocada, desde los primeros capotazos hasta los pases finales destinados a «igualar» el toro. Por lo demás, es lo que gustaban de repetir los buenos tratados: para que se comprenda el relato de la corrida de toros, hay que contarlo desde el final. El final es la «hora de la verdad», el momento en el que el hombre hunde la espada. En ese momento, nos ordenan los mejores autores, mirad el toro: está «cuadrado», humillado, pero aún sigue el engaño con los ojos. Y mirad al hombre: está absolutamente *de frente*, se deja ver enteramente, ofrece el pecho a los pitones: con la mano derecha va a hundir la espada, mientras que su mano izquierda, cruzada bajo la derecha, engañará al pitón derecho y lo desviará para que no acierte en el hombre, y todo ello a ciegas, ya que, para alcanzar la cruz, debe por fuerza apartar la vista de los pitones durante un instante, que podría ser fatal. Pues bien, para llegar ahí, habrá sido necesario que se asegurara de su dominio completo sobre el animal, que haya habituado al animal a seguir el engaño sin descubrirse nunca, que le haya enseñado, en particular, a utilizar el pitón izquierdo para no acostumbrar el derecho (a eso se debía, según decían, la necesidad de torear con la mano izquierda, mediante pases «naturales»). Y, por otra parte, es necesario que el toro, ya «aplomado», concentre el resto de sus fuerzas y su combatividad en ese frágil adversario aislado, que haya reducido, por tanto, sus ambiciones espaciales con las que inicialmente deseaba ser amo y señor del ruedo, y haya reducido correlativamente su campo de visión para centrar sus ataques. Todo lo anterior (enseñaban esos buenos profesores) se explica por ese *fin*:

conclusión, pero también objetivo final. Antes de la entrada de los picadores, es necesario que el toro se haya concentrado en la lidia en lugar de correr en todas direcciones. Por su parte, el torero probará su recorrido, sus derrotes y su propia capacidad persuasiva con la ancha capa manejada con las dos manos. Los puyazos obligarán al toro a humillar, primera preparación para la estocada. Después de ese combate con todas sus fuerzas, la carrera por las banderillas le permitirá recuperar terreno y movimiento. En cuanto a la faena de muleta, engaño reducido, espacio apretado para el duelo, no tiene otro fin que el de acostumbrar el toro a obedecer a esa tela que guiará el pitón derecho en el momento supremo, y de conducirlo hasta que, parado y con las cuatro patas en ángulo recto, parezca «pedir la muerte». Así, todas las acciones y suertes de la corrida de toros no son sino el desarrollo anticipado del gesto supremo que las concentra y las justifica retrospectivamente. Lo que hasta entonces se había desarrollado sucesivamente, en tres actos, se condensa en un momento, un acto, un gesto. Así como se vuelve a ver, al parecer, toda la vida en un instante final, se debería poder volver a ver —y comprender— toda una lidia en una sola estocada, pero es que también la suerte de matar cara a cara significa, correlativamente y por sí sola, todo el enfrentamiento de igual a igual que la precede... y no el sacrificio del toro.

Ésa es precisamente la *proeza*: lograr con un acto de un hombre solo abatir una fiera. Lograrlo de frente... respetando al adversario, tratándolo como adversario precisamente, no como víctima propiciatoria. La ética del cara a cara tauromáquico es la del duelo. El hombre no inmola, triunfa. El animal no muere como víctima, sino que es el hombre el que lo mata como a un héroe. El modo de ejecución de la estocada debe ser «en corto y por derecho», como dice el adagio. Lejos de ser el gesto simbólico del sacerdote, la estocada es la apoteosis real del valiente. Como suerte suprema que es, expresa, más que ninguna otra, el sentido y los valores de la lidia. Reclama todas las virtudes del heroísmo: el valor indiscutible del empeño físico, la resolución firme del gesto técnico, la franqueza y la lealtad en el enfrentamiento, combinados con la habilidad del engaño, pues la mano derecha mata, mientras que la mano izquierda engaña... *sin cegar*: «engañar sin mentir»... una vez más.

Así, pues, ¿hay que considerar que la interpretación *verdadera* es esta segunda forma de ver la muerte del toro? Sí y no, pues se podría mostrar que adolece de los mismos defectos que la anterior o, mejor dicho, de insuficiencias simétricas. Un ritual tan hipertrofiado ha de tener un significado simbólico y no sólo funcional. ¿Y qué decir del miedo y del respeto de que es objeto el toro, del recogimiento en el instante de su muerte? Pero sobre todo no se puede reducir la muerte del toro en el sentido de que signifique su derrota, ya que debe morir *de todos modos*, independientemente de la impericia de su adversario. Si estuviera impuesta tan sólo por la ética de la lidia, la suerte de matar el toro no sería ineluctable: se vería a veces un toro vencedor y un torero vencido. Por lo demás, eso es lo que se presencia con frecuencia: el torero ha retrocedido en todos los terrenos y en todo momento, en ningún instante ha impuesto su conducta o su ritmo al toro, nunca ha logrado imponer su voluntad... ¿Y qué ocurre en ese caso? Abucheos, vergüenza, deshonor sin duda... ése es el papel de la ética de la lidia y la verdad de la explicación «agonística», pero, aun así, el toro es *matado*... ¿acaso no es ése el papel de la ética de la inmolación y la verdad de la explicación «sacrificialista»? Así, pues, no deja de haber un fondo de verdad en esa interpretación.

Las dos escenas, las dos temporalidades

Entonces, ¿cuál es la interpretación correcta de la muerte del toro? Tal vez ni una ni otra y probablemente las dos, pues remiten a dos concepciones complementarias. Sí, el Toro en general, el Animal como tipo, es la víctima ofrecida en el rito de la corrida de toros, por lo que la interpretación «sacrificialista» no es falsa, pero todos los toros —«Guerrerito», «Inoportuno», «Buenasuerte»...— combaten heroicamente por su vida hasta la muerte, por lo que la interpretación agonística es verdadera. El Hombre en general es el gran sacrificador que inmola el animal y se apodera de su bravura, pero todos los toreros —de Pedro Romero a Sébastien Castella— son héroes singulares. La corrida de toros sigue siempre el mismo ritual, expresa siempre la misma cosa, el mismo poder del hombre, el mismo sacrificio del toro... ése es su sentido profundo, pero cada una de las lidias es única: en eso estriba su valor. La corrida se representa en dos escenas y temporalidades. La escena que vemos es el ruedo de arena. Su escenario ha sido anunciado con un cartel. Hay un torero de carne y un toro de sangre. Se enfrentan en el tiempo irreversible de un combate singular. En esa escena se desarrollan en ese momento los tres actos del drama profano de ese domingo por la tarde: El Fulano, torero de Badajoz, afronta a «Hermosito» de Victorino Martín. En esa misma escena se improvisan pases de capa y de muleta, se crean con sudor las faenas, sublimes o mediocres, es el teatro de las victorias o de las derrotas, de las aclamaciones o los pitos, de las hazañas, los triunfos, las pasiones y el aburrimiento. El espectáculo está marcado por las vicisitudes, la obra no está escrita, sus peripecias son inciertas. La «otra escena» está en nosotros, lejos de nosotros, alojada en un rincón de la memoria de la Humanidad. Nada ni nadie ha anunciado nunca la representación, pero el teatro sigue ahí. La misma escena se desarrolla en él para siempre: el hombre abate el animal. No combaten: por lo demás, sólo hay un actor, el verdugo. La víctima, por su parte, es pasiva... simple figurante. La misma obra anónima se representa día tras día. Es un drama sagrado, o, si se prefiere, el teatro de la crueldad. ¿Y qué dice esa obra? Siempre la misma cantinela: que no hay, para el hombre, victoria de la cultura sobre la naturaleza —esa naturaleza en él o fuera de él— sin sangre y lágrimas, que no hay *civilización* sin sacrificio.[3]

¿Podemos ver al mismo tiempo las dos escenas? ¿La escena real (la de la diferencia) y la simbólica (la de la repetición)? Sí que podemos. Basta con estar atento a las dos temporalidades de la corrida. Globalmente, el espectáculo es *cíclico*, tan circular como el espacio de la plaza: una vez muerto el toro, la misma vida continúa en el toro siguiente, es la misma víctima eterna. El Hombre es siempre el mismo, el Animal también, como el ritual. Sin embargo, cada una de las lidias es *rectilínea*, tan recta e irreversible como circular y reversible es el conjunto. Todas las veces, comienza otro drama, todo es nuevo, diferente, singular, conforme a una temporalidad lineal, es otro torero y otro toro, un nuevo combate como el de toda vida singular, como el orden irreversible de toda gesta heroica.

Un toro muere, pero el Toro nunca: aquél sólo tiene una vida, el otro está siempre por matar. Cada uno de los toros pasa por los mismos estados que sellan el retroceso en él del vigor y de la vida, es decir, el avance de la muerte; repite la misma lidia, aunque todas las lidias difieren; vuelve a vivir la misma vida pública, aunque no la viva igual; muere de la misma muerte, aunque se la dé otra mano. Cuando sale el toro, es otro indudablemente (¿dónde estaría el valor de la lidia, si todos los toros fueran idénticos?), pero es también el mismo que el anterior (¿dónde estaría el significado simbólico del

3. Sobre esta tesis, véase Alain Renault, «L'Humanisme de la corrida», *Critique*, agosto-septiembre de 2007, París, Minuit.

ritual, si no repitiera siempre un mismo destino?). Por eso, diversos autores han visto en las corridas de toros la representación de la vanidad de la lucha del ser vivo frente a su destino ineluctable: haga lo que haga para batirse, la vida nada puede contra la muerte; el toro muere necesariamente. Pero también podemos añadir: haga lo que haga para deshacer a todos los seres vivos, la muerte nada puede contra la vida; otro toro sucede al anterior. Recordemos la divisa del Antiguo Régimen francés: el Rey podía morir, pero no la realeza, pues ese otro cuerpo del Rey, en el que se encarnaba la legitimidad inmutable e incorruptible, nunca podía morir. En el momento del arrastre de las mulillas, se podría exclamar igual: «¿Ha muerto el toro? ¡Viva el Toro!», pues, después de la muerte de «Hermosito», ahí sale ya del toril «Volador», otro toro que lidiar y al que dar muerte para significar el sacrificio del Toro y la victoria de la Bravura y de la Vida. Así, pues, se comprende que, si la fiesta brava es un ritual, es porque su temporalidad es cíclica; por ser sacrificial, no puede por menos de repetir siempre el mismo relato.

Pero, si presenta el menor interés y suscita en nosotros tantas emociones, es porque una corrida de toros es siempre diferente y la lidia de cada uno de los toros obedece a una temporalidad rectilínea y continua. El tiempo de la lidia nunca se detiene, carece de tregua, como la línea que se traza sin levantar el lápiz. No hay tiempo *muerto*. No se juega, se lucha por la vida. Como es irreversible, sólo conoce el avance constante: el toro aprende con cada uno de los pases, su vigor disminuye poco a poco, se vuelve cada vez más peligroso. Al toro de sentido no se le engaña *dos veces* de la misma forma, del mismo modo que no se baña uno dos veces en el mismo río. Toda lidia, toda faena dice siempre en secreto: «Nunca más...». Al contrario que el ritual, que dice que todo vuelve siempre y que todas las cosas se repiten a intervalos fijos, la lidia repite que nada vuelve nunca y que nada se repite. Nunca más *este* momento (y, por tanto, nunca más esta suerte, esta tanda, este toro). Esa irreversibilidad del tiempo tiene una consecuencia bien conocida por los aficionados: la decepción que representa casi siempre la reproducción de una corrida de toros en vídeo... que no se debe sólo a la carencia de ciertas emociones que sólo se pueden experimentar en «tiempo real» (el temor por la integridad física del torero, el sentimiento carnal de la presencia real del toro), sino también a la imposibilidad constitutiva de las corridas de toros para ceñirse a una forma que supone la repetibilidad indefinida. Lo que se ve en el ruedo no sólo tiene la importancia de lo que nunca se verá dos veces, sino que, además, recibe el valor de una dinámica «fatal» que prohíbe volver atrás, rehacer y aún más deshacer, lo que se ha hecho una vez.

Escena simbólica o teatro de la realidad, tiempo de la repetición o tiempo de la diferencia, se trata de dos interpretaciones. Corrida-sacrificio o corrida-lidia, se trata de dos concepciones eternamente opuestas: por una parte, el ritual de la comunión pagana; por otra, el espectáculo de la fiesta brava... por lo que los libretistas de *Carmen* traducen acertadamente «fiesta brava» por «fiesta del valor». O si se prefiere, el ritual místico, por una parte, y la epopeya triunfante, por otra, es decir, en el fondo: Belmonte o Joselito, Manolete o Arruza, o también: José Tomás o El Juli...

Pero, ya se trate de Toro-víctima o toro-combatiente, tras esos dos conceptos se ocultan dos formas de *ver* el toro: el otro absoluto del hombre o su eterno igual.

Epitafio para «Carafea»

Podemos ver, como decíamos, esas dos escenas —la del sacrificio y la de la lidia— al mismo tiempo: basta con estar atento a las dos temporalidades de las corridas de toros. Pero también ocurre que los públicos no ven al mismo tiempo *la misma escena*.

Tomemos un ejemplo. Un día, en la plaza de Nîmes: el 26 de mayo de 1996, para ser precisos. Los toros de aquel día, de Dolores Aguirre, eran probones y reservones. Luis Francisco Esplá acababa de dar la estocada al cuarto, *Carafea*. La espada estaba bien puesta, la muerte debía seguir rápidamente. Los subalternos empezaban a agitarse a su alrededor, pero el matador les hizo señas para que se alejaran. Quería que dejasen agonizar tranquilo a *Carafea*: sin un último ajetreo inútil. Así, pues, se formó un círculo de cuatro hombres a una distancia respetuosa. El toro se inclinaba, se erguía, las patas anteriores estaban plantadas hacia delante y resistían aún uno o dos instantes en nombre de todo el cuerpo; daba lentas cabezadas, como un viejo péndulo demasiado robusto. Los hombres estaban silenciosos, inmóviles, como una imagen detenida. Pronto —era cuestión de segundos— la muerte iba a triunfar sobre el animal y la vida humana reanudaría su curso en la plaza: el tiro de las mulillas con campanillas arrastraría los restos mortales, los areneros se pondrían en acción, el matador se pasaría un poco de agua fresca por la nuca y seguiría el ballet de los trajes de luces, pero, por un instante aún, el tiempo estaba en suspenso, la vida esperaba a la muerte, sin impaciencia, y la muerte, por su parte, esperaba a que la vida hubiera dicho su última palabra.

De repente, la plaza se dividió. Un corte nítido: la parte superior contra la inferior. (En Nîmes ese corte horizontal substituye la habitual división vertical entre «sombra» y «sol». El público de los abonados, pero también el más acomodado, está en la parte baja del circo romano; el público más ocasional, pero también más popular, se encuentra arriba, en el anfiteatro.) La «parte baja» se había levantado, por respeto a la decisión del matador de dejar que la agonía siguiera su curso natural: ya numerosas personas distinguidas aplaudían la última lucha del toro contra la muerte. A la «parte alta» no le gustó: se puso a pitar al matador que dejaba agonizar así el animal en lugar de apresurarse a descabellar. Englobaba en la misma reprobación a aquel matador ineficaz y a aquella «parte baja» tan insensible a la angustia del toro. La «parte baja» se puso a increpar a la «parte alta», tan incompetente. El matador contempló la plaza con asombro, sin entender aquella «división de opiniones» violenta que había provocado su gesto, bastante anodino.

En aquel caso, las dos reacciones extremas estaban fuera de lugar. El toro había sido mediocre y su agonía, por espectacular o patética que fuera, no significaba nada, *tauromáquicamente hablando*. No se trataba de las últimas manifestaciones de una bravura desbordante ni de un apetito insatisfecho de combate, sino de los simples sobresaltos mecánicos de una vida que se apaga. Así, pues, los aplausos carecían de objeto. Por otra parte, dada la forma de la agonía, técnicamente no había forma de abreviarla con un descabello o un puntillazo liberador, por lo que las protestas eran tan improcedentes como las ovaciones. Pero eso poco importa, no se trata de eso. No juzguemos la legitimidad de las reacciones de unos u otros, esforcémonos por entender. ¿Qué *ven* los dos públicos? ¿Qué toro? ¿Qué escena?

La «parte baja» se levanta por respeto. Ve otro luchador, que libra su último combate. Ve un animal que se ha batido valientemente contra unos picadores y unos banderilleros: éstos lo habían herido y debilitado, pero aún no lo habían vencido. Ve un luchador heroico que, un instante antes, intentaba con intrepidez —y obstinación—, en un duelo equitativo y desigual, coger a un hombre desarmado, pero que esa vez acaba de ser derrotado, definitivamente. Lo que justifica para la «parte baja» esa muerte en público es que esa lucha y, en particular, ese último golpe, la estocada, eran *leales*. La «parte baja» ve un combatiente que ha perdido, un ser incapacitado ya para luchar contra nada, un ser vivo reducido, por unos instantes, a defenderse contra la muerte. La «parte baja» se levanta, como homenaje al combatiente: aplaude al animal agonizante como si se descubriera ante el vencido: «Sí, mereces también una muerte tranquila y digna».

La «parte alta» se levanta también, pero indignada. Ve un ser vivo, que expira con los tormentos del último suspiro. Ve un animal que acaba de participar en un espectáculo que sólo se justifica, en su opinión, si se celebra sin sufrimiento superfluo: los menos puyazos, banderillas, estocadas posibles... males necesarios por sus efectos, pero deplorables por sus manifestaciones (la sangre, las heridas, la agonía). Lo que justifica esa muerte en público es que ese espectáculo es «limpio» y que, en particular, ese último golpe, la estocada, garantiza una muerte *rápida*: una muerte aseptizada, en la que el estado (de muerto) supera aprisa el acto (morir), en que el medio se eclipsa ante el fin. Así, pues, la «parte alta» ve una víctima cuyo ejecutor —el matador— no abrevia sus últimos instantes. La «parte alta» se levanta encolerizada contra un verdugo y contra sus partidarios de la «parte baja»: «¿Cómo podéis dejar que un ser vivo agonice sin abreviar sus sufrimientos?»

La «parte baja» no comprende. «La parte alta es insensible» —piensa—. No ve que el toro libra su última lucha; no tiene el menor respeto por «Carafea». La «parte alta» no comprende. «La parte baja es insensible —piensa—. No ve que el toro padece su último sufrimiento; no tiene la menor piedad por «Carafea». Cada cual ve la sensibilidad del otro con la vara de medir de la suya y ninguna de ellas ve cómo ve la otra el toro.

Dos sensibilidades. Dos concepciones de la tauromaquia. Dos visiones del toro.

Dos sensibilidades. Como tales, son igualmente válidas.

Dos concepciones de la tauromaquia: un espectáculo del que el toro es la víctima o un combate en el que el toro es uno de los protagonistas. Esos dos puntos de vista, el de la parte alta y el de la parte baja, no son equivalentes, ya que los valores en los que se basa la *tauromaquia* son los del combate, pero la corrida de muerte echa sus raíces múltiples tanto en el sacrificio ritualizado de un animal maravilloso como en el duelo formalizado entre dos luchadores bravos y nobles. La imagen arcaica del toro es tanto la de la víctima ineluctablemente abatida como la del combatiente más o menos valeroso. El vocabulario tauromáquico lo atestigua: cierto es que se habla de «bravura» y «nobleza» para referirse al comportamiento del toro, pero, ¿acaso no se denomina «castigo» la suerte de varas? ¿Acaso no se dice que «humilla» el animal para referirse a que baja la cabeza? ¿Acaso no se habla de «perdonar la vida» del toro cuando es indultado? Así, pues, la mirada de la «parte alta» no es tan antitauromáquica como podría parecer. Lo que la vuelve tal es la sensibilidad moderna que la acompaña: la compasión por la víctima ha substituido la comunicación y la cruel delectación de la inmolación.

Dos visiones del toro: un ser pasivo, víctima, que sufre; un ser activo, resistente, que combate. Cada cual tiene su moral: la piedad o la crueldad para con los débiles, el respeto o la admiración para con los combatientes. Esos dos puntos de vista son, evidentemente, tan antropomórficos uno como el otro. ¿Qué sabemos del placer y de la pena del toro? ¿Cuál es su dolor y cuál su temor? ¿En qué estriba su naturaleza y cuál es, por tanto, su «sumo bien»? Nos parece bien que el toro de lidia realice su esencia combatiendo, ya que es bravo (véase el capítulo anterior). Seguramente, como todo combatiente, es más «él mismo» en el empeño que en la inacción y, por tanto, más libre en el ruedo que en un cercado… Seguramente. ¿Tal vez «le guste» incluso embestir, bajar la cabeza, precipitarse sobre nuestras picas e incluso jugar con nosotros el domingo dando vueltas en torno a nuestros engaños al ritmo de nuestros olés. Al menos eso es lo que creemos vislumbrar en algunos grandes toros. Sin esa «bravura», sin esa «nobleza», sin esa «alegría», que nuestras categorías tauromáquicas le atribuyen, las corridas de toros serían sacrificio... o barbarie. Pero también puede ser que, al correr por la plaza, sueñe con sus campos, al modo como sueñan los toros. Al menos eso es lo que vislumbramos en algunos toros huidizos, como era precisamente «Carafea» y todos su compañeros de aquel día. Los toros «buenos» justifican los valores de la corrida-lidia y los toros «malos» los de la corrida-sacrificio.

Nadie sabe cómo vivió «Carafea»... y él menos que nadie. Probablemente una vida llena de cada uno de sus momentos, ni más ni menos, y, por tanto, sin una verdadera historia. De él sólo sabemos que combatió como una víctima y murió como un héroe. Ni aquel exceso de honor procedente de la «parte baja» ni aquella indignación procedente de la «parte alta» eran apropiados para él. Nada de jaleo inútil. «Carafea» tenía derecho al silencio.

¿Hacia un nuevo sentido de la muerte del toro?

Así, pues, a veces ocurre que las dos escenas se ofrezcan al mismo tiempo a la vista de dos públicos: ésa es la lección de la muerte de «Carafea». Pero tal vez tenga otra enseñanza que darnos, pues esa doble escena no se produjo sólo una vez. Vuelve a suceder de vez en cuando... y seguramente cada vez con mayor frecuencia. Es posible que nos indique que algo está cambiando, que está apareciendo un nuevo sentido de la muerte del toro en las sensibilidades modernas, lejos de las interpretaciones sacrificialista o agonística.

Pues, pese a su antagonismo, esas explicaciones de la muerte del toro comparten dos rasgos comunes, esenciales. En los dos casos, la muerte del toro es el desenlace necesario, ineluctable, de la lidia. Ya se vea en ellas un drama sagrado o un torneo moderno, no se puede definir la corrida de toros como un rito *seguido* de una inmolación ni como una lidia *seguida* de una ejecución, como si se pudieran disociar las dos fases, sino más bien como un ritual que conduce necesariamente al suplicio o como un combate que lleva inevitablemente a la muerte. En los dos casos, los tres tercios y la muerte están vinculados *indisolublemente*. Ahora bien, ese vínculo consubstancial tal vez se esté desmoronando. Algunos públicos actuales empiezan a ver la muerte del toro desde otro punto de vista.

Hay un segundo punto en común en las dos interpretaciones de la muerte del toro. En los dos casos, no es que el toro muera, sino que el hombre lo mata. Porque la muerte del toro realiza un objetivo humano, un *fin del hombre* (demostrar su poder o inmolar un animal) es por lo que, en ese instante al menos, actúa sólo el hombre, no el animal; en los dos casos se trata de una *ejecución*: víctima pasiva en un caso, vencido finalmente en el otro. Lo que cuenta es el acto mediante el cual el sacrificador inmola o aquel mediante el cual el vencedor mata (bien o mal) y no la actitud con la que el toro expira. Al morir, el toro no «hace» nada, si es que podemos decirlo así, es el matador el que «hace», como su nombre indica. Ahora bien, también en ese caso esa representación de la muerte del toro está modificándose ante nuestros ojos e incluso invirtiéndose. Algunos públicos están empezando a ver otra cosa.

En el plazo de unos decenios hemos tenido una prueba de que el vínculo de necesidad entre la vida del toro y su muerte, entre el toreo y la estocada, está rompiéndose con la generalización de la utilización del estoque simulado durante la faena. Las dos fases (la lidia/la muerte) parecen ya desvinculadas, ningún vínculo de necesidad parece coordinarlas. Cuando el torero va a buscar la espada de verdad, se pasa a otra cosa: antes era el juego y ahora viene la muerte. Pero una prueba aún más reciente y más decisiva de esa desvinculación la constituye la moda en aumento del indulto. Está autorizada (art. 83 del Reglamento de 1992) sólo en las plazas de primera y segunda categoría y está destinada oficialmente a salvaguardar los toros con características físicas y sobre todo cualidades morales *excepcionales* (en particular, la bravura) a fin de que puedan servir de sementales en las ganaderías de las que proceden. Así, pues, se trata, en principio, de preservar la sangre «brava» o de mejorar la raza del toro de lidia. No es éste el lugar para examinar los méritos y las deficiencias de esa disposición reglamentaria. (Simplemente hemos de deplorar que sea en las plazas de tercera categoría en las que se conceda la mayoría de los indultos más para promover, por interés publicitario, una fiesta local que para defender, por preocupación zootécnica, la calidad de la raza taurina. Observemos también que, si bien en un sentido predispone a los públicos a estar atentos a la combatividad del toro, en otro sentido las condiciones de su concesión hacen que aproveche más a los toros nobles, con embestida incansable, pero fácil y, por tanto, con frecuencia un poco simplona, que a los toros profundamente bravos tanto con las picas como con la muleta.) No vamos a examinar el principio, sino sus consecuencias en la sensibilidad de los públicos (a menos que la evolución de ésta sea una de las causas indirectas de las disposiciones reglamentarias o al menos de sus condiciones de aplicación). Pues los argumentos utilitaristas no cambiarán nada: cuando los públicos reclaman actualmente el indulto, raras veces lo hacen pensando en regenerar la sangre de la ganadería. Consideran cada vez más la salvación de la vida del toro casi como un derecho: de éste, pero también de ellos en cierto modo. Se considera el perdón de la vida-algo así como una recompensa suprema que el toro parece haber conquistado por su bravura o su nobleza o incluso su excepcional «toreabilidad». Fuera de las grandes plazas rigoristas, los públicos reclaman el indulto para el toro cuando hace poco habrían pedido simplemente la vuelta al ruedo simbólica de sus restos mortales como honor simbólico... cosa que, por cierto, hacen cada vez menos. Todo eso muestra el advenimiento de una nueva sensibilidad del público, para la cual la muerte del toro ya no es la realización necesaria de su ser, es decir, de su combate, y todo toro de lidia parece disponer en cierto modo *a priori* de un «derecho de supervivencia», débil pero real, algo así como un «derecho innato» a la salvación, como se habla actualmente de los derechos de todo el mundo a cualquier cosa, en lugar de referirse a la moral o a la justicia.

Seguramente a esa misma sensibilidad hay que atribuir una nueva forma de considerar la muerte del toro de la que la doble muerte de «Carafea» nos ha servido de ejemplo. Con frecuencia presenciamos este extraño espectáculo: *después* de la suerte de matar, tradicionalmente *suerte* suprema y última, comienza una peripecia inédita del drama taurino: la agonía del toro. Entonces el toro pasa a ser el protagonista principal de un acto, en el doble sentido de acción y de episodio teatral: su propia muerte. Esa muerte solitaria es por un tiempo el centro del espectáculo y lo es *por sí misma*, es decir, independientemente de la calidad de la estocada y del comportamiento anterior del toro, ya se haya mostrado bravo o manso durante la lidia. Se ve a los públicos apasionarse por esa fase del combate en la que el toro está fuera de combate. Toros mediocres, como «Carafea», acaban aclamados por una agonía espectacular, estocadas técnicamente perfectas acaban abucheadas por una agonía un poco larga. La muerte del toro ha adquirido ya autonomía respecto del gesto del matador. Ha pasado a ser una acción por derecho propio. El mismo fenómeno se manifiesta a veces de otro modo. Cada vez más, los matadores *ponen en escena* la agonía del toro y no sólo su ejecución de la suerte de matar. Dan «patetismo» a la muerte, por decirlo así: como Esplá, piden con un gesto a sus peones que hagan un círculo en torno al animal, que de repente ha pasado a ser el héroe central e incluso único de la obra, precisamente cuando ya no *hace* nada... y después se retiran ellos mismos despacio del centro de la escena, como si, al pasar a ser los espectadores pasivos del drama, siguieran siendo sus humildes autores secretos y añadiesen a su propia gloria de vencedor la *hermosa muerte* del vencido. Al morir, el toro vuelve a ser *actor*. Interpreta su propia muerte. Ésta suele convertirse en una acción del toro mismo (muere) y ya no sólo del torero (da muerte). La muerte deja de ser un efecto: cesar de vivir y combatir. Se vuelve un acto por derecho propio, *morir*, y a veces el acto esencial del toro, cuando su «lucha contra la muerte» (si eso tiene sentido) parece contar más que su lucha contra el hombre.

Se dirá que los dos fenómenos van en sentido contrario: por una parte, los públicos son cada vez más sensibles, positiva o negativamente, al *espectáculo* de la muerte, pero, por otra, parecen rechazarla al reclamar cada vez con más frecuencia el indulto. En realidad, la progresiva dramatización de la agonía y la queja incoativa en relación con un derecho de supervivencia para el toro atestiguan la misma evolución. Atestiguan que se está dando una misma ruptura con las dos concepciones de la muerte del toro que hemos procurado ilustrar en este capítulo, la «sacrificialista» y la «agonística». Está apareciendo una nueva sensibilidad en relación con la muerte del toro, que está en cierto modo «humanizada» o al menos «urbanizada»: algunos toros «virtuosos» tienen ya derecho a ser *recompensados* con la salvación de la vida y todos parecen pasar a ser, en el momento de morir, los *autores* de su propia vida. Tal vez ésas sean las premisas de un nuevo sentido de las «corridas de muerte». Para ciertos públicos se desdibuja la vinculación intrínseca entre el ritual o la lidia y la suerte de matar. Como si el efecto estuviera disociándose de su causa. Por una parte, la lidia, con un solo actor; por otra, la muerte, con un solo actor, pero que ya no es el mismo. Cada vez más se espera que el torero sea el único actor frente a un toro que se deje lidiar pasivamente; se espera cada vez más del toro que vuelva a ser actor de su muerte frente a un torero que sea cada vez menos matador. ¿Quiere eso decir que las corridas tienden a dejar de ser «de muerte»? En modo alguno e incluso al contrario. Lo son más que nunca. La *vida* o la *muerte* mismas del toro son las que cuentan ahora cada vez más: el *hecho* de que viva (o sobreviva a veces), el *hecho* de que muera, el acontecimiento mismo de su muerte o a veces de su supervivencia. Tal vez las plazas sean cada vez menos lugares en los que se *mata* visiblemente, por rito o por desafío, porque son cada vez más lugares en los que se *muere* públicamente.

¿Acaso no equivalen esas ceremonias de la muerte al silencio secreto de los mataderos o la supuesta asepsia de los tanatorios de toda clase?

Capítulo 3

Ser torero

A veces hay quienes se extrañan de que las corridas de toros estén amenazadas. El milagro es que sobrevivan. Lo que es una locura es que aún haya toreros. Según una leyenda propalada en los decenios de 1950 y 1960, la tauromaquia sólo atraía a jóvenes famélicos que, para salir de su condición miserable, no tenían otro medio que tentar al diablo y arrojarse entre sus cuernos con la esperanza de hacerse ricos. Se volvían carne de toros, como sus hermanas hacían de criadas en casa de los ricos o de putas en una esquina. ¡Pobres muchachos! La epopeya mil veces contada de El Cordobés hacía el resto.[1] Los expertos en sociología elemental vaticinaban entonces con expresión muy seria: «Cuando todo el mundo pueda saciar su hambre, se acabarán los toreros y, por tanto, las corridas de toros». Q.E.D. Los expertos estaban equivocados. Pese a que España ha pasado a ser

1. Véase en particular el éxito de ventas *O llevarás luto por mí* (Barcelona, Plaza y Janés, 1967) de los periodistas Dominique Lapierre y Larry Collins.

uno de los países más desarrollados de Europa, sigue habiendo tantas —si no más— vocaciones de toreros, se han inaugurado casi por doquier «escuelas taurinas», a las que asisten jóvenes de todas las condiciones, y la propia Francia ha pasado a ser un país de grandes toreros, cada vez menos famélicos, cada vez más audaces y decididos. Lo que no entienden los «expertos» es que se puede soñar con algo más que con consumir.

En su descargo, hay que decir que se trata de un misterio. ¿Cómo es que unos jóvenes, en Europa, en el siglo XXI, pueden decidir aún arriesgar su integridad física y sacrificar su juventud con la esperanza de un éxito que no se puede comparar ni con la riqueza de los jugadores de fútbol ni con la fama de los cantantes *pop* ni con el aura de los actores de telenovelas? Cornadas, noches de viajes en coche, artículos desdeñosos de la crítica taurina, injurias por parte de los antitaurinos, heridas en el cuerpo y en el amor propio: ésa es con frecuencia su suerte. Y, sin embargo, todos los días hay quienes cogen la capa y la espada y se aventuran a vestirse con virtudes heroicas para afrontar fieras en una plaza. La razón vacila ante su extraño desafío. Ese misterio tiene un nombre: la afición o, dicho de otro modo, la pasión por el toro. No por ello deja de ser un misterio.

¿Por qué arriesgarse a cada instante a recibir una herida y la muerte? ¿Por qué poner en peligro su existencia y su tranquilidad? Por nada tal vez. ¿Por juego, por desafío, por libertad? Tal vez se haga algo así *sin razón*. En todo caso, no se hace sin *creer* en ello. Ha de haber por fuerza, al respecto, todo un fundamento, inconsciente pero tenaz, de valores e ideales.

Un hecho minúsculo puede encaminarnos en relación con ese sistema...

Después de una gran faena o al final de una tarde triunfal, el torero es ovacionado, recibe trofeos, el público se pone en pie para aplaudir su vuelta al ruedo y le envía flores, regalos o mantillas. A veces es llevado en hombros y sale así por la puerta grande de las plazas, honor muy poco frecuente. Pero, por encima de todas esas manifestaciones de alegría, de esas aclamaciones y recompensas, hay un grito, uno solo, el más alto de la jerarquía del triunfo, como un clamor acompasado por la multitud en las tardes más grandes. Ese grito es simplemente: «¡Torero! ¡Torero!». La mayor gloria para un torero, es decir, para alguien que torea toros, es ser llamado torero. Lo mejor que puede ser un torero es simplemente serlo. Eso es lo extraño. No tenemos noticia de que del mayor cocinero se diga después de una comida: «Ha estado cocinero». No tenemos noticia de caso alguno en que se aclame a un artista gritándole: «¡Cantante! ¡Cantante!», «¡Actor! ¡Actor!» o incluso: «¡Futbolista! ¡Futbolista!».

Ese hecho anodino tal vez sea la expresión más significativa de la ética del torero. Nos indica lo que representa soñarse torero, lo que significa no ya torear, no ya torear *bien*, sino «ser torero». En efecto, hay una ética «torera». Se distingue de la moral común, la que rige nuestras costumbres, nuestras creencias, nuestros deberes, la que debemos reconocer fuera de la plaza, la que nosotros, hombres corrientes, occidentales y modernos, adoptamos generalmente en nuestros juicios y nuestras relaciones con nuestros semejantes, la que es más común (y legítimamente) más admitida al menos: la que podemos denominar «moral universalista». La ética «torera» es coherente, exigente, completa, sistemática. Todo aficionado la advierte, todo torero la presiente, si bien nunca resulta explícita (pero así ocurre con frecuencia con los principios éticos). Es como la preservación, aislada, en el ruedo de la plaza, de una moral muy diferente, que transciende las eras y cuyos principios se remontan a los grandes sabios de la Antigüedad, en particular los estoicos. Tal vez sea algo así como el modelo de una ética substitutiva…

«¡Torero! ¡Torero!» El nombre común de todos cuantos torean los toros, bien o mal, es al mismo tiempo el adjetivo que califica la excelencia suprema en el desempeño *idóneo* de esa función: ser torero. Ese hecho entraña tres significativas determinaciones esenciales de la ética «torera». «¡Torero! ¡Torero!» significa que la excelencia suprema no consiste en hacer o haber hecho algo, sino en ser alguien: la ética «torera» es una ética del *ser*, mientras que la moral universalista es una ética del *hacer*. «¡Torero! ¡Torero!» significa que, de entre todos los que son toreros, es decir, que torean los toros, sólo algunos, muy raras veces, logran, excepcionalmente, *ser*, ser de verdad, totalmente... toreros. Por eso, ser un torero es algo común, pero ser torero es rarísimo: la ética «torera» es una moral del individuo excepcional y no una moral universal, pero el hecho de que ese ideal del torero lleve el nombre mismo del oficio del torero es significativo de un tercer aspecto de la ética «torera»: la excelencia suprema para un torero consiste en no ser otra cosa que aquello que debe hacer porque es su misión: ser torero, ocurra lo que ocurra. Y también eso se opone a la moral universalista, que no diferencia a los hombres según sus funciones y que subordina el cumplimiento de las funciones a deberes universales.

Una ética del ser

A veces se oponen las morales antiguas a las modernas. Las primeras serían más morales del ser y las segundas del acto. La pregunta moderna, desde el advenimiento del individuo liberal, en el siglo XVIII, es la siguiente: «¿Qué actos buenos o malos, permitidos o prohibidos, qué acciones valen o no? En una palabra: ¿qué debo hacer?» La pregunta antigua en las morales del ser, es: «¿Qué tipo de vida es de verdad valiosa? ¿Qué forma de ser hombre es absolutamente buena? En una palabra: ¿quién quiero ser?» En esa ética, el bien, el bien más elevado, el «sumo bien» no consiste en actuar como Dios manda, en hacer el bien (obedecer a la ley moral o divina) y en evitar el mal (la falta o el pecado), sino en llegar a ser en el mayor grado lo que ya se era más o menos: un hombre, por ejemplo. ¿Cómo comportarme para ser de verdad un hombre? Pues lo que se es no se lo es aún, se *tiene que serlo* ajustándose lo más y mejor posible, mediante las obras y una actitud permanente, a lo que ya se es por definición: un hombre... o un torero.

Pues la ética «torera» es indiscutiblemente una ética del ser. En efecto, para tener derecho al «¡Torero! ¡Torero!», es necesario algo más que *hacer bien*, hay que *ser bien*, por decirlo así. Cierto es que, para ser un buen torero, hay que torear lo mejor posible, conforme a los cánones, pero ser un buen torero es una cosa y ser torero otra muy distinta. Lo primero es un oficio; lo segundo, un valor. Así, pues, ser un buen torero es una condición útil, pero en modo alguno necesaria y absolutamente insuficiente para ser torero.

Entonces, ¿qué es ser torero? Es, en primer lugar, identificarse con un traje que se lleva en la plaza y cuya huella almidonada parece mantenerse adherida aún en la vida corriente. De ese traje forma parte también un porte, una prestancia, una manera de presentarse y parecer, pues en la plaza se es lo que se parece y el torero ha aprendido a parecer torero, incluso fuera de ella: pelo corto y bien peinado (todo controlado), la cara bien alta, muy derecho, los hombros imperceptiblemente hacia atrás, impecablemente vertical, ligeramente arqueado. La cara bien alta dice la altura, lógicamente. Ir «muy recto» dice la rectitud, como su nombre indica. Los hombros dicen el pecho. El arqueamiento dice el orgullo. Y la verticalidad dice: mi actitud es consecuencia de mi dominio, nada puede quebrantarla, nadie puede quebrantarme, ni la necesidad de comodidad ni el deseo de «estar a gusto». Nada puede despeinarme: ni un toro frente a mí ni el viento en el pelo.

Pues ser torero es eso: mostrase estoico. Mantener una actitud tanto más distante de lo que le ocurra cuanto más cerca se esté del alcance de los pitones que llegan. Se resume en una palabra: «aguantar». Aguantar, ocurra lo que ocurra, cueste lo que cueste. El torero sabe estar, porque sabe ser torero, es decir aguantar. No ceder, no ceder terreno frente al adversario, frente a la adversidad, frente al miedo, frente a la muerte, pero sobre todo hacerlo con «desapego», lo más cerca del toro, lo más lejos de sí mismo. Ésa es también la primera cualidad del sabio estoico: ocurra lo que le ocurra, no se siente afectado, la muerte puede rozarlo, pero nunca lo alcanza, porque el sabio se mantiene en su fortaleza interior, como dice Marco Aurelio. «Un hombre de alma grande y fuerte —escribe Cicerón—, desprecia y considera nulos todos los accidentes que pueden sobrevenirle» (*De los fines*, III, 29). El sabio estoico es la imagen de una libertad que triunfa sobre todos los obstáculos, la de un hombre que se eleva por encima de «todo lo que no depende de él» (Epicteto), lo imprevisible absoluto: las contingencias de la vida y la necesidad de la muerte. La libertad del sabio se realiza mediante la *distancia* mayor que guarda entre lo que es interiormente (que no debe manifestarse) y lo que ocurre exteriormente: lo que siempre puede ocurrir, lo que debe ocurrir un día. Asimismo, la libertad del torero consiste en elevarse por encima de la accidentalidad del toro, siempre suscitada, siempre desviada con un simple movimiento de tela, por encima de la accidentalidad de su propia muerte, siempre suscitada y siempre desviada. (Cierto es que no es eso lo que hacen todos los toreros, no es así como se comportan siempre realmente, pero es el *ethos* que intentan encarnar, la ética del «torero torero». El ideal con el que se los juzga.) «Aun acosado —escribe Séneca—, aun zarandeado por la violencia de tu enemigo, resulta indigno ceder: mantén el puesto que te ha asignado la naturaleza» (*De la constancia del sabio*). Sólo se puede dominar al adversario, si previamente se tiene autodominio. Sólo se domina el toro dominando los afectos propios. Ser torero, ser sabio, es tratar con desprecio —o indiferencia— todo lo que debería afectar, todo lo que afecta al común de los hombres. Se trata de una paradoja esencial: la distancia moral del héroe o del sabio respecto de la adversidad es tanto mayor cuanto más reducida es la distancia física del adversario. Esa paradoja es constitutiva de la moral estoica, célebre en la Antigüedad por sus paradojas, como también de la ética «torera»: *El torero debe rozar el toro o la muerte para poder mostrarse despegado.* Cuanto más cerca está el adversario de su cuerpo, mejor puede demostrar que se mantiene distante. Así, pues, *debe* mantenerse lo más cerca posible para *poder* mostrarse lo más distante, pues sólo puede mostrar que está distante moralmente si se acerca físicamente. Así torea José Tomás.

Esa paradoja es la del «desapego». El sabio —o el torero— sólo puede dar prueba de su indiferencia ante la muerte a condición de provocarla. Sólo puede mostrar la distancia en que se sitúa su libertad respecto del toro a condición de acortar la distancia física que lo separa de él y poner, así, en peligro esa libertad misma. Para aumentar la distancia metafórica que lo separa de la muerte, debe cortar la distancia literal que lo separa de los cuernos. Sólo puede mostrarse indiferente a lo que le llega procedente del toro a condición de que le llegue casi encima. Por eso, los sabios estoicos reclaman *pruebas* sin las cuales su sabiduría y su libertad seguirían siendo letra muerta. Séneca: «Un gladiador considera deshonroso que se lo enfrente a un adversario menos fuerte que él. Sabe que, si se vence sin peligro, se triunfa sin gloria. La fortuna hace lo mismo; procura afrontar a los más bravos» (*De la providencia*, III, 4). Y en otro punto: «Te considero desdichado por no haber sido nunca desdichado. Has pasado la vida sin adversario; nadie sabe lo que habrías podido hacer, ni siquiera tú» (*ibid*, IV, 3). Una ética del combate necesita, por definición, un adversario para realizarse. Una ética de la libertad, necesita su propia negación. De esa paradoja se deduce la *tensión* tanto del sabio estoico como del héroe taurino... pues el torero está frente al toro como el sabio está frente a las vicisitudes de la vida. En el teatro de la plaza, presenciamos la tensión permanente entre el torero que se esfuerza por encarnar ese ideal de desapego, mantener esa distancia consigo mismo en la que estriba su libertad, de mostrarse dueño y señor de todo lo que ocurre, desempeñar a la perfección su papel en el ejercicio de su oficio, y el toro, que a cada instante tiende a anular dicha distancia, a triturar dicha libertad rozando su traje y maltratando su carne, devolviéndolo, así, a su humanidad mortal, la nuestra, a su cuerpo trivial, el mío, el vuestro. Vemos realizada así, en la plaza, la tensión de la ética estoica, dividida entre el *ideal* del sabio y la *realidad* que debe afrontar para alcanzar dicho ideal: es la tensión entre la libertad del torero, que se burla de la accidentalidad, y la accidentalidad del toro, que es el fondo necesario sobre el que se forma dicha libertad. A cada instante de la lidia, el toro encarna la posibilidad misma de la intrusión de la realidad en la escena de la representación y, por tanto, la «posibilidad de la imposibilidad»: la muerte.

El *ethos* del torero es frágil, razón por la cual el torero se fortalece. El *ethos* es un ideal, pero siempre está acechado por la realidad. Es un ideal que necesita la realidad para diferenciarse, pero está amenazado por la propia realidad con quedar aniquilado. La realidad es el toro. Lo imprevisible es el toro. La necesidad de la muerte y la posibilidad de que ocurra la del torero es el toro. El torero es ese héroe que sólo puede llegar a serlo a condición de provocar sin cesar lo que podría impedirle serlo y devolverlo a la simple humanidad... que revelan la torpeza, el extraño, la cornada, la herida. Es una ética de la representación, pero que está siempre amenazada por la realidad misma que representa. Es una ética del ser, inmutable, invencible, pero que siempre está amenazada por su propia negación, la factualidad desnuda.

Así, pues, el ser prevalece sobre el hacer. Como dice Epicteto: «Pregúntate ante todo lo que quieres ser y sólo entonces haz lo que haces. En todas las demás ocupaciones vemos que sucede lo mismo. Los luchadores deciden en primer lugar lo que quieren ser y después actúan en consecuencia...» (*Disertaciones*, III, XXIII, 1). Una ética de la lucha, pero que debe expresarse fuera de toda lucha. Mostrar lo que se es, aunque no se haya hecho nada. En la lidia se puede ser buen o mal torero, pero se puede ser torero fuera de ella. Como el luchador estoico, el torero debe mostrarse dotado de las cualidades del combatiente incluso cuando éstas no han podido expresarse en la lidia. Toda la conducta del torero en la plaza, desde el desfile de las cuadrillas hasta la salida final, debe ser «torera»: mostrarse invencible.

Puede ocurrir incluso que los actos resulten inútiles para la manifestación de la esencia. A veces se puede ser torero sin haber toreado bien: por haber aguantado bien, simplemente, es decir, haber estado a la altura de las circunstancias. Santiago Martín (S.M.) «El Viti» era de ésos. Triunfaba poco, pero nunca dejaba de «ser torero», condición que llevaba pegada al rostro como una máscara neutra: ¿quién se habría atrevido a pitar a S.M. «Su Majestad»? Sin embargo, una vez dejó por un instante de parecer lo que era. Fue, paradójicamente, una tarde de triunfo. La faena había sido majestuosa, hechizadora: raras veces había alcanzado el brazo izquierdo ligeramente arqueado de S.M. semejante suavidad para guiar la flojedad de su adversario, pegado a las tablas (Pamplona, 14 de julio de 1976, «Torrestrella»). Justo antes de dar su triunfal vuelta al ruedo, con las dos orejas en las manos, dio tres saltos en el sitio como un cabrito, muy alegre, mientras le ataban al cuello el pañuelo rojo de las fiestas de

San Fermín: el júbilo había desbordado, el tapón de la apariencia había saltado. Raras veces había sido tan buen torero, raras veces había estado tan poco torero. También a veces algunos toreros se imponen a su adversario, pero no se muestran toreros: por ejemplo, exhiben una conducta reivindicativa (reclamar trofeos que se consideran merecidos), provocativa (desafiar con la vista al presidente), vulgar (dar una patada al toro), indigna (empujar a un compañero), indecorosa (responder al espectador que los increpa) o dolorista (retorcerse en el suelo como un futbolista), señales todas ellas de haber sido *vencidos*, ya que no por el toro, por sí mismos. Se han dejado llevar. La pasión o simplemente la emoción ha prevalecido sobre el ser. Aunque hayan *actuado* bien, no han *estado* bien.

Y, a la inversa, se puede ser torero en la derrota, si se acepta el fracaso con dignidad y lucidez, sin ostentación, desde luego, pero también sin rechazar la mala suerte ni rebelarse contra ella, contra el ganado o la incomprensión del público. Así actuaba Curro Romero, más torero aún en las tardes de derrota que en las de triunfo: despidiendo con un gesto, al final de la corrida, a sus peones y compañeros («Asumo el desastre, el oprobio es para mí solo»), cruzaba todo el ruedo despacio, imperturbable bajo el diluvio de insultos, rechazando incluso, en un arranque de orgullo, a las fuerzas del orden que acudían a protegerlo. Cuántas veces lo hemos visto así, después de una prestación calamitosa ante el toro, mostrarse torero ante el público, soportando la ira popular con aguante, como una embestida de toro destinada a él solo. A veces incluso tan noble impasibilidad llegó a calmar ésta como debería haberlo hecho con aquélla. «¿Torero, yo?», parecía decir. «Ante el toro no puedo, ante el público lo soy. Por definición sigo siéndolo y seguiré siéndolo siempre». Así, por ejemplo, el 26 de abril de 1974, en Sevilla, donde había logrado traspasar los límites tolerados por sus más fervientes partidarios:

Bronca de primera. Se dirige al centro, camina con dignidad, despacio, con la capa de paseo bajo el brazo, los gritos e insultos aflojan, primero insidiosamente. Desaparecen. Quedan cubiertos por un silencio que aumenta, cuando se oye un aplauso, después dos, algunos clamores, una salva... Al llegar a la puerta bajo la ovación, Curro saluda, como si no hubiera tenido suerte y sin por ello desmerecer» (Francis Marmande, *Curro, Romero y Curro Romero,* Verdier, 2001, pág. 40).

El torero indica, así, que vale más que lo que ha hecho, que las vicisitudes de la lidia, los azares de la vida, los accidentes del mundo, no han brindado la oportunidad a su ser real de manifestarse en actos empíricamente tangibles, pero que es *esencialmente* torero. Su esencia «torera», tan superabundante como el Uno en Plotino, encontraba así la forma de revelarse, a pesar de todo, para la gran mayoría.

Una ética heroica

«¡Torero! ¡Torero!», se grita a ciertos toreros algunas tardes. Así, pues, «Torero» tiene dos sentidos. Ser un torero: el nombre es común a todos los que lidian toros. Ser torero: el adjetivo califica la conducta excepcional de algunos. Así, pues, «ser» tiene dos sentidos; ser un torero es decir lo que se puede hacer; ser torero es decir lo que se debe ser. Así, pues, a veces algunos toreros son «toreros *toreros*».

Hay virtudes formuladas a partir del calificativo descriptivo que normalmente sirven para designar la pertenencia a un género. Se distinguirá el «pianista» (adjetivo clasificatorio y valorizante) del «que toca el piano» (perífrasis descriptiva y desvalorizante), como se distingue el torero del «que pega pases»... el que suelta pases como el otro suelta notas. Nada que objetar, la técnica es impecable, uno sabe colocar las manos, el otro coloca los pies donde debe, no hay notas falsas, ni un solo muletazo enganchado, los trazos ascendentes y descendentes son perfectos con la mano derecha y con la izquierda, las tandas se encadenan con las dos manos, la conducta del toro es irreprochable y, sin embargo, ¡qué aburrimiento! Se escucha al que toca el piano como la lluvia, se contempla torear al que pega pases como se mira llover. Así, pues, se dirá: «Eso es un pianista», para referirse a un maestro del teclado, como se dirá: «Eso es un torero», para designar a un maestro. Cuando algunos individuos son el arquetipo y el modelo de ciertas clases de entidades, fuera del alcance del común de los miembros de la clase, el individuo excepcional es designado con el nombre de la clase. La encarna. No es sólo *un* ejemplar de la clase, es *ejemplar* de la clase. Así ocurre con la humanidad. De cierto hombre se dirá: «¡Eso es un hombre!»; no es un ejemplo de hombre entre otros, es un ejemplo para todos los hombres. Personifica todas las virtudes ideales que se esperan de cada uno de los hombres; es el modelo de la esencia, la realización de la Idea. Así es el torero *torero*; es «en acto» lo que todos los que torean son sólo «en potencia» o al menos lo ha sido una tarde, pues, si la Idea se encarna sólo en algunos elegidos, con frecuencia lo hace sólo fugazmente...

Lo mismo ocurre —conviene observarlo— en el caso del toro (véase el capítulo 1). Todos los toros de lidia son toros hechos para la lidia, pero algunos, por su trapío, su poder, y sobre todo su excepcional bravura, son los «toros *toros*», pues la bravura es la virtud mediante la cual se considera que el toro es conforme a su propia naturaleza, inscrita en él, de «toro bravo». Es, gracias a una virtud singular, lo que todos son por definición general. Todos los toros que salen a una plaza son «toros bravos», pero sólo algunos son bravos: los otros son mansos, aunque pertenezcan a esa categoría, a la raza de «toro bravo». La bravura es en cierto modo la «toreidad» del toro. El torero y el toro son juzgados con el criterio de la misma ética. La virtud de un ser particular en la plaza, toro o torero, consiste en ser adecuado a su esencia, en realizar del mejor modo, *en su individualidad*, todas las potencialidades que entraña la especie: ser toro, ser torero. Un hombre, por ejemplo, debe ser hombre, no en el sentido en que lo son todos los hombres, sino en el más elevado, arquetípico, del término, al realizar mejor que nadie lo que está al alcance de los demás hombres y lograr incluso lo que parece fuera de su alcance. Así, pues, la excelencia suprema en el caso de un toro, ser naturalmente bravo, es ser bravo. Como la virtud en el de un torero es ser torero.

Al contrario de la moral universalista, que se dirige a todos y les dice lo que deben hacer, ese tipo de ética, como la ética estoica, exige a cada particular que se eleve por encima de los demás. Convierte a sus afortunados en modelos ofrecidos a la admiración de los hombres comunes: esos ideales inalcanzables muestran a todos, no lo que pueden hacer, sino lo que ninguno puede hacer de verdad, lo que ninguno puede *ser* de verdad, ya que ese modo de ser diferente, único, singular, está reservado a ciertas naturalezas fuera de lo común, naturalezas que, sin embargo, nada tienen de «natural», ya que se han hecho en parte a sí mismas, en parte con la guía de un maestro. Como la ética estoica, la ética «torera» se dirige a todo el mundo, poderosos o miserables, esclavos o emperadores, hombres de todas las condiciones, pero para hacer de cada uno de ellos un ser excepcional: *es una ética aristocrática para todo el mundo*. No es una ética democrática basada en las ideas de igualdad, reciprocidad, justicia, compensación, reparto, intercambio: esa ética, comunitaria, está hecha a medida para la colectividad —la sociedad o la Humanidad, comunidades anónimas— y la practicamos legítimamente fuera de la plaza. La ética de la plaza es una moral aristocrática, basada en la jerarquía, la preeminencia de los mejores, la excepción, la generosidad, la munificencia, el don gratuito, la magnanimidad: es la del combate de los héroes, de los príncipes conquistadores y de las princesas liberadas. Es la que hace soñar al niño que juega a los mosqueteros, no la que despierta al adulto que lee el periódico matutino.

El torero es, en una palabra, el héroe. Encarna sus valores; su comportamiento obedece a sus normas. El héroe en general es el hombre excepcional que afronta la prueba o la adversidad solo, sin la ayuda de los demás o antes que los demás. Es también el que se muestra apto para una acción clamorosa, un gesto imposible, una hazaña individual, el que hace lo que otros no pueden hacer y por ello suscita su asombro y su admiración. Es también quien da prueba, más que ningún otro, de las virtudes físicas que entraña el desapego de sí mismo (valor, resistencia). Es posible que haya aún en nuestro mundo hombres solitarios y admirables, capaces de proezas singulares y que den pruebas de audacia o resistencia excepcionales. La reinvención del deporte, en el siglo XIX, y la moda, al final del siglo pasado, de los «aventureros» de toda clase atestiguan la combinación en algunos de esos tres tipos de cualidades consagradas que componen el heroísmo. Sin embargo, más que nadie, el torero encarna la ética del héroe, pues le suma los valores correspondientes al *combatiente*. En efecto, tradicionalmente el héroe encarnaba ante todos los valores guerreros de la lucha o la resistencia, era el que se batía contra un adversario vivo y no sólo contra obstáculos naturales (el Everest, el Atlántico), contra un adversario que combatía real y no deportivamente. No hablamos, evidentemente, de la horrible *realidad* de la guerra, destrucciones, matanzas, exterminios; hablamos, naturalmente, sólo de los *ideales* de los justadores y los duelistas, de los valores agonísticos vinculados con la espada, hablamos de los sueños de niño, Rodrigo Díaz de Vivar, «El Cid Campeador», de Lanzarote del Lago, «la flor de los caballeros», de Ricardo Corazón de León... Pocos lugares modernos hay, fuera de la plaza, en los que esas virtudes tengan aún sentido... no, desde luego, en los ejércitos y raras veces en las guerras de verdad. El torero no es un verdadero resistente ni un verdadero combatiente, huelga decirlo: lleva traje de luces y a veces está bien pagado. Pero tampoco es un héroe de teatro: es un «actor al que le ocurren cosas de verdad», como decía Orson Welles. Y no se puede vestir de luces sino aceptando la parte de la sombra y cubriéndose de virtudes reales. Ésas tienen ya poco lugar en el mundo; bien es verdad que han perdido su sentido, porque eran los *habitus* de una clase, de una casta o, mejor dicho, de un «orden» desaparecido, por fortuna. Sus «valores» subsisten, embellecidos por la travesía de las épocas y la imaginación creadora de tres siglos de arte tauromáquica. Ya están a disposición de todo el mundo y sobreviven en los sueños de algunos...

Por eso, todo gesto «torero» (no todo gesto de un torero, sino todo gesto llamado «torero») es un buen gesto: no un gesto hermoso, aunque puede serlo, sino un gesto admirable, es decir, un gesto que entraña autosacrificio y admiración de los demás. «En el toreo —escribe Annie Maïllis—, el buen gesto es el gesto hermoso» (*Fragments d'arène*, Cairn, 2005). El torero que, a cuerpo limpio y con desprecio de su propia vida, se lanza a socorrer a un compañero o incluso a un rival, para desviar hacia sí mismo la embestida del toro («hacer el quite») constituye su ilustración ejemplar. Ese deber no corresponde a ningún mandamiento. Ese imperativo no está escrito en parte alguna. Sin embargo, apenas se conocen excepciones a esa regla de oro. No es el «amor al prójimo», no es «bondad», virtudes, todas ellas, que corresponden a las morales de la interioridad o de la universalidad. Ese gesto es el que se espera del *estado* de torero. Está emparentado con ese deber absoluto y ciego de la hospitalidad que se tiene, en las sociedades tradicionales, con cualquier otro, aunque sea un rival o un enemigo. En el quite salvador no hay ni justicia ni esperanza de retribución o de compensación, hay una mezcla de solidaridad en la lidia, abnegación espontánea y expresión de una voluntad de poder: gesto heroico.

Es una ética aristocrática que no está *reservada* a un clan, una casta, una clase, una raza, un género, una categoría distinguida *a priori*. Al contrario de la moral universalista, no se dirige a todos colectivamente, pero, aun así, se dirige a *cada cual indistintamente*, pues la única distinción que vale se hace *a posteriori*, es decir, en la plaza frente al toro. Es el que vuelve a poner los péndulos en hora y fija las jerarquías que cuentan. Así, pues, esta ética se burla de las relaciones establecidas, de las convenciones sociales: ya puede tener dieciocho años el *maestro* que avanza por delante de los viejos banderilleros, pues él es quien después estará en primera línea delante del toro, es él quien matará con riesgo de su vida. La distinción no existe por adelantado, corresponde a cada cual conquistarla y ante todo sobre sí mismo. Cada cual debe *distinguirse*. Así es el sabio estoico que encarna todas las virtudes, hasta lo imposible y la paradoja, ya que ni siquiera está sometido ya a los deberes de los hombres corrientes. La ética «torera» no es sino la transposición pragmática de ese modelo intelectual. Como escribe Séneca: «Habrá un intervalo inmenso entre el resto de los hombres y tú. Superarás con mucho a todas las criaturas mortales; los dioses no te superarán demasiado.» Llega hasta el extremo de escribir en otro lugar: «Hay un punto en que el sabio supera a Dios; éste debe a su naturaleza no conocer el miedo; nuestro sabio se lo debe a sí mismo. ¡Qué gran cosa es combinar la debilidad de un mortal con la tranquilidad de un Dios!» (Séneca, *Carta a Lucilio* 53, 11).

Por eso, para ser llamado torero, no basta con dar buenos pases a los toros todos los días o matarlos bien con frecuencia, es necesario un gesto excepcional, un acto clamoroso y particularmente admirable que simbolice cierta idea de lo imposible: «encerrarse» solo en la plaza de Madrid con seis toros de ganaderías diferentes, como muchas «figuras» han tenido a bien hacer; afrontar seis miuras en una tarde, como hizo un día Espartaco en Sevilla; afrontar en la misma temporada (2006) y en las plazas de primera categoría los toros con los nombres más temibles (victorinos en Madrid, miuras en Valencia), cuando, ya en la cumbre, como El Juli, nada le obligaba y nadie se lo pedía; esperar tres veces seguidas a sus toros de rodillas a la puerta del toril como hizo un día Miguel Abellán en Madrid (septiembre de 2000), afrontar inmóvil, en un día de mucho viento, un toro difícil en pleno centro del inmenso ruedo del Puerto de Santa María, allí donde el viento sopla con mayor fuerza y adhiere la tela al muslo (José Tomás, agosto de 2000), insistir, cuando se está aún aturdido y con todo el cuerpo magullado, en hacer ese pase «cambiado» en el centro a un toro lanzado desde una distancia de veinticinco metros y que acaba de derribarlo violentamente en el mismo pase (César Jiménez, Valencia, marzo de 2006); volver a levantarse y seguir toreando serenamente después de recibir una cornada grave (José Tomás en Zaragoza, abril de 2000; Enrique Ponce en Sevilla, abril de 2002; Sébastien Castella en Pamplona, julio de 2006...), etcétera. Cuando un torero abandona así su humanidad común para pasar a ser un héroe, deja de ser un torero para volverse «torero». Pero uno de los gestos más toreros tal vez sea el de Raúl Aranda en 1974 en Bilbao. En 1973, había sido cogido por su primer toro en el primer capotazo de recibo, uno de esos lances de rodillas un poco gratuitos y ridículos: el toro de Osborne lo había cogido de frente, había vuelto a cogerlo en el suelo, lo había lanzado por el aire como un pelele en dos ocasiones y lo había dejado inanimado en el otro extremo del ruedo, cuarenta metros más lejos. Lo habían dado por muerto, pero sólo estaba gravemente herido. Se había restablecido mal que bien y había vuelto a tomar la espada unos meses después. Volvió a ser contratado el año siguiente en la misma plaza y con su primer toro se puso de rodillas en el mismo lugar del ruedo y por fin dio enteramente el lance que no había podido acabar el año anterior. Pues bien, ¡eso es ser torero!

Una ética de la identificación con la función

«¡Torero! ¡Torero!» El hecho de que el *ideal* del torero lleve el mismo nombre que su función *real* es significativo de otro aspecto de la ética «torera». Cuando se dice: «Se ha portado como un soldado», o «Se ha comportado como un ministro», significa que han tenido el comportamiento o la conducta que se espera, en esas circunstancias, de un soldado o de un ministro. La actitud y los actos son totalmente acordes con la «función»: lo que los griegos llamaban el *ergon* y los latinos el *officium*. Han dado prueba en grado máximo de las cualidades necesarias para el desempeño de su función y *sólo de ellas*. Asimismo, cuando, en una gran tarde, se califica a un torero de «¡torero!», se quiere decir que se ha identificado totalmente con lo que lo define, con su función exclusiva de torero. No se ha comportado como un hombre, con sus sentimientos y sus debilidades, ni como un marido infiel, un hijo respetuoso, un buen padre de familia, un español de nacimiento, un católico más o menos practicante, un hombre de treinta años vagamente amargado. No ha reaccionado con su carácter, su complexión, su temperamento, sus gustos, no ha seguido sus humores, sus deseos pasajeros, sus pensamientos secretos. Ha apagado en sí mismo toda *individualidad*. Es hombre sin cualidades y torero con todas las virtudes. Sólo ha conservado su personalidad «torera»: por ejemplo, su estilo, pero no sólo eso. En todo caso, ha hecho todo lo que ha hecho de conformidad con su oficio de torero, *como torero*.

En efecto, en ese tipo de ética se deben poder deducir las virtudes y los actos de los *oficios*. Ahora bien, los «oficios» del torero consisten en 1) lidiar los toros, es decir, 2) afrontar en público un animal naturalmente peligroso a fin de 3) dominarlo, es decir, obligarlo a actuar contra su naturaleza, y 4) matarlo de forma leal. De esos cuatro elementos de la función de «torero», se podrían deducir seguramente los componentes esenciales de la técnica del toreo: parar el toro sin ceder, mandar «corriendo la mano» (por el mayor recorrido), templar su velocidad, rematar el pase, ligar las suertes en serie, etcétera. En todo caso, se pueden obtener a partir de esos cuatro oficios del torero las virtudes constitutivas del ser torero… y, por tanto, de la ética «torera».

Del hecho de que se trate de un combate se deduce la primera virtud «torera», que es al mismo tiempo la más grande de las virtudes de las éticas agonísticas: el valor (en griego, *andreia*, la «virilidad» o, tal vez mejor, la hombría española, como propone Víctor Gómez Pin),[2] en modo alguno en el sentido ordinario de resistencia al miedo, sino en el que tiene en las morales del combatiente, como el estoicismo. Escuchemos a Cicerón: «Se reconoce un alma valiente y grande sobre todo por dos cosas: en primer lugar, por el desprecio que tiene a las cosas exteriores (…); en segundo lugar, por esa calidad del alma que permite realizar grandes acciones (…), llenas de dificultades y fatigas, que ponen en peligro la vida misma y muchas cosas que sirven para la vida» (*De los deberes*, I, XX, 66). Ese valor consiste en la capacidad para poner en peligro su integridad corporal y su vida e incluso situar la necesidad del desempeño del combate por encima de su apego a la vida. Está vinculado con el oficio. Debe manifestarse tanto en el desempeño de la función de «combatir» como en la de «matar». Así ocurre, por ejemplo, con el matador herido que se niega a abandonar el ruedo antes de haber derribado a su adversario, prueba de que es *matador* ante todo, antes incluso que hombre que sufre o ser vivo que, como todos los seres vivos, está apegado a la vida. O también: el toro hiere al hombre en

2. Víctor Gómez Pin, *La escuela más sobria de vida. Tauromaquia como exigencia ética*, Espasa Calpe, 2002 (el título del libro está inspirado en una frase de *El tiempo recobrado*: «Nada hay más real que el arte, *la escuela más sobria de la vida* y el auténtico Juicio Final»). El texto sobre *andreia* es el «Prólogo» del libro.

el momento de la estocada. El torero quiere volver a levantarse para poder, con un último arranque patético, mirar de frente su toro desplomarse antes de hacerlo él mismo (Ruiz Miguel, Madrid, 26 de mayo de 1979). Desempeñar *en primer lugar* su función, matar el toro, y hacerlo con la dignidad de combatiente, permanecer en pie al menos tanto como su adversario.

Pero, como no se trata de un combate contra otro hombre, un igual, sino de un combate desigual contra un animal, el valor del hombre es insuficiente. El valor en el hombre es el equivalente de la bravura del toro, su correspondencia simétrica. Precisamente el combate no es simétrico. El hombre necesita cualidades propiamente humanas, cualidades intelectuales. En la medida en que sirven para el oficio, forman parte de la ética del torero. En efecto, no se trata de las cualidades intelectuales abstractas o lógicas (el razonamiento, la argumentación, la memoria, etcétera), sino de las cualidades intelectuales del combatiente, las del más débil contra el más fuerte... y en primer lugar la primera de ellas: la astucia, la forma de la inteligencia que corresponde al hombre solo. «La astucia, el más hermoso instrumento de los hombres de genio. Cuando el pastor David —escribe Lautréamont— alcanzó en la frente al gigante Goliat con una piedra lanzada con la honda, ¿acaso no resulta admirable observar que sólo gracias a la astucia venció David a su adversario y que, si, al contrario, hubieran luchado cuerpo a cuerpo, el gigante lo habría aplastado como una mosca?» (*Los cantos de Maldoror* II). La astucia es la fuerza en el combate de los débiles por naturaleza. Es el poder de Ulises, «el de las mil tretas», inventor del caballo de Troya. La astucia está en el centro de todo acto tauromáquico, pues el torero es hijo de David y de Ulises. Esos combatientes (y todos los practicantes de artes marciales) saben que conviene abordar al adversario, sea cual fuere, de frente (hay que respetarlo), pero que no hay que abordar a un adversario más fuerte cara a cara (hay que engañarlo). Frente al toro siempre, pero nunca cara a cara. Vaciar su fuerza al sesgo: dando un rodeo o poniendo una trampa a la fuerza. En su forma más simple, es el quiebro. Préstese atención a este par de banderillas «al quiebro»: el torero inmóvil esboza un regate a fin de modificar ligeramente la carrera del toro y volver con los pies juntos a su posición inicial para plantarlas: el animal, regateado, ya sólo puede cornear el vacío. Contémplese a César Jiménez: con la muleta en la mano, inmóvil en el centro del ruedo, provoca al animal, que se precipita sobre su presa, pero en el último momento modifica, mira por dónde, su trayecto al volver a colocarle la muleta a la espalda: al seguirla, el toro suelta la presa por la sombra, pues la muleta «es viento, pliegues sin nada debajo» (Jean-Pierre Séris, «Les plis de l'étoffe ou la tauromachie», *Figures de l'art*, n.° 1, 1994, pág. 120); el torero no se ha movido y puede sonreír. ¡Olé! Un olé corto y agudo. (Los olés largos y graves están reservados para los pases lentos, poderosos y profundos, los que, más allá del regate, corresponden al arte auténtico.) Esa astucia ya no es juego, sino dominio trágico: es aquella a la que recurre el destino para engañar a Edipo; como verdadera *astucia de la razón* que es, crea la belleza con su contrario, el miedo a morir y el valor que lo acompaña. Torear es engañar a la muerte sin mentirle.

Combatir: ése es el primer oficio del torero, del que se deducen sus primeras virtudes, simétricas. El valor y la espada en la mano derecha, la tela y la astucia en la mano izquierda. Con una ataca y con la otra se defiende. Con una se vuelve más viril de lo que es para matar, con la otra se hace más mujer de lo que quisiera para torear. («¿Acaso la tela no es —como velo que es— el recurso tan femenino del engaño...?», Jean-Pierre Séris.) Con una el torero es matador, con la otra el matador es torero. Equipado con una y con otra, es *sin ambigüedad* lidiador de toros.

Pero ese combate no es un duelo sin testigos. Es público. De eso se deduce la segunda virtud de toda ética agonística: el honor o también la vergüenza (en griego *aidôs*). Tener vergüenza es conceder un valor absoluto a la idea que se da de uno mismo al combatir. El torero con vergüenza desafiará al toro después de un achuchón, desafiará con una mirada altiva al toro reacio al que acaba de imponer por fin una serie de «naturales» dominadores, reanudará la misma suerte que un enganchón inopinado le ha impedido concluir; o también, al quite elegante de uno de sus compañeros a su propio toro replicará con un nuevo quite aún más apretado. La vergüenza puede ser más radical: puede llegar hasta colocar la *imagen* de sí mismo por encima de su *preservación*. Véase, por ejemplo: el toro acaba de derribar a su adversario, el pitón ha entrado profundamente en el muslo. Se oyen gritos de espanto. El torero está herido, seguro, tal vez muerto. Sin embargo, ahí lo tenemos levantándose, como montado sobre un resorte, rechazando con un gesto los socorros que acuden, y, pese al traje desgarrado y a la herida que sangra, recoge su espada y su muleta *sin mirarse* el traje, la herida, su carne hecha jirones (José Tomás en Sevilla, abril de 2002; Fernando Robleño en Madrid, mayo de 2003; Sébastien Castella en Pamplona, julio de 2006, etcétera.) ¡Eso sí que es una actitud «torera»! La ética del torero estriba enteramente en ese «sin mirarse». Saberse mirado por todos, pero no tener una mirada para sí mismo; cuando todo el mundo lo mira, a él y su herida, no tener ojos sino para el toro: el oficio ante todo, antes que la vida. Es necesario, *ante los ojos de todos*, no mirarse, carecer de consideración *consigo mismo*, pues el «sí mismo» del torero en la plaza es lo que todo el mundo puede ver de él, lo que parece a los demás y nada más. Todo el ser está en el parecer. Estamos en las antípodas de esas morales que recomiendan «ceñirse a sí mismo», que nos exhortan a ser «auténticos», a ser por fin nosotros mismos. El torero no tiene que ser él mismo, sino ser…

torero. Ésa es precisamente la *persona* en el sentido estoico, que se traduce por «papel»: nosotros no hemos escrito la obra (es la vida), no hemos elegido los toros (sorteados), pero debemos desempeñar en ella nuestro papel del mejor modo posible.[3] El torero oculta lo que piensa, lo que siente, tras el desempeño de su función. Es una *persona*... lo que equivale a decir que no es nadie. La ética del torero está hecha de apariencia: no de esa apariencia que disimula una realidad oculta, como se opone el parecer el ser. (Es lo que se hace con frecuencia en materia de moral: las apariencias son engañosas, como se suele decir, yo no quería eso de verdad, no lo he hecho a propósito, no me juzguéis por eso. En esa moral, la realidad es lo que hay detrás de la apariencia de los actos exteriores, es la realidad de las *intenciones* interiores. El moralista sondea los pensamientos y pone al día la pureza del corazón bajo la villanía de la infracción o la impureza de los móviles bajo la evidencia de las buenas acciones.) Pero la ética del torero es lo opuesto: no hay intenciones ni psicología ni interioridad. El parecer no se contrapone al ser, sino que lo revela, lo significa o, mejor dicho, se confunde con él, pues no hay ser detrás del parecer, se reduce a éste enteramente. Ser torero es identificarse con lo que se acepta mostrar de sí mismo, es identificarse con que lo que el traje ha hecho de sí mismo. Ese traje, con razón llamado de luces, está hecho para brillar. Refleja la gloria y remite el ser al parecer. Es la señal de que el torero está fuera de sí mismo, todo él en la superficie de su cuerpo, y no en las profundi-

3. Véase Cicerón, *De los fines*, III, 24: «Así como se asigna al actor un papel concreto y no uno cualquiera y al bailarín un paso regulado de antemano, así también el hombre debe conducir su vida de una forma determinada sin arbitrariedad. La sabiduría no se parece al arte del piloto o del médico, sino a un papel de teatro; el grado supremo del arte, su consumación, está en él mismo y no se pide a nada que le sea exterior». Y Pascal, al citar a Epicteto: «Recuerda que estás aquí como un actor y que interpretas el personaje de una comedia, la que le place al amo asignarte».

dades de su espíritu o su conciencia. Lo que el torero debe ser se resume en esto: ser torero como lo muestra su traje… y nada más. Bajo el traje, está el hombre y nunca debe aparecer. Sólo hay el porte, pero lleva el traje y nada más.

A contrario, a veces el hombre vuelve a surgir bajo el torero: Currillo petrificado de espanto ante su «victorino» y negándose a salir de su refugio (Bilbao, agosto de 1993); Curro Romero impotente, desesperado, mandando a su banderillero Rafael Torres al combate (Sevilla, abril de 1993); José Ortega Cano afectado, exagerado, teatral, patético, advirtiendo de repente que los olés sonoros que interpretaba en primer grado eran de pura burla (Sevilla, abril de 2002). Entonces, bruscamente, ya no estamos en el universo de la corrida de toros, hemos vuelto a la realidad: los trajes son un poco ridículos, las medias rosadas son grotescas, los hombres son débiles; los toros, unos pobres animales…

La corrida de toros no es sólo un enfrentamiento público entre dos seres, sino también la manifestación clamorosa de la superioridad de uno sobre el otro. Así, pues, la función del torero es la de *dominar* a su adversario y su virtud la de mostrarlo. Ser torero es exhibir su omnipotencia y, más en particular, mostrar el triunfo de la voluntad sobre el instinto. En la dirección de la lidia, todo debe revelar ese dominio: es el hombre el que con un movimiento de la barbilla o con un gesto ordena los emplazamientos elegidos para «su» toro, los que impone a sus picadores o a sus banderilleros. En el cara a cara, es el hombre el que debe imponer todos los movimientos del toro, el que debe elegir el terreno del enfrentamiento, él, que está inmóvil con un adversario móvil, él, que impone la línea curva y el desvío, cuando el toro quiere la línea recta y la cogida, él, que impone la lentitud, cuando el toro quiere la rapidez, etcétera. Además esa omnipotencia del torero no se manifiesta sólo en la dirección de la lidia o en su relación con el toro. Ese deber de estado, esa virtud propia del oficio, debe poder expresarse en todo momento: frente a los accidentes del desarrollo de la lidia, frente a las decisiones de la presidencia, frente a las manifestaciones del público, frente a la lluvia, al viento. Toda la conducta del torero muestra que ni siquiera sufre esos acontecimientos que no dependen de él. Al no verse afectado por ellos, opone resistencia a su poder y les opone su indiferencia... cualidad estoica por excelencia: sólo existe lo que de él depende. Pero esa omnipotencia del torero, que debe realizarse plenamente en la lidia del toro, que después se va haciendo extensiva progresivamente a los acontecimientos del mundo y, por último, lo envuelve o tal vez antes a él mismo, sus gestos, de los que sigue siendo dueño, sus emociones, que contiene, sus pasiones, que domina, su sufrimiento, que no manifiesta, su carne, que ha dejado de existir. Es torero quien puede decir parafraseando la fórmula del Auguste estoico de Corneille: «Yo soy tan dueño de mí y del universo como de mi adversario». Así es José Tomás.

Por último, como el cuarto oficio del torero consiste en vencer a su adversario en duelo, la cuarta virtud de su ética «torera» es la lealtad... que es al mismo tiempo una de las virtudes tradicionales de toda ética agonística. Doble lealtad, en los dos planos en los que el torero se expone. Se expone ante el público y ante el toro. Del primero puede recibir una sanción, la pérdida de su vergüenza; del segundo, otra sanción, la pérdida de su integridad física. A eso se debe la doble exigencia: exponerse enteramente a uno y al otro. Es torero quien se expone al pitón y a la mirada, a la herida que traspasa y a la vergüenza que merodea, al toro que gravita y al público que lo rodea.

Exponerse: esta palabra, con su ambigüedad, revela las dos dimensiones de la virtud «torera». En primer lugar, desafiar el peligro, exponer su cuerpo al riesgo de la herida. Es torero quien consiente, quien aspira a exponerse ante el toro, resistir su embestida y no sólo negarse a huir o a ceder, sino también a situarse deliberadamente allí donde había de llegar, mostrarse allí donde precisamente el toro no podrá resistírsele y ahí resistírsele él. Adelantar la pierna, «cargar la suerte», como se suele decir. Presentar su cuerpo, ofrecerlo a los pitones, proponérselo al toro. También en otro sentido está expuesto el torero: ya no al toro, es decir, a la herida, a la muerte, sino al público, a la vergüenza, al deshonor. Es torero quien consiente, quien aspira, a exponerse a las miradas. Las corridas de toros son un espectáculo, ¿por qué negarlo? Pero son más que un espectáculo: son *el* espectáculo, puesto que carecen de bastidores. Todo el círculo del ruedo es visto desde el círculo concéntrico de la plaza. Todo está expuesto. La plaza es un panóptico en el que las miradas se centran en el cuerpo del torero. Éste está preso de esa vigilancia sin tregua. Todo su cuerpo está expuesto a los ojos de todos, delante, detrás, de frente, de perfil: sin poder disimular la torpeza ni dar un pasito atrás bajo el refugio del capote. Ni la mueca que expresa el dolor o el gesto torpe que revela la impericia pueden disimularse ni velarse. No hay refugio ni piedad para el tic. No hay fondo de escenario, como en un teatro a la italiana, para disimular la mitad de su persona. No hay plano-contraplano para reponerse por un instante entre dos miradas, la exposición es en el mismo y único tiempo. Exponerse hasta el fin y al final más aún: hundir la espada de frente para exponer el cuerpo al pitón invisible… momento de mayor exposición a la herida y a la mirada del toro, pues el toro ve al hombre y el hombre ya no ve el pitón al que se expone y el público lo ve todo.

En el centro del ruedo es donde más expuesto se está. Ahí es donde sólo se puede ser leal, frente a esas dos miradas que se afrontan: las del toro, las del público. En el centro, se está lejos de todo y de todos, expuesto a plena luz a la herida y al público. Ahí merodean los grandes peligros: ser sorprendido en falta, ser cogido por el toro. Se está más lejos de los hombres que podrían prestar socorro, más lejos del refugio de las tablas. Se está más cerca del toro, que, al sentirse desafiado en medio de su terreno, es más agresivo que en ningún otro sitio. En el centro, el toro está en todas partes y el hombre más a la vista. Ese centro, el más al alcance de los pitones procedentes de todas partes y de las miradas que asedian, es el lugar de las mejores faenas de José Tomás.

Hay que exponerse a la doble mirada. Hay que dejarse ver por el público y el toro, sin apartar la vista de éste ni mirarse a sí mismo. Nada hay mejor y nada es peor que lo contrario: *dejarse* ver por el público sin *dejarse* ver por el toro. Por ejemplo, cegar al toro en el momento de la estocada: ni visto ni oído; truco desleal. O también arrojarse espectacularmente de rodillas cuando ya han pasado los pitones; o apartar la vista de los pitones en medio de la suerte para hacer como que se mira a los tendidos... pero sin riesgo real, si ya se está fuera de su alcance. Trucos de farsante. Pues hay que dejarse ver, para ser leal, pero sin *mostrarlo*; hay que ser totalmente visible sin exhibir esa visibilidad, sin «comunicar» con el público, sin «hacer un espectáculo», buscar el efecto que no lo sería para el toro, o sea que no sería un efecto exigido por el torero en el desempeño de su función de torero. Nada hay peor que aparentar, pero, ante el toro, no se aparenta demasiado tiempo. Ser torero es un papel, no una máscara, o será el toro quien lo desenmascare.

Así, pues, para identificarse con su función, el torero debe dar prueba de cuatro virtudes canónicas del combatiente: el valor (*andreia*), mediante el cual aspira a poner su combate por encima de su vida, la vergüenza, mediante la cual coloca la imagen pública de sí mismo por encima de la preservación de sí mismo, el dominio de todo y ante todo de sí mismo y la lealtad, que expone el «sí mismo» a una doble presión: la del toro y la del público. Cuatro veces sometido a su oficio, el *sí mismo* del torero carece de otra cualidad que la que se ha dado a sí mismo.

Como se ve, la ética del torero está muy emparentada con la ética estoica: es una ética de la ascesis (por oposición a las morales del bienestar), es una ética del ser (por oposición a las morales de la acción), es una ética del individuo excepcional, sabio o héroe (por oposición a las morales comunes), es una ética internalista de la identificación con el oficio propio —con el traje, si se quiere— (por oposición a las morales de la obediencia a mandatos exteriores). Es una ética de la escenificación de su indiferencia ante la accidentalidad y la muerte (por oposición a las morales de la autenticidad). Es una ética de la libertad mediante el combate —contra sí mismo y contra el mundo, contra la vida y la muerte—, por oposición a la libertad de actuar como le plazca. Se ve que todos esos elementos forman un sistema cercano al estoico, más particularmente en su versión romana, cuya mejor formulación encontramos en Epicteto, el esclavo maestro de los emperadores.

Se ha podido decir que la corrida de toros moderna nació en el siglo XVIII, cuando las clases populares hicieron suya una práctica aristocrática, cuando el matador pasó a ser hombre del pueblo al tiempo que hacía suyos los valores y la tradición caballerescos. En el plano histórico, esa concepción es demasiado simplista, como han podido demostrar algunos historiadores, como, por ejemplo, Bartolomé Bennassar o Araceli Guillaume-Alonso, pero entraña una parte de verdad desde el punto de vista de los valores. La ética del torero es la ética aristocrática del pueblo, como lo era la moral estoica en la Antigüedad, moral de los esclavos maestros.

Naturalmente, todo eso no describe la *realidad* vivida a diario. ¡Por fortuna! En realidad, los toreros raras veces están *dispuestos* a morir o a «dejar el cuerpo en casa» (José Tomás), aunque a veces ocurra. Pero los valores no están hechos para describir las conductas medias, sino para fijar los límites. Y esas virtudes configuran un ideal, con el que los toreros se miden (para lo que no nos necesitan) a veces en la habitación de su hotel, entre el miedo al toro y el miedo a quedar mal, ese ideal que seguirá alimentando los sueños de jóvenes, entre el amor del toro y la sed de gloria.

Apéndice

Los diez mandamientos del torero para ser torero

La ética del torero no es una moral de la Ley. No se obedece a mandamientos, sino que se cumple con el deber. Sin embargo, podemos esforzarnos por expresar en algunas sentencias lapidarias las normas implícitas de dicha ética. Este pequeño ejercicio tal vez permita comprender mejor todo lo que la distingue de la moral común. Entonces, ¿cuáles serían los diez mandamientos del torero? No, como en un tratado de tauromaquia clásica, algunas reglas fundamentales para torear bien los toros, sino algunas máximas elementales para llegar a ser torero.

Primer mandamiento

La moral universalista es una moral del acto. Separa el bien del mal y formula obligaciones o prohibiciones.

La ética «torera» es una ética del ser, por lo que su primer mandamiento se enuncia así:

Serás torero, es decir, que ante todo actuarás siempre y absolutamente conforme a tu oficio.

Dicho de otro modo: tu «ser torero» precede, determina y valoriza tus actos de torero, incluso cuando no estás realizándolos y aunque los realices mal.

Segundo mandamiento

La universalista es una moral común. Formula principios que sólo valen porque se aplican a todos los hombres por igual y sin distinción.

La ética «torera» es una ética heroica: formula principios que sólo valen porque se aplican a individuos fuera de lo común, por lo que el segundo mandamiento se enuncia así:

Harás siempre y en la medida de lo posible lo que resulta imposible a cualquier otro.

Dicho de otro modo: puedes ser un ideal, pero no un ejemplo para los hombres corrientes, que pueden admirarte, pero no imitarte.

Tercer mandamiento

La universalista es una moral que defiende la vida de los hombres en general y la existencia de cada uno de ellos en particular. Los deberes de cada uno de ellos van encaminados a preservar la vida de todos, incluido uno mismo.

La ética «torera» es una ética del oficio. Coloca su cumplimiento por encima de todos los demás valores, por lo que el tercer mandamiento se enuncia así:

Pondrás tu ser torero por encima de tu propio ser.

Dicho de otro modo: el valor de tu oficio es superior al de tu existencia.

De estos tres mandamientos se deducen los siete siguientes, que dependen de la definición del oficio del torero: lidiar y matar toros en público.

Cuarto mandamiento

La universalista es una moral de la interioridad, que valora la confesión y la franqueza. Se enuncia así: muéstrate tal como eres.

La ética «torera» es una ética de la exterioridad, que valora la escenificación de uno mismo, por lo que se enuncia así:

Serás tal como te muestres.

Dicho de otro modo: vales ante todo por la imagen que ofreces de ti mismo.

Quinto mandamiento

La universalista es una moral irenista. Impone el amor al prójimo.

La ética «torera» es agonística. Supone el respeto del adversario, por lo que se enuncia así:

Lidiarás a tu adversario, sea cual fuere y sin preocuparte de ti mismo: de tus sentimientos, tu sufrimiento, tu integridad física.

Sexto mandamiento

La moral universalista preserva la vida y prohíbe el asesinato.

La ética «torera» se dirige a un «matador», por lo que se enuncia así:

Matarás a tu adversario, ocurra lo que ocurra y te cueste lo que te cueste.

Séptimo mandamiento

La ética universalista es igualitarista. No tiene en cuenta las relaciones de dominación.

La ética «torera» es una ética de la fuerza de voluntad, por lo que se enuncia así:

Serás siempre dueño y señor de tu adversario, de la adversidad, de ti mismo, es decir, de tus gestos, tus reacciones, tus emociones.

Octavo mandamiento

La moral universalista define y exalta relaciones libres e iguales entre los hombres.

La ética «torera» define y exalta la victoria del hombre sobre la naturaleza, por lo que se enuncia así:

Engañarás a tu adversario sin mentirle.

Dicho de otro modo: combatirás con todos los recursos de la inteligencia, pero con toda lealtad.

Noveno mandamiento

La moral universalista supone relaciones simétricas entre los hombres y facilita relaciones de intercambio mutuas, por lo que prohíbe el engaño y la duplicidad.

La ética «torera» supone relaciones entre hombres en posición asimétrica, de los cuales unos son espectadores de lo que hacen los otros, por lo que se enuncia así:

Disimularás a los espectadores lo que pienses sin engañarlos sobre lo que haces.

Dicho de otro modo: no harás un espectáculo con nada que sea ajeno a tu oficio de torero; te abstendrás en particular de expresar sentimientos u opiniones ajenos a tu oficio, pero no harás nada para engañarlos en el desempeño de tu oficio.

Décimo mandamiento

La moral universalista sólo regula las relaciones simétricas con el prójimo.

La ética «torera» entraña dos tipos de relaciones asimétricas: con el toro para lidiarlo, con los espectadores para que admiren la lidia, pero unas y otras están reguladas por la misma exigencia:

Expondrás enteramente tu cuerpo al espectador igual que al adversario.

Dicho de otro modo, debes exponerte ante uno y ante el otro del mismo modo y en la misma medida. Tu efecto en el toro sólo tiene valor, si te expones ante él. Tu efecto en el espectador sólo tiene valor, si te expones ante él y si corresponde a un efecto en el adversario.

Cuando algunos domingos tal o cual torero ha respetado esas reglas, que lo han vuelto conforme a lo que es, nosotros, pobres mortales impotentes que soñamos con ser toreros, podemos gritarle nuestra admiración con una sola palabra: «¡Torero! ¡Torero!»

Capítulo 4

Dos éticas de la libertad
El toreo de Paco Ojeda y el de José Tomás

Del aguante

Un toro se lanza hacia nosotros y huimos. Es lo normal: al fin y al cabo, somos hombres. Un toro se lanza sobre el torero y éste permanece donde está. Es lo normal: al fin y al cabo, *es torero*. Esa actitud «torera», que consiste precisamente en no hacer nada —no huir, no retroceder, no ceder, no pestañear—, es lo que se llama «aguante» y evoca la firmeza defensiva del combatiente que protege su territorio. Por eso también podría llamarse «resistencia» *¡No pasarán!* No pasará: el enemigo. Más modestamente, aquí, el adversario, el toro, o, mejor dicho: pasará, pero no por encima de mí. Pasará, pero por donde *yo* le haga pasar.

El aguante es a un tiempo un acto y una virtud. No es aún la tauromaquia, pero sí su fundamento. «El torero derecho como una vela. Junto a él, un soplo y en derredor el rumor» (Michel Leiris,

Tauromachie). Desafío del hombre ante el animal: «Lánzate sobre mí, que no me moveré». No el desafío puro, la bravata gratuita que se agota al instante y consuma una suerte (el desplante). El aguante no se conjuga en presente, sino en futuro, y precede a cualquier suerte: aguantaré. Sin embargo, no es una apuesta, sino un juramento: estoy aquí y aquí me quedaré. No es aún, en el caso del hombre, el dominio sobre el animal, es ya su promesa mediante el autodominio. Es la afirmación de que el reposo es más fuerte que el movimiento. Más tarde, al cabo de un segundo, con el pase llegarán la astucia y el poder. En la «resistencia», el poder está aún por llegar, pero ya es proclamado, está enteramente *en potencia* y ésta debe volver a afirmarse en cuanto deja de ejercerse *en acto*: basta que el poder del torero quede en suspenso bruscamente, que el toro se detenga para que el dominio haya de regresar nuevamente al estadio de «potencia» —mediante el aguante— o tenga que quebrarse. El aguante es a la vez la reserva y el retiro del dominio, como lo actual nace de lo virtual o regresa a ello.

Aunque no resulta fácil explicarlo, es bastante fácil describir el aguante. Un torero que «tiene aguante» tiene un solo sitio durante los tres tiempos de la suerte; un torero que carece de él tiene al menos tres sitios: el que ha elegido para citar el toro, el que le impone el toro con la violencia del pase (o aquel al que se ve rechazado él mismo si el toro se detiene inopinadamente durante el pase) y el que debe recuperar para ir a dar el pase siguiente. Se podrían distinguir también tres formas de aguante: una resistencia larga, consistente en esperar en el sitio al animal lanzado desde lejos al galope antes de recibirlo con los pliegues del engaño; una resistencia corta, consistente en permanecer inmóvil para encadenar pases: por ejemplo, pases «naturales» y «cambiados» durante las idas y venidas del toro; por último, una resistencia detenida, consistente en permanecer en el sitio cuando el animal para a la altura del hombre con el riesgo de provocar un derrote seco. Tres manifestaciones de una misma *virtud*, pues «aguantar» es «conservar» siempre el mismo terreno, aquel en que ya se está o aquel que se ha decidido ocupar: antes, durante y después. Aunque se trate de una virtud que se basa en cualidades técnicas esenciales (el sentido de la colocación y la distancia, la ciencia del «cite» y el arte del «toque», la capacidad para recibir y desviar la embestida, etcétera), en sí misma parece la menos técnica, la más física de las virtudes «toreras», la más vinculada con la idea totalmente pura (o zafia) de la tauromaquia, en el sentido más profundo (o arcaico) del término: ponerse delante de un animal salvaje y pavoroso y «hacerle frente», simplemente. Por eso, la primera cualidad que caracteriza al joven torero prometedor es también la primera que desaparece cuando un torero va de capa caída: «pierde el sitio», en el doble sentido de esa expresión. Literalmente: ya no consigue mantenerse en su sitio, en su terreno, frente al toro en el ruedo, ya no consigue mantener su sitio, su rango, frente a otros toreros en la torería.

Esa virtud es la clave de todas las demás, técnicas o artísticas. Se puede tenerlas todas y no poder nada, si ya no se puede «resistir». A veces, después de recibir una herida grave, el cuerpo se negará a volver a ofrecerse a los pitones. La voluntad dice que sí, pero el cuerpo dice que no. Y entonces se acabó el torero: así acaban a veces los mejores toreros, como, por ejemplo, el Niño de la Capea en el pasado. Quien cuenta con esa virtud triunfa mientras la conserva, sean cuales fueren las otras virtudes, como, por ejemplo, César Rincón en el decenio de 1990. Quien la pierde lo pierde todo, efímero como las temporadas de gloria, como, por ejemplo, la suerte en el pasado de un Antonio José Galán, que había «resistido» exponiéndose hasta la desmesura a los pitones y al público, entre 1972 y 1977; un día, su cuerpo se le resistió y se negó obstinadamente a resistir la embestida de los toros: Galán cayó en el olvido. A veces la resistencia sólo resiste una temporada, como, por ejemplo, Manili (fue la temporada de 1988).

Si bien es la más física o al menos la más «emotiva» de las virtudes «toreras», en el sentido de que para el torero está vinculada con el dominio de sus emociones, es también la que desencadena en el espectador el más físico, el más «emotivo» de los placeres. El aguante provoca espanto («lo puede coger, debería cogerlo, lo va a coger») y admiración («ha aguantado, aguanta, sigue aguantando»). Se dice que el toreo consiste en el cumplimiento de tres mandamientos (parar/mandar/templar), que son también tres momentos lógicos: recibir la embestida para pararla, dirigirla para ajustar su velocidad. Esas tres condiciones del toreo caracterizan también, sin lugar a dudas, tres tipos de placer del espectador: el placer intelectual frente a la inteligencia del torero, que domina («manda») una fuerza bruta, el placer estético ante el «temple» del torero que, al armonizar la embestida, armoniza nuestras sensaciones y crea la obra de arte, el placer físico e inmediato del aguante ante el enfrentamiento físico de la recepción de la embestida.

Tener aguante es, evidentemente, tener valor, pero el aguante no es el valor, es una forma muy particular de él, puesto que la corrida requiere diferentes valores muy heterogéneos. No se puede ser un gran torero sin tener mucho valor, no se puede serlo tampoco sin tener un poco de aguante, pero se puede ser un gran torero sin tener mucho aguante, pues, para no retroceder frente a la embestida, cuenta menos el valor que la *sangre fría* y ésta supone otra cualidad «física» diferente del valor puro, el autodominio (de su cuerpo, de sus nervios, de sus emociones) y una cualidad «intelectual», la autoconfianza (en sus medios, en su poder). La sangre fría es la que hace posible la impasibilidad y por eso la «resistencia» de pie frente a la embestida se distingue del valor de la ruleta rusa, la que se hace girar al esperar el toro delante de la puerta del toril: apuesta loca y ciega más que juramento lúcido. (No se sabe exactamente qué va a salir ni dónde ni cómo, pues el toro, cegado bruscamente por la luz del día, no sabe a qué embiste ni dónde ni cómo.) El aguante supone, al contrario, *dejarse ver primero* por el toro. Se distingue también de la valentía «de rodillas», pues con esta postura se puede hacer trampa más fácilmente (colocándose menos visiblemente fuera de la línea de la embestida, «mejorando» insensiblemente el terreno, «mandando» poco o nada), pero sobre todo se está obligado a cada instante a imponer la inmovilidad a las piernas propias, puesto que ya están retenidas por la inmovilidad de la actitud. Por eso, algunos toreros, que patinan, «bailan» y «recuperan» sin cesar su terreno, que no consiguen imponer la impasibilidad a su cuerpo *durante* el pase o entre los pases tienen a veces el valor de forzarse a sí mismos arrojándose de rodillas… como Ulises sabía que era capaz de resistir la llamada de las sirenas, a condición de haber tenido la precaución de atarse al mástil.

En estos treinta últimos años ha habido muchos grandes «resistentes» al toro: Diego Puerta, El Cordobés, Ruiz Miguel, Dámaso González, Victor Mendes, César Rincón, El Juli, Sébastien Castella y muchos otros, pero ha habido dos toreros excepcionales que, a unos quince años de distancia, hicieron de él una verdadera filosofía del toreo. Dos toreros imperfectos, pero inmensos, los dos únicos genios del ruedo tal vez de ese período: Paco Ojeda (decenio de 1980) y José Tomás (decenio de 1990). Compararlos, oponerlos, es comprender un poco mejor lo que significa el «aguante» y, por tanto, lo que entraña esa ética del toreo.

Imágenes invertidas

Hay que entrar en el toreo de Ojeda y de Tomás. Hagámoslo primero desde el exterior, fiándonos de algunas impresiones inmediatas. Dejémonos guiar por algunos tópicos de un fotógrafo aficionado en la plaza. La paradoja es pasmosa: ahí tenemos dos *estilos* totalmente opuestos, cuando, en realidad, si se los observa con un sentido más analítico, se basan en un mismo *valor*: el «aguante».

En la arena, lejos del toro, el paso de Paco es rápido, decidido, un poco pesado; el de José es lento, invariable, impenetrable. Paco se acerca al toro a pasos contados y amplios, con el cuerpo arqueado, el pecho hacia delante, la pierna adelantada oblicuamente, de puntillas, como un cazador al acecho; José se desliza hacia su lugar propio con unos pasos y a veces, cuando está totalmente de frente o de perfil al hilo de los pitones y ha captado la mirada del toro, pero aún no su línea de embestida, se deja ver con pasitos temblorosos, los pies casi juntos y las plantas bien planas, como para estar ya en otra parte sin moverse de sitio.

Paco raras veces se aleja de las rayas periféricas trazadas en la arena, José busca sistemáticamente el centro del ruedo. El compás de las piernas de Paco está más abierto de lo necesario, los pies están clavados en el suelo, enraizados de una vez por todas en la arena. El compás de José es estrecho, con frecuencia se mantiene con los pies juntos, sobre todo al final de la faena; en cambio, Paco aumenta el anclaje de sus piernas en la arena a medida que avanzan la faena y su dominio del toro. Contemplando la parte baja del cuerpo, resultan claras dos imágenes: el roble y la caña, las raíces del roble poblado de Paco frente a las cañas de José.

Pero, en cuanto al busto, las imágenes están invertidas: Paco es la caña plegada, doblada, torcida, enroscada sobre sí misma, tanto al citar el toro como en los encadenamientos de pases. José es la rectitud altiva; a veces, bien de frente al toro, con la muleta adelantada en la mano izquierda, el cuerpo se inclina, muy ligeramente, sin doblarse, para bajar hacia la mano que torea y dejando que sean la muñeca y la cintura las únicas encargadas de asegurar la dinámica del pase. Dos verticalidades: una, ctónica, tiende naturalmente a hundirse; la otra, aérea, aspira a alzarse.

Paco domina con la mano derecha, José se encuentra a gusto con la izquierda. Uno presenta un engaño amplio (sobre todo la capa), el otro lo quiere reducido al mínimo. Uno liga pases en un solo movimiento, los reanuda, los invierte, los modifica, los transpone, los modula, los repite, insiste, se presenta de espaldas para trazar un círculo completo, siempre hacia la derecha, después otro, le da la vuelta, se da la vuelta él mismo, siempre en el sitio, sólo el brazo está móvil y acaricia el suelo con algo así como un único «natural-pase de pecho» y luego otro, el brazo da la vuelta e inventa otro enlace, «tres en uno», «cinco en uno» y otra vez y otra y otra. El otro parece esculpir en el sitio, en el instante, cada movimiento; ha hecho el vacío en torno a sí, ya sólo hay espacio desnudo, reducido a un lugar, a un punto, un punto sobre una *i*, el pase también está desnudo, reducido a su necesidad, todo se concentra en la nitidez del acto, la precisión del gesto del que escapa todo adorno. Uno es todo curvas; el otro, todo rectas. Uno parece ocupar todo el ruedo sin moverse de su sitio, todo el espacio es suyo, como una prolongación de su brazo, como una expansión de su universo; el otro parece concentrar en sí todo el territorio de la plaza: el espacio se ha cerrado sobre él, es como un compendio del mundo. Uno es todo exceso, en dilatación máxima; el otro, todo reducción, simplificación, depuración. Lo mismo con sus chicuelinas, lances de capa en el que el torero da media vuelta en el sentido inverso de la embestida y se envuelve en los pliegues de la tela: en Paco es como una antorcha viva, salvaje, toda telas y en movimiento. Citada al frente y unida a la anterior por un simple giro del cuerpo, en José carece de frufrúes, con un repliegue mínimo del capote que el propio toro parece surcar en la cadera del torero... exhibición de estatismo tanto más paradójica cuanto que el pase parece exigir movilidad y arabescos.

Los encadenamientos de los pases están concebidos a la inversa. Uno hace una unidad de una pluralidad; el otro, una pluralidad de una unidad. Paco, inmóvil, borra las cesuras, funde los pases en uno solo. José, inmóvil también, parece romper una línea continua en una serie de pases individualizados. Una vez acabada la tanda, Paco sale del toro como vencedor y mira con media sonrisa a los espectadores, con los ojos ligeramente alzados, como un emperador romano llegaría con calma ante su pueblo a la apoteosis merecida. El otro se aleja del toro despacio, con los ojos ligeramente bajados, aún en otra parte, como el guerrero incrédulo sale indemne del combate y permanece mucho rato sordo a las aclamaciones procedentes del otro mundo, del mundo de los civiles inconscientes, de los «que no lo han visto y no pueden saber lo que ha sido».

Durante la vuelta al ruedo, Paco bordea despacio la barrera y recoge, alegre, los gritos de admiración de los tendidos. José aprieta el paso, sonriendo apenas, como violento ante ese fervor, entre las rayas, lejos de las barreras, añorando aún el centro del ruedo, en el que se sentía tan bien, lejos de todo, lejos de los hombres, tan cerca del animal, en comunión secreta.

Todo eso los opone, casi rasgo por rasgo. Quien guste de las clasificaciones rápidas diría: «barroquismo» frente a «clasicismo». Seguramente es cierto, pero todo eso no son sino imágenes fijas que nada explican, instantáneas robadas que no penetran en la tauromaquia de Paco o de José, porque permanecen centradas en el hombre. Hay que ampliar el foco y mirar la relación del hombre con el toro. Ahora bien, desde ese punto de vista, un punto en común, *esencial*, aproxima a Paco Ojeda y José Tomás. Torear es ante todo, tanto en uno como en el otro, determinar *su* sitio frente al toro y *conservarlo cueste lo que cueste*, no sólo durante el pase, sino también durante la serie. Se trata, desde luego, del aguante, pero es una forma de aguante que se ha podido denominar «verticalidad», basada en la combinación de una finalidad y una virtud. En la verticalidad, el medio esencial aplicado para dominar el toro y dejar pasmado al público consiste en situarse lo más lejos posible dentro del terreno del toro, es decir, penetrar en el momento del cite en su línea natural de embestida o incluso más allá y al tiempo dar prueba de un «aguante» absoluto que combina sentido de la colocación e inmovilidad.

¿Cómo explicar que dos estilos tan opuestos estén al servicio de ese mismo valor, el aguante en su forma «vertical»? ¿Qué idea tienen uno y otro del aguante? ¿Qué ética expresan mediante dicha idea?

Los usos del aguante

La «resistencia» es su fundamento, pero aún no es la tauromaquia. Se puede «aguantar» y no torear: «aguantar» por aguantar no es entonces otra cosa que algo así como una hazaña gratuita, de número de circo o incluso de *tancredismo.*[1] A la inversa, se puede torear con aguante y expresar cosas muy diferentes, todo depende del *uso tauromáquico* que se haga de ese «aguante». Los hay de dos clases, muy diferentes. Ojeda y Tomás los representan típicamente. Hay que observar su uso singular en lo excepcional que cada uno de ellos hace. Recordemos sus prodigios. Nos mostrarán su «aguante» *en acto.*

Las proezas de Paco Ojeda son de dos clases: la virtuosidad inaudita en la ligazón de las suertes de los pases y el dominio, propio de faquir, del toro. Como se ha observado con frecuencia, el poder

1. Por el nombre de Tancredo López, torero fracasado que, a comienzos del siglo pasado, concibió una atracción popular consistente en esperar, vestido, peinado y untado de blanco y montado en un pedestal en medio del ruedo, en una inmovilidad absoluta, las primeras embestidas de un toro; generalmente, el animal se detenía después de haberse lanzado sobre él. Evidentemente, la dificultad consistía en salvarse después... Don Tancredo murió, como debía ser, olvidado y en la miseria.

de Paco sobre el animal, en sus grandes tardes, es tal, que a veces parece superar el poder del gladiador para alcanzar en algunos instantes el del domador. El toro se detiene o vuelve a arrancar con un gesto, con una mirada incluso, podríamos decir. No es sólo mandado, sino que, además, obedece. Más aún: parece asentir a todo, subyugado. A veces incluso creemos estar soñando; juraríamos que durante una faena alucinante (Nîmes, toro de Marca, 8 de junio de 1987) durante la cual el toro, hechizado, asentía a todo, Paco logró incluso un prodigio de aguante: el toro se detiene en la suerte, el torero, impasible, interrumpe el movimiento de su brazo y después vuelve a colocar la muleta bajo el hocico del toro y lo adelanta en sentido contrario, despacio y despacio... ¡el toro *retrocede*! ¿Milagro o alucinación? Pero entonces, ¿de quién? ¿Del toro? ¿De los espectadores? Un tipo de milagro comparable hay que atribuir a José Tomás al conseguir torear por «naturales», con una muleta reducida al máximo, con una limpidez perfecta, en el centro del inmenso ruedo del Puerto de Santa María, sin moverse, un día de fuerte viento, ¡y hacer, por decirlo así, detenerse al viento (Puerto, toro de Jandilla, 6 de agosto de 2000)! Tal es el poder de algunos magos, que parece transgredir las leyes de la naturaleza. En cuanto a los inverosímiles encadenamientos de pases de Paco Ojeda sin enmendarse, hay que citar los de Málaga, de Nîmes y del Puerto: tres series sucesivas, al final de la faena, de circulares invertidos y unidos al pase de pecho, sin despegar los pies (Málaga, Jandilla, 10 de agosto de 1985), superados por los encadenamientos que prodigó, en un día de locura nimeña (19 de mayo de 1986), a un toro de Sepúlveda, al que, agotado, deprimido, vaciado, no consiguió estoquear. El súmmum llegó con la famosa unidad de los diez pases de Ronda (Torrestrella, 12 de septiembre de 1987). Se trata de algo así como una ebriedad de la virtuosidad pura, un desbordamiento «dionisíaco» de mando para el placer, de glorificación gozosa del dominio, del poder por el poder.

Las hazañas de José Tomas son también de dos clases, pero no son las mismas. Cierto es que ha llegado a inventar encadenamientos originales (véase, por ejemplo, la «granadina»),[2] pero lo esencial no es eso. Lo que llama la atención en primer lugar en el uso singular que José Tomás hace del aguante es el espacio en el que lo hace: *su propio terreno* es el que queda reducido al extremo y que el torero parece querer estrechar más allá de lo razonable. En sus pases inmóviles («estatuarios») de comienzo de la faena o en sus manoletinas de final de faena, esa impavidez resulta particularmente impresionante: el torero se presenta de frente, lo más cerca posible, totalmente inmóvil; sin cite alguno, el animal salta de una vez y parece brotar del cuerpo del torero. Pero en el toreo fundamental es en el que el encierro voluntario del torero es más admirable y en el encadenamiento, sin recuperación alguna del terreno, de un pase «natural» largo y puro a otro de la misma factura, es en el que Tomás carece de rival. Torea —en particular con la izquierda— ciñéndose de forma insuperable, alcanzando un *límite* que probablemente nunca haya rozado otro torero antes de él. Resulta tanto más pasmoso cuanto que permanece derecho, torea con pases muy largos gracias a la agilidad de su muñeca, conduce el toro lejos por abajo y hacia dentro y encadena las suertes en un palmo de terreno, con frecuencia en el centro, alternando series citadas de frente y de lejos y series citadas de perfil al hilo de los pitones, variando las alturas (los pitones rozan ora los tobillos ora las caderas), modificando los cites con un ligero temblor de la muleta (los toques), a veces incluso sin toque, por lo mucho que la depuración raya en el ascetismo. El abandono de su cuerpo inmóvil a la embestida del animal es a veces tan total, que, como

2. Jean-Pierre Hédoin la ha analizado en su hermosísimo artículo: «Las figuras del paraíso de la ligazón», *Clarín Taurino*, Bilbao, 2002: «Pase de las flores, cambio de mano por la espalda, un natural por alto con la punta de la muleta hacia adentro».

se ha dicho, parece querer «inmolarse». «Al final del siglo XX —escribe sobre él Jacques Durand en su magnífico *José Tomás Román* (Actes Sud, 2004, pág. 15)—, en la tierra de don Quijote y del "tinto de verano" (vino tinto, gaseosa y limón facultativo) un joven se pone a suicidarse delante de los toros. Concienzudamente, con expresión enfurruñada añadida a una resolución glacial». Por lo demás, el número de cornadas recibidas durante la faena y de heridas graves durante la temporada es tal, que contribuye a ese fantasma. Con frecuencia es derribado, se vuelve a levantar (herido o no) y continúa con mayor entrega, embriagado por haber *tocado el límite* o tal vez ebrio de sentirse inmortal. Por ejemplo, en Zaragoza, el 9 de abril de 2000 (toro de Marca). Leamos a Francis Marmande:

> José Tomas ve lanzarse el toro hacia él y no se estremece nunca. Acaba plantado tieso en la punta de los pitones. El toro lo blande como una lanza durante un instante que parece tres segundos (...). José Tomás vuelve a levantarse, con un corte en la ceja. Reanuda simplemente el tiempo donde lo había dejado (...). No ha pasado nada. Del agujero como un clavel en la parte más alta de su muslo corre un hilillo de sangre. Después, cinco naturales, profundamente cadenciosos (...), vuelve a resultar cogido, derecho como un ciprés en la punta de los pitones, con los labios apretados y el rostro sereno (...). José Tomás, las raras veces en que afloja los labios, dice: «De todos modos, al salir, he dejado mi cuerpo en el hotel» (*À partir du lapin*, Verdier, 2002, págs. 155-156).

Hay otro límite que parece querer alcanzar el aguante de José Tomás y es el de su dilatación en el tiempo. Torea con una lentitud muy superior a las exigencias del «temple», algo así como una lentitud alucinatoria, casi sobrehumana, de sueño o visión. De algunos grandes artistas andaluces del capote (Curro Romero, Rafael de Paula, Fernando Cepeda, Morante de la Puebla, etcétera) se ha podido decir que ligaban verónicas con una lentitud majestuosa, pero, ¿acaso se han visto antes series de verónicas de recibo dadas tan despacio (y con tan poca tela) como las de José Tomás el 16 de agosto de 2000 en Málaga (toro de J.-P. Domecq) o pases «naturales» dibujados con una lentitud tan enigmática como los que dio en Sevilla el 28 de abril de 2001 (toro de Joaquín Núñez)? Ni siquiera El Viti. Se trata una vez más de un uso del aguante y una vez más radical, ya que esa aminoración extrema parece querer acercarse asintóticamente al punto de detención total, en el que el movimiento continuo resultaría por sí mismo inmovilidad perfecta, punto que no puede, sin embargo, ni debe alcanzar jamás, exactamente como el estrechamiento de su distancia al toro parece querer acercarse al punto de contacto que, sin embargo, nunca debería poder ser alcanzado. En los dos casos, la tensión es máxima entre el equilibrio conquistado en cada instante y la amenaza que el instante siguiente hace planear sobre él.

Vislumbramos la explicación de nuestras primeras impresiones. Si Ojeda y Tomás son artistas inmensos, pero frágiles, artistas excepcionales pero polémicos, artistas únicos pero irregulares, es porque coquetean con los límites. Como todos los artistas introvertidos, intentan obstinada, resuelta y continuamente alcanzar *algo*, siempre lo mismo, algo singular e inaccesible. A eso se debe su vulnerabilidad, los azares de sus temporadas, de sus carreras: cuando alcanzan ese «punto ideal» durante algunas temporadas o algunos minutos ante algunos toros, alcanzan cumbres de arte y emoción a las que nunca pueden aspirar los toreros ordinarios, incluso los más grandes. Ése es su punto en común, pero el límite que buscan obscuramente los dos no es idéntico en uno y otro caso, aunque parezca seguir vías semejantes, las del aguante y la verticalidad, pues las usan de forma opuesta. En sus dos tipos de hazañas, Ojeda utiliza su singular aguante *para reducir en extremo el terreno del toro e imponer de forma absoluta el suyo* a fin de que en ese terreno conquistado llegue a ser posible todo movimiento del toro decidido por el hombre. En cambio, en su forma de jugar con los límites, Tomás utiliza personalmente su aguante *para aumentar en extremo el terreno del toro y reducir el suyo hasta los límites de lo soportable*; en el centro de ese espacio vacío del que surge como un héroe (o un mártir) solitario, impone la figura de un tipo de lentitud implacable... siempre a punto de anularse.

A eso se debe una oposición estética de estilo —barroco en Ojeda, clásico en Tomás—, pero también una oposición ética.

Dos filosofías del aguante

Por su aguante excepcional, Ojeda y Tomás juegan con los límites y por eso son imperfectos... aunque a veces puedan ser geniales. Los toreros perfectos o casi (como Enrique Ponce) no intentan hacer retroceder las fronteras del arte, quieren expresar el concepto: torear bien cada toro, torear lo mejor posible todos los toros. Nos infunden emociones con frecuencia profundas, pero conocidas. Lo que los toreros geniales buscan, en la faena o en cada uno de los toros, es el medio para decir algo, algo único y sin duda indecible sin toro o, dicho de otro modo, *encarnar una idea*. Los grandes toreros son magníficos, se imponen a los toros y a los públicos por su valor, su ciencia o su arte, pero, la mayoría de las veces, no encarnan *nada*. No es que carezcan de personalidad. Al contrario, Camino, Manzanares, Niño de la Capea, Espartaco, Ponce, El Juli, tienen una personalidad inmensa: se reconoce inmediatamente su estilo, sus actitudes, su toreo. Hacen escuela. Pero algunos toreros, menos perfectos, encarnan una idea. Por eso otros los imitan (mal), pero nunca hacen escuela. Podemos intentar expresar dicha idea, a riesgo de reducirla a una fórmula y dejar escapar lo esencial, que consiste en esto: hay toreros que imponen a su toreo una forma única, en la que reconocemos confusamente una figura de la humanidad, una forma pasmosa y típica de ser hombre... con la que *podríamos* identificarnos. Así ha sido en el caso de El Cordobés, «histrión rebelde», de El Viti, imagen del «rigor monacal», de Dámaso González, en el que se puede ver algo así como la «testarudez campesina» (Jacques Durand), de Emilio Muñoz, encarnación del «dolor barroco», de Javier Conde, el «nacimiento de la danza», de Morante de la Puebla, el «sufrimiento consentido», etcétera. Y así es por excelencia en el de Paco Ojeda y José Tomás, que son toreros inmensos y, además, encarnan una idea. ¿Cuál es esa idea o, mejor dicho, cuáles son esas ideas, ya que son opuestas?

Para encarnar una idea en tauromaquia, hay que aceptar el fracaso y la imperfección. La Idea no puede encarnarse en cualquier materia. Así como se reconoce al gran torero en sus virtudes únicas, así también se comprende al torero excepcional por sus defectos. Así, pues, escuchemos a sus adversarios, que permiten aprehenderlos mejor. ¿Qué se reprocha a Ojeda? «Sofocar la embestida» de sus toros, reducir en algunas tandas el adversario a nada, como un perro amaestrado que sigue tontamente el engaño o una irrisoria y cansina máquina de caminar. En una palabra, somete *demasiado* sus toros al riesgo de volverlos insignificantes. ¿Qué se reprocha a Tomás? Su muleta enganchada, sus desarmes, sus atropellos. En una palabra, torea *demasiado* cerca y *demasiado* despacio con riesgo de dejarse coger el engaño o el cuerpo. Sus excesos muestran lo que buscan uno y otro y la idea opuesta que encarnan.

Paco Ojeda encarna el «triunfo absoluto de la voluntad». Lo que muestra, lo que se ve, lo que se comprende, es la omnipotencia del hombre, el poder infinito que un hombre puede ejercer por sí solo sobre una naturaleza bruta: algo así como un héroe prometeico, capaz de elevar el mundo con un trozo de tela por única palanca y sus dos pies hundidos como únicos puntos de apoyo. Y ese conquistador parece tener conciencia de su absoluta libertad frente a la adversidad. A Sartre, que, por gusto de la paradoja y la provocación, decía: «Nunca fuimos tan libres como durante la ocupación alemana», parece responder como un eco, pero tranquilamente, sin la menor provocación, el resistente Ojeda: «Nunca me siento tan libre como delante de los pitones». Nada puede determinar una conciencia, la mía. Soy yo quien elige siempre. Ojeda es el héroe sartriano que aceptaría plenamente, es decir, sin «angustia» que todo a su alrededor y el mundo entero dependen de él y que no disimularía esa aplastante responsabilidad bajo el refugio de la «mala fe». La ebriedad dionisíaca de la omnipotencia (que se expresa en la desmesura de la virtuosidad) queda atemperada por la lucidez prometeica de la técnica. Así todo queda explicado desde las primeras impresiones que emanan de él hasta las proezas singulares de que es capaz: la imagen del cazador al acecho, el roble indesarraigable, todo el espacio como una expansión de sí mismo, la amplitud conquistadora del engaño, la mirada del vencedor, el dominio absoluto del adversario reducido a un juguete, las infinitas espirales gratuitas en las que arrastra, por juego, por goce de su propia maestría. En el universo ojedista, *todo es posible*.

José Tomás encarna, al contrario, la «serenidad suprema del sabio», ora superhombre ora mártir y siempre imperturbable. Todo puede ocurrir, nada puede afectarlo. La imagen que su toreo pretende transmitir no es la de la omnipotencia de la voluntad humana sobre la naturaleza, como en Ojeda, sino la de su omnipotencia para mandarse a sí mismo, pese a su negativa a mandar en el mundo. Lo que se puede ver en la tauromaquia de Tomás no es la libertad absoluta gracias a la conquista de los demás y el poder sobre las cosas, sino la libertad absoluta gracias a la conquista de la libertad interior y el poder sobre sí mismo. Lo que se ve con evidencia en su toreo no es la reducción a la nada de la voluntad del toro, sino, al contrario, el espantoso poder del toro. Así como el toreo de Ojeda exhibe el poder indefinido del hombre, así también el de Tomás revela el poder indefinido del animal. Así, pues, debe concederle todas las armas: el campo (el engaño queda reducido al mínimo), el terreno (el centro) y el espacio (no hay refugio posible para el hombre). El adversario, el Otro, ya no es una figura de la naturaleza bruta y conquistada, como en Ojeda, sino el instrumento del orden cósmico inexorable, del destino y de la necesidad. En el universo tomasista, *todo es necesario*. Nada de lo que se muestra es superfluo (depuración total del gesto) ni gratuito (carácter inflexible de los acontecimientos). Todo ocurre ineluctablemente, como lo muestra la lentitud de la ejecución. La composición de las faenas transmite esa misma implacabilidad: ora una progresión continua, en la que la distancia se acorta inexorablemente (largos derechazos, largos «naturales», «naturales» cortos, manoletinas) ora una simetría perfecta: ir hacia el centro, con una serie de *trincheras*, faena con la izquierda en el centro, regreso hacia la barrera mediante una serie de *trincheras* (Puerto, toro de Jandilla, 6 de agosto de 2000). Todo lo que ocurre *debe* ocurrir, sin margen de juego ni de libertad. Así, nuestras primeras imágenes cobran sentido: las heridas de las que el torero se recupera sin alterarse, la muerte a la que desafía, la caña que se dobla sin moverse, el espacio que se cierra sobre el sabio impasible y lo reduce a su refugio fijo y solitario en el centro del mundo, lejos de las multitudes, etcétera. En ese toreo conviene reconocer todos los poderes de la adversidad, al menos todo el poder exterior, y el torero debe deshacerse de él lo más posible a fin de conservar para sí exclusivamente el *dominio de sí mismo*, desnudo pero absoluto, a partir del cual se despliega el territorio infinito de la libertad *interior*.

Nada puede ocurrirle al sabio que se domina a sí mismo: ésa es la moral del estoicismo imperial... y la ética tomasista. Ni siquiera la muerte le «ocurre», ya que no lo afecta. Mientras que el héroe ojedista podría decir: soy dueño y señor del Universo y también de mí mismo, el sabio tomasista diría: soy dueño y señor de mí mismo y, así, lo soy del Universo. El héroe ojedista puede hacerlo todo, puede transformar la naturaleza a su voluntad, razón por la cual permanece inmóvil, ocupando soberanamente todo el terreno. A eso se debe también el placer del juego gratuito y la virtuosidad, las invenciones desenfrenadas de la imaginación. El sabio tomasista no puede hacer nada con su fantasía ni con su capricho, pero sigue siendo absolutamente libre, puesto que nada de lo que ocurre afecta a su «ciudadela interior» (Marco Aurelio): por eso, permanece inmóvil y acepta sin inmutarse los golpes que lo rozan. Así, pues, esas inmovilidades tienen muchos sentidos opuestos: el dominio o la impasibilidad. Poder activo *versus* fuerza pasiva. La que se desprende del toreo de Ojeda es una emoción *épica*, la de las cumbres y las victorias, la exaltación de la omnipotencia, la embriaguez de las transgresiones. El sabio tomasista no es un héroe épico, sino un héroe trágico: la emoción que se desprende de su toreo está hecha de «temor y piedad» (Aristóteles, *Poética*) y es transmitida por la obsesiva sensación de la presencia del destino.

Esas dos éticas son inconciliables, no cabe duda. Son lo opuesto una de la otra, como las dos formas de humanidad y libertad que encarnan. Por eso, se puede ser tan escéptico como admirativo ante aquellos o, mejor dicho, ante aquel, el único, que inscribe su toreo en ese doble legado: Sébastien Castella. Éste es también sin duda un torero del aguante y un héroe de la extremosidad, allí donde el valor se junta con la locura: conservar el terreno propio a toda costa, penetrar lo más posible en el del toro, superar el límite, allí donde la técnica corriente deja de ser válida. No cabe duda de que toma prestados a la vez elementos de los dos genios de la resistencia. Al comienzo del período de formación, su estilo era de tipo «ojedista», con el aguante, pero sin el dominio ni la invención. Y después su toreo se calmó, se hizo más profundo, más clásico, y conquistó la media distancia, sin dejar de torear increíblemente ceñido, y entonces fue cuando la influencia tomasista resultó aparente. Desde mediados del decenio de 2000, alcanzó el equilibrio. De Ojeda tomó la virtuosidad en los encadenamientos en un palmo e incluso la sintaxis (por ejemplo, la sucesión en un mismo movimiento de una trinchera y derechazos en redondo o de un derechazo unido inmediatamente, al regreso del animal, a un «natural» con la mano izquierda mediante un rápido cambio de mano de la muleta por la espalda, etcétera), virtuosidad exaltante, con frecuencia hasta la embriaguez, a veces hasta el absurdo: una vuelta en un sentido, otra en el otro, invertido, sin mover los pies, y después un «péndulo», la muleta detrás de las piernas para hacer un falso cite por la izquierda, otro por la derecha, y vuelta en el sitio para un pase cambiado que transforma de repente en un pase circular y un nuevo cite por la izquierda y otro por la derecha y esa vez un largo circular invertido, indefinidamente prolongado, y después vuelta a empezar, en el sitio también, un falso cite, circular y medio, para un largo pase de pecho que se acaba en el hombro... (Vocalizaciones, trinos, arpegios, sonidos prolongados con sus variaciones, voz de coloratura y, por último, ¡ese do de pecho!) De Tomás toma esa serenidad en el centro del ruedo, esos cites por la izquierda y a media distancia, como quien no quiere la cosa, sin nada, depuración total del gesto y de la actitud, esa forma de provocar a la embestida, a veces con una simple postura del brazo sin la ayuda de ese rozamiento de la tela que indicaría la diana, para demostrar que el cuerpo, por su parte, no teme nada y esa increíble quietud en la mirada frente a los pitones, que parece provocar la muerte y, además, esa forma de avanzar de perfil, paso a pasito, con la muleta colgando en el extremo del brazo para alcanzar y franquear insensiblemente ese trazado invisible de la línea de embestida que no se puede cruzar sin saber ni sin mostrar que podría ser sin retorno. Ya no son las vocalizaciones de la soprano, sino las potentes notas graves y sostenidas del barítono. Ese doble legado de dos estilos de resistencia alcanzó su punto de equilibrio desde mediados del decenio de 2000, un decenio después que Tomás y dos decenios después que Ojeda, y ya sólo eso bastaría para situar a Sébastien Castella entre los grandes toreros de la época contemporánea. Pero seguramente se trata de un sincretismo, pues la síntesis verdadera es imposible, o, mejor dicho, el repertorio, el estilo, el modo de aguante podrán tener a la vez elementos ojedistas y tomasistas, pero jamás se podrán conciliar las ideas que Ojeda y Tomás han encarnado en la plaza ni el sentido de sus tauromaquias equipotentes.

Un día Castella u otro encarnará otra idea y entonces nos transmitirá, a su manera, es decir, de otra manera, lo que significa para un hombre *colocar su libertad por encima de su vida...* lo que equivale, por tanto, a hacer de la tauromaquia una ética, pues tal vez ése sea el mensaje más profundo de la corrida de toros, al menos de esa extraña virtud en la que se basan y que hemos llamado la «resistencia». Ese mensaje es hegeliano: un Hegel revisado por Alexandre Kojève. Es dueño y señor, es decir, llega a ser verdaderamente *libre*, quien haya sabido arriesgar su vida, quien, en la lucha contra el Otro, haya sabido colocar su vida libre por encima de su propia existencia animal: al conquistar esa libertad, reconquista esa vida, afirma que la conciencia se ha elevado por encima del simple deseo animal de sobrevivir.

> Para que el hombre sea de verdad humano, para que difiera esencial y realmente del animal, es necesario que su deseo humano

> venza efectivamente su deseo animal. Ahora bien (...), el valor supremo para el animal es su vida animal. Todos los deseos del animal son en última instancia una función del deseo que tiene de conservar su vida. Así, pues, el deseo humano debe vencer ese deseo de conservación. Dicho de otro modo, el hombre sólo «se revela» humano, si arriesga su vida (animal) en función de su deseo humano. Con —y gracias a— ese riesgo es como se crea y se revela la realidad humana como realidad; con —y gracias a— ese riesgo es como «se revela», es decir, se muestra, se demuestra, se verifica y da pruebas de ser esencialmente distinta de la realidad animal, natural (...). Sin esa lucha a muerte por puro prestigio, nunca habría habido seres humanos en la Tierra (A. Kojève, *Introduction à la lecture de Hegel*, Gallimard, pág. 14).

Es lo que nos muestran a veces esos toreros que encarnan, gracias a la virtud del aguante, la idea misma de la libertad. Casi parece que Kojève, al leer la «dialéctica del amo y del esclavo» de Hegel, ¡estuviera pensando en la ética del torero! (En todo caso, aunque no viese torear ni a Ojeda ni a Tomás, lógicamente, tuvo de oyente a cierto Michel Leiris, que quiso inscribir esa ética en la literatura...)

Sea como fuere, Paco Ojeda y José Tomás han encarnado esa idea única del hombre en la plaza y nos han mostrado los dos sentidos posibles de esa libertad mediante su obra singular y sus genios contrarios, nos los han expresado en silencio, sin alharacas, pero con una claridad deslumbrante y una distinción ensordecedora.

Capítulo 5

Ver la corrida de toros como un arte

¿Es un arte el toreo? La pregunta carece de sentido. Todo depende de lo que se entienda por tal. Desde luego, el toreo no está incluido en la antigua lista de las bellas artes, pero la mayoría de las artes actualmente vivas tampoco forma parte de ellas y sería fácil encontrar una definición del arte (¡hay tantas!) tan poco excluyente como para acoger cualquier espectáculo o cualquier destreza, con la condición tal vez de que entrañe cierta dosis de talento individual: entonces, ¿por qué no también el arte de Cúchares, si se habla de un arte de la pastelería o la jardinería? Así, pues, se podrá debatir hasta el infinito para saber si la corrida de toros es un «arte», sin advertir que hay una disputa semántica sobre la palabra «arte» más que una controversia sobre las corridas de toros.

Es cierto que el término «arte» no forma parte sólo de los conceptos clasificatorios, sino también de las nociones evaluativas. Decir de una práctica que «es un arte» no es sólo decir lo que es, sino también afirmar lo que vale o al menos la estima en que se la tiene. Así, pues, quien proclama: «Pero, en realidad, ¡la corrida de toros es un arte!», contra detractores que no ven en ella otra cosa que una carnicería (pero, ¿acaso no existe también un arte del carnicero?) no dice nada demasiado interesante sobre el sentido del toreo, sino que se contenta con defender su pasión. También es cierto que la misma frase pronunciada entre aficionados será un poco más informativa. Significará que se considera el toreo con ojo de esteta, sensible a la elegancia de la ejecución de las suertes o a la composición de las faenas, más que al dominio de la fiera o a la bravura de los dos adversarios. A eso se debe el eterno debate entre el arte y el valor y la alternativa entre toreros artistas y toreros lidiadores, a los primeros de los cuales se supone más frágiles y más caprichosos, pero también más geniales (a veces), y a los segundos más técnicos y más poderosos, pero también más talentudos (siempre). Vuelve el eterno estribillo de las tertulias (¡pero sólo después de varias rondas!) cuando se regresa al tema de la gigantomaquia entre los dos sevillanos de la edad de oro (el decenio de 1910...): ¿quién era mejor? ¿El docto José (Gómez Ortega, «Joselito») o el artista Juan (Belmonte)? Pero, como sabemos, el que murió en la arena de la plaza no fue el más vulnerable... Relatividad de los lugares comunes...

Independientemente de esas sutilezas verbales o de esas cuestiones de gusto, aquí vamos a adoptar la postura de considerar la corrida de toros o, mejor dicho, el toreo *un arte* en el sentido más propio del término: verlo como una de las bellas artes. No vamos a intentar decir *lo que es* la corrida de toros... que es evidentemente, mucho más y mucho menos a la vez. Mucho menos: le falta la legitimidad y la universalidad de las bellas artes clásicas, entre otras razones porque, a semejanza de las artes interpretativas, al menos en sus formas improvisadas (danza, arte dramático...), el toreo no produce *obras* tangibles y perennes que se puedan exhibir o poseer, salvo en la memoria; pero también es mucho más, se ha dicho muchas veces: rito, espectáculo, fiesta popular, combate... Es también una ética. Por tanto, es a la vez menos y más que un arte.

Entonces, ¿qué significa *ver la corrida de toros como un arte*? Así como, según Wittgenstein, se puede perfectamente *ver* (y no sólo «interpretar») el mismo dibujo equívoco *como* un conejo (con sus orejas muy extendidas hacia atrás) o *como* un pato (con su largo pico muy extendido hacia delante), así también se puede ver la corrida de toros como un combate o como un arte. No se trata con ello de percibir *lo que es de verdad*, como si tuvieran una esencia expresable que consumiese su sentido, como tampoco es pertinente preguntarse «qué es el arte», como si sólo hubiera un concepto de él. Se trata de dilucidar lo que la corrida de toros vista como un arte nos hace ver de ella y nos enseña del arte.

Ver la corrida de toros como un arte es no verla *toda* ella, con sus tres tercios: las picas, las banderillas, la muerte. Así, pues, no miremos el desarrollo del ritual, la dirección de la lidia por el torero, la evolución del comportamiento del toro a lo largo de ese enfrentamiento, en una palabra, ¡olvidemos lo esencial! Pues no es todo eso lo que se puede ver como un arte. Centremos la atención en el toreo: el cara a cara del torero y del toro. Eso es lo que aquí queremos ver *como un arte*. Toreando, dibujando pase tras pase, componiendo tandas, creando su faena, es como el torero puede «hacer arte».

Para ver la corrida de toros como un arte, no hay que considerar sólo la forma o el talento muy particulares de los toreros llamados «artistas». La lista de esos estilistas es casi siempre la misma y, si nos atenemos a los tres últimos decenios, citaremos forzosamente a los siguientes: Curro Romero, Rafael de Paula, Morante de la Puebla, y a esos creadores más efímeros o (aún) más inestables que son o fueron Curro Vázquez, Fernando Cepeda, Pepín Jiménez, Julito Aparicio, Javier Conde, Marcos Sánchez Mejías... Sin embargo, es cierto que en las obras —escasas y poderosas— de esos creadores se ve *mejor* la corrida de toros como un arte, se ve, si no más claramente, al menos de forma más distintiva, lo que hace de ella la más desgarradora e impura de las bellas artes. Sin embargo, hay que ampliar el círculo de la mirada a todos los grandes toreros de esta época, al menos todos aquellos que, por su estilo —y cada cual en el suyo—, procuraron expresar cierta pureza, es decir, también cierta verdad del toreo seguramente, los Viti, Camino, Manzanares, Robles, Ortega Cano, Yiyo, Muñoz, Joselito, Ojeda, Finito, Ponce, Tomás, Cid, Juli y seguramente faltan algunos de la joven generación...

Al menos una enseñanza se desprenderá de ese ejercicio al que se somete la mirada, cuando se decide centrarla en el toreo. Ver la corrida de toros como un arte o como un combate no es lo mismo; es incluso, en cierto sentido, lo contrario. Ahí reside la paradoja: no se puede ver de verdad la corrida como un arte si no se ve también, al mismo tiempo, como un combate.

De la materia a la forma

Torear es engañar con un trapo a un animal que intenta defender su vida y ataca a quien lo amenaza: ésa es la realidad... el combate. ¿Dónde está el arte? El arte es, para empezar, lo contrario: consiste precisamente en no «hacer pasar» el toro, es decir, esquivar pasivamente sus asaltos; es *hacer* algo, *hacer* al animal algo *con eso precisa-*

mente; es transformar activamente su conducta natural, contrariar sus tendencias, obligarlo con el engaño a actuar a contrapelo de sus impulsos brutos. Los aficionados a los Grandes Relatos ven en esa acción del toreo la lucha de la Cultura contra la Naturaleza, la victoria ilustrada de la inteligencia sobre el instinto. Es lo que se *puede* ver, en efecto, pero se puede ver también ese gesto como el del arte, pues, ¿qué es el arte en su principio? Hegel lo describió seguramente de forma definitiva:

> La necesidad general y absoluta a la que responde el arte tiene su origen en que el hombre está dotado de conciencia y debe situarse ante lo que es y convertirlo en un objeto para sí (...). La obra de arte es un medio gracias al cual el hombre exterioriza lo que es (...). De esas relaciones con el mundo exterior nace la necesidad de transformarlo, como a sí mismo, en la medida en que forma parte de él, imprimiéndole su impronta personal. El hombre actúa, por su libertad de sujeto, para privar el mundo exterior de su carácter fundamentalmente ajeno y para reconocerse él mismo en la forma de las cosas (...). Se advierte ya esa tendencia en los primeros impulsos del niño: quiere ver cosas cuyo autor sea él mismo (...). Mediante los objetos exteriores y, en particular, las obras de arte, el hombre intenta reconocerse a sí mismo (...). (*Introducción a la estética*).

El origen del arte es la necesidad en el hombre de hacer de un mundo ajeno o incluso hostil un mundo familiar, a su imagen, y, por tanto, modelar un objeto natural para imprimirle su impronta propia. Dicho de otro modo, el Arte es la inscripción de una forma (humana) en una materia (bruta). ¿Acaso no es eso precisamente lo que algunos han podido decir de la tauromaquia?[1] El hombre im-

1. Véase, por ejemplo, en *Tauromachie, art profond*, París, Éditions du Tambourinaire, 1951, el artículo de G. Hilaire, «L'apport esthétique de la corrida», págs. 95 y ss.

prime su forma (la inteligencia) en la animalidad (salvaje). Tal vez así fuera en el caso de las otras tauromaquias o en el de las propias corridas de toros hasta mediados del siglo XIX, cuando de lo que se trataba esencialmente era de imponerse al toro y matarlo esquivando sus arrancadas, pero la corrida de toros moderna, *vista como un arte*, es otra cosa, pues a lo que el artista impone su marca y con ello crea la obra de arte no es (en modo alguno) al animal mismo, sino a *su embestida*. Ésa es la gran diferencia entre ver la corrida de toros como un combate (cosa que es sin duda, pues se trata, desde luego, de una tauromaquia) y verla como la creación de una obra (cosa que ha llegado a ser desde finales del siglo XIX y, en cualquier caso, desde comienzos del XX). Como escribe atinadamente José Carlos Arévalo en su hermoso libro *Las tauromaquias y el misterio taurino* (Madrid, El Cruce, 2003): «Así como la lidia [los cánones del combate contra el toro] es la obra principal del siglo XIX, en germen desde el XVIII, el toreo es la gran aportación del XX, en gestación durante el XIX». Todo el equívoco (y la fuerza) de la corrida de toros estriba en eso: en que, al tiempo que afronta el toro, el torero modela su embestida y la convierte en obra suya. El animal, es su adversario; la embestida, es la materia de su creación… y, por tanto, su colaborador. El torero está en dos frentes; aguanta la arrancada del toro y se expresa a sí mismo mediante su embestida. Ésa es la ambigüedad de la relación del torero con su toro. De ese equívoco nacen también algunos malentendidos, algunos desacuerdos (entre aficionados), según se haya visto la misma corrida de toros, el mismo cuerpo a cuerpo, la misma tanda o la misma suerte, *como* acto de un lidiador o *como* gesto de un artista. Así como se puede ver un mismo dibujo como un conejo o como un pato.

Así, pues, sigamos viendo el toreo como un arte. El hombre inscribe su marca en la embestida del toro. Es la materia prima del artista. Pero ahí tenemos la paradoja, la cuerda floja en la que se mantiene el torero: el lidiador que es tiene como función la de anular lo más rápidamente posible esa embestida, potencia mortífera de su adversario (eso es lo que hacían los toreros del siglo XIX y a lo que con frecuencia se ven obligados los de ahora cuando afrontan toros ásperos), mientras que el artista necesita también mantener esa misma embestida viva, porque es el material que deberá someter a su imagen para convertirlo en su obra. La creación del torero como artista requiere una *embestida* que el torero, como matador, tiene la función de acabar. Ahora bien, ¿qué es esa materia prima? Una fuerza vital, por definición encaminada a un fin. El toro embiste para *vivir* y para *alcanzar* a su presa. El principio de esa embestida es la supervivencia del animal y su fin el cuerpo que representa un obstáculo para él. Así, pues, la primera obra del arte no consiste en impedirla, reducirla, negarla, cosa que privaría al artista de su materia, sino, al contrario, en manifestarla, expresarla, exaltarla incluso, y, de ser posible, en toda su plenitud (viva, derecha, larga, potente, acelerada) o incluso suscitarla, resucitarla a veces... pero, evidentemente, privándola de su finalidad natural, la de alcanzar su diana. La embestida natural se dirige a la presa que se ofrece a ella, pero, al encontrar sólo el vacío o el engaño del hombre, resulta ya desnaturalizada. Ése es el primer efecto del arte.

Dar forma a una materia en el espacio

Curvaturas

Sin embargo, aun desviada así de su finalidad y privada de su principio natural, esa materia no ha adquirido aún forma humana. La obra del arte comienza —y el placer estético se despierta— cuando la naturaleza misma de la embestida se invierte, cuando el hombre la ajusta a su propia finalidad y el artista le imprime su marca, su estilo y su personalidad.

Ese asalto que el toro dirige hacia el hombre, su objetivo, el hombre lo dirige después sin objetivo: inversión de los papeles. El torero ha hecho suya la embestida del toro, la forma se ha apoderado de la materia. Ese desvío de una finalidad natural en pro del gesto gratuito es la promesa del arte y la fuerza expresiva de esa promesa se calibra en primer lugar por la longitud de la embestida del toro o, mejor dicho, pues ésta es materia, por la extensión del mando de dicha embestida, pues así dirigida, formada por el hombre, puede pasar a ser una obra. Ése es el secreto de todo arte: piénsese en el de esculpir estatuas. Cuanto más pesado, macizo, rebelde es el material en un principio, más expresiva será la ligereza de la forma que le impondrá el artista. Y, además, es que el hombre inclina, *curva*, redondea ese asalto animal, naturalmente rectilíneo para coger… así como así, sin motivo, para indicar que es vano, que no alcanza su objetivo natural, que ha pasado ya a ser forma humana y que el toro ya no es su autor, que su creador es el hombre o, más exactamente, que éste es el autor de su *forma*, cuando el toro ya sólo es el agente de su *materia*. Así, pues, la embestida pasa a ser obra común de los dos: el toro la pone en movimiento, el hombre dibuja su contorno. Con esa curvatura de esa embestida funcionalmente recta comienza la obra propia del toreo, arte plástica. «El toreo fue inventado por aquel para quien la línea recta, al someterse, se volvió curva», escribe de forma hermosa José Carlos Arévalo (*op. cit.*). El arte verdadero nació en la arena de la plaza cuando, con Juan Belmonte, la curva pasó a ser la «finalidad sin fin» del toreo: finalidad del arte, sin otro fin que sí misma, sin fin propiamente defensivo, vital. Así, aparte del carácter funcional al que estaban limitadas las primeras verónicas, aquellas con las que se recibe al toro a la salida del toril (canalizar los primeros asaltos de la fiera al tiempo que se los evita), esos lances de recibo adquieren con Belmonte un carácter puramente *formal*, en el que lo que cuenta es la creación propia del hombre, el trazado que impone a la embestida, ya no es el regate, tan experta como pasiva, de su adversario, pues, si bien la recta es la imagen de la finalidad práctica, útil, vital (es el camino más corto para ir a alguna parte y el medio más seguro de alcanzar su objetivo), el círculo, símbolo de la eternidad, es la imagen de las actividades que encuentran en sí mismas su propia justificación y no tienen otro objetivo que ellas mismas, prolongándose y reproduciéndose sin fin. De un principio vital, la embestida, el hombre hace un juego gratuito, una gracia, una ofrenda, un viaje en pareja sin otra meta que el puro placer de viajar... o más bien de mostrar, cara al mundo y ante todo cara a sí mismo, que el hombre puede dominar lo más brutal, ajeno e incluso hostil que produce la naturaleza, puede hacerlo *suyo*, darle forma humana, *estilizarlo*, por consiguiente... lo que constituye la finalidad interna de toda obra de arte.

Series

Y la punta de la curva no hace sino anunciar otra curva (es lo que hace desde Belmonte) y después otra, otro juego en círculo y otra curva, siempre tan vana para la embestida, pues ésta nunca alcanza su meta natural, se agota vaciándose de su substancia interna, que la desearía rectilínea, y así cobra progresivamente su rostro humano, obra del arte y sonrisa de la razón. Así, por ejemplo, las famosas cinco verónicas de Belmonte encadenadas sin enmendarse al recibir al toro, el 11 de abril de 1913 en Madrid, constituyen, por su curvatura, un hito en la historia. En la fecha de la *Consagración* de Stravinski, un nuevo arte nació en aquella misma primavera. Con el encadenamiento de los pases o, mejor dicho, con el enlace de las curvas, cuando el artista logra hacer nacer el comienzo de una en el fin de la otra, fundir una en la otra las dos arrancadas del toro en una sola embestida y hacer con las dos curvas una única rueda, empezó a vivir el arte del toreo. En la contribución ya citada (*Clarín Taurino,* Bilbao, 2002), «Las figuras del paraíso de la ligazón», Jean-Pierre Hédoin pudo mostrar cómo se constituye y se desarrolla, durante el siglo XX, el toreo ligado. Muestra en particular cómo sus tres componentes, al principio distintos e independientes, se van fundiendo progresivamente: el encadenamiento, sin recuperación de terreno por el torero, de dos pases fundamentales (la ida del animal y su vuelta): por ejemplo, pase natural y pase de pecho (Belmonte); la sucesión en círculo de dos pases curvos del mismo tipo, dos pases naturales por ejemplo (Joselito «El Gallo», Domingo Ortega y sobre todo Chicuelo, Madrid, 1928); la continuidad en la sucesión de pases diferentes, lo que entraña cada vez más la inmovilidad del torero durante la serie, su fijeza en un mismo punto, la «verticalidad» de su actitud (Rafael «El Gallo», Manolete). La segunda mitad del siglo XX es la historia de las diferentes síntesis de esos tres constituyentes de la ligazón: Antonio Ordóñez, Paco Ojeda y José Tomás. Lo que muestra toda esa evolución es que la exigencia de ligazón de los pases es finalmente la imposición formal cada vez más apremiante de la historia del toreo y tal vez incluso el motor principal de la historia de ese arte durante el siglo XX.

Esa historia tiene un sentido. Si bien la tauromaquia es una práctica inmemorial, si bien la reglamentación de las corridas de toros tal como las conocemos tiene algo más de dos siglos, el arte del toreo sólo data de hace un siglo y su fundamento es la ligazón de las suertes, por razones que se deben a la definición misma de toda creación, es decir, a lo que entraña dar forma artística a una materia. Un pase, desde el momento en que es curvado, es decir, contranatural y humanizado, crea, desde luego, la *posibilidad* del arte, pero las curvaturas de la embestida no son aún sino las premisas de una creación artística posible, sus constituyentes elementales, en el mejor de los casos sus signos precursores. Un pase largo, redondeado, pero aislado, puede ser *bello*, elegante, admirable e incluso «artístico», si se quiere, pero no hace sino anunciar la obra posible, no es aún su realización efectiva. Un pase bello, por bello que sea, no es sino la estetización de un regate. Es la estilización (la curvación) de una función: controlar la arrancada, desviar la embestida, sorteando la cogida.

Se puede usar «poéticamente» el lenguaje sin dejar de usarlo funcionalmente; basta con jugar con las sonoridades y el ritmo de las palabras: es lo que Roman Jakobson llamaba precisamente la «función poética», la que utilizan los lemas, las divisas o las canciones infantiles, algunas de las cuales no carecen de encanto ni de elegancia, pero, de todos modos, ¡la poesía es otra cosa! Se puede usar «poéticamente» el engaño para desviar el toro, dar un pase elegante, pero, de todos modos, ¡el toreo es algo más! No es exclusivamente la revelación de la forma detrás de la función, sino la formalización *de la forma misma*. Lo mismo ocurre con *todas* las artes. Sea una función: la de representar. Para realizar esa función, se puede hacer un croquis, una figura. Se puede también desear *estetizar* dicho croquis y añadir al logro o a la eficacia del resultado («representa bien») el encanto de la belleza («gusta»); entonces se depuran, se estilizan, se cuidan las propiedades *formales* del objeto: por ejemplo, se quiere que sea más sencillo, se lo hace más elegante, se lo hace más equilibrado, etcétera. Es un «dibujo hermoso», pero no es aún el arte del pintor. Este arte nace cuando un creador no pone la mira *sólo* en las propiedades formales del objeto (aún) funcional, sino también en *propiedades formales en segundo grado*, es decir, que pone en relación formal, a su vez, los diferentes elementos o las diferentes propiedades formales del objeto... que, por esa razón, pasa a ser, gracias a ese gesto mismo, una obra. (Observemos que eso en modo alguno quiere decir, como cierto formalismo de la historia del arte contemporáneo pudo hacer creer en tiempos, que el arte sea «por esencia» el abandono de toda referencia exterior o deba apartarse de objetivo «funcional» alguno para no ser sino puro juego gratuito y autorreferencial o incluso autotélico exclusivamente con la forma: por ejemplo, la disposición y la composición de los elementos, que *deberían* ser en sí mismos —so pena de resultar «reaccionarios»— absolutamente no figurativos en pintura o antinarrativos en literatura o atonales en música.) Así, el pintor —bueno o malo, poco importa— irá encaminado a poner en relación de armonía, contraste u oposición los diferentes elementos de la composición, los diferentes planos de la distribución global en el espacio, los diferentes colores del cuadro, etcétera. El músico no procurará simplemente hacer una tonada de baile, un ritornelo de marcha o una cantinela que sirve para despertar (músicas funcionales) ni —siquiera— hacerlos agradables al oído (estetización de la función), sino que pasará a ser *compositor*, como su nombre indica, cuando sepa poner en relación (vertical: armonía; horizontal: contrapunto) los diferentes componentes formales del universo sonoro. El elemento funcional sigue presente la mayor parte del tiempo y es incluso tanto más activo —«eficaz» para el espectador o el oyente— cuanto más artística sea la composición: el cuadro *representa* asombrosamente bien, es verdaderamente un retrato extraordinario de Inocencio X y el último movimiento de la *Séptima sinfonía* da de verdad ganas de bailar. Pero la función está depurada en cierto modo dos veces: la obra no es la formalización misma, sino la formalización de una función ya considerada, a su vez, en su forma. Eso quiere decir en particular que se puede mirar todo elemento, al mismo tiempo que por él mismo, como parte de un todo que lo supera y gracias al cual cobra sentido. Así ocurre también, lógicamente, con el arte del toreo.

A contrapelo tal vez de toda la historia del toreo, el estilo de ese gran torero que fue Antonio Bienvenida no brillaba tanto por la inmovilidad o la ligazón cuanto por la gracia de su movilidad y la elegancia minuciosa con la que parecía destilar sus suertes esparcidas, con frecuencia inesperadas. Sin embargo, a él se debe esa reflexión trivial, pero profunda, según la cual siempre hay que pensar en el pase siguiente mientras se ejecuta el anterior. Mejor no se podría decir. Hay que concebir el pase como elemento de una serie, lo que no significa forzosamente «ligar en un palmo» o «sin enmendarse»: hay numerosas formas de poner en relación elementos, según los estilos, según las circunstancias. Eso significa que la forma del pase, la curva que estiliza la función del regate, no es sino una línea en espera de trazado. Asistimos al nacimiento del arte del toreo, no al ver la hermosa ejecución de un pase, sino al vislumbrar que su belleza misma engendra el siguiente. En el último momento de la ejecución de ese pase, advertimos que anuncia otra cosa distinta de sí misma, que no es visiblemente sino una parte de un todo mayor que es su *razón de ser*, totalidad invisible en el instante y simplemente imaginable y que no se advertirá hasta después. El olé que puntúa un pase no es sino la esperanza del siguiente, ora decepcionada ora satisfecha. El arte nace de la sintaxis, del pensamiento de la serie: pensar en el pase siguiente, colocar el cuerpo para la repetición, la vuelta, el encadenamiento. El fin del pase está donde deberá estar el comienzo del siguiente, donde todos los movimientos ya no están concebidos por su función (doble función; en el sentido vital: evitar la embestida, no dejarse coger; en el sentido lúdico: desviar la embestida, jugar con ella), sino por su forma pura. Todos los gestos, todos los pases, forman parte de una forma que los supera: la forma de la serie.

Entendámonos: no se trata de decir que la *tauromaquia* consiste en encadenar los pases, consiste mucho más en que el torero lidie un toro imponiéndole su voluntad, hasta imponerle la muerte, en todo caso en esa tauromaquia que es la corrida de toros. Tampoco se trata de decir que la finalidad o el ideal del toreo sea la ligazón de las suertes: tiene muchas otras normas, el dominio, el mando, la inteligencia, y se basa en muchos otros valores, éticos, naturalmente, e incluso estéticos: la majestad, la elegancia, la improvisación, etcétera. No se trata de decir que el toreo es un arte, sino de ver en qué consiste considerarlo tal. Y debemos reconocer que la ligazón es efectivamente el motor de su historia. Ese motor es el que, a la vez principio y consecuencia de la evolución de los gustos de los públicos, ha tenido por *efecto* la historia de la cría de los toros bravos y la evolución del concepto mismo de «bravura». El toreo se ha constituido progresivamente como un arte, no mediante una estetización progresiva, como se dice a veces, ni mediante una depuración de su dimensión violenta. En realidad, la dimensión estética del toreo siempre ha estado presente, desde comienzos de la historia de las corridas de toros, seguramente desde el final del siglo XVIII, en el que ya se celebra la elegancia, la pureza, el buen gusto y al menos desde... ¡Cúchares, precisamente!, con quien (eso dicen sus detractores) la estética parece ya adquirir preeminencia precisamente sobre la funcionalidad. Pero la belleza es una cosa y el arte otra. No se trata de una preocupación estética, se trata de arte, que nace de otra ruptura, es decir, de un redoblamiento o, mejor dicho, de una reflexividad, de la exigencia estética sobre sí misma.

La razón se debe al arte mismo. Se ha podido decir que la historia de las corridas de toros es la historia de la «humanización» del espectáculo, que resultaría cada vez menos sangriento y «brutal», cada vez más edulcorado y etéreo. Esa concepción es discutible, pues el concepto de brutalidad es relativo, según los momentos de la historia de la sensibilidad... y en la actualidad las heridas no son menos graves ni frecuentes precisamente que las del pasado, aun cuando (gracias a los avances de la medicina y de los transportes) resulten con menos frecuencia fatales. Lo que seguramente es cierto es que la historia del toreo es la historia de una humanización en el sentido preciso que nosotros le atribuimos: la inscripción de una forma humana en una materia en bruto. Se trata de una humanización de la forma misma, tomada, a su vez, como materia de otra forma. En el arte, la forma es la que se apodera de la función, no para anularla, sino para exaltarla al revelar su pureza... en otro escenario, el de la imaginación, pura creación humana. En la corrida de toros, la función consiste en torear, es decir, en imponer la voluntad propia a un toro de lidia mediante el engaño de un trapo. Estetizar el pase es ya depurar su naturaleza, pero el pase aislado es aún obra común del toro y del hombre. Cuando las curvas se encadenan hasta el punto de formar, de pase en pase, un único dibujo, parece que éste precede lógicamente a las curvas que lo componen, que la razón de ser de los pases es la de formar un todo y que no tienen otro objeto que el de plegarse a la unidad del conjunto del que forman parte. Espejismo del arte. ¿Acaso no se trata del supremo triunfo de la forma, es decir, de la voluntad humana sobre lo sensible y de la razón sobre la materia? Pues, en realidad, las curvas se dibujan, naturalmente, una por una, una embestida llega detrás de otra, ¡puesto que es el toro el que embiste! Pero es como si asistiéramos, a la inversa, al *desarrollo* progresivo de las partes de un todo preexistente: como si esas embestidas fueran en realidad no sólo *dirigidas* por el hombre (porque las curva), sino *concebidas* por él, como si esas curvas no hicieran otra cosa que componer, poco a poco, una figura que ya había existido antes en la cabeza del hombre: el torero pasa a ser, así, su único autor, cuando, en realidad, comparte los derechos de cada uno de los pases aislados con su compañero, el toro, y es como si, por ello mismo, es decir, por el arte, el torero toreara en grado sumo, ya que en ese otro escenario imaginario en el que lo vemos a partir de ese momento el toro no se contentara ya con obedecer a la ley de la tela o del gesto, sino que actualizase, con cada embestida y de mala gana, un dibujo global concebido exclusivamente por la voluntad del hombre.

Remates

Así, pues, el asalto del animal queda primero desnaturalizado y vuelto vano: es el regate; la materia pierde ya su substancia al quedar desposeída de su función (coger, herir, matar), y después, inclinada, curvada, la embestida empieza a cobrar forma humana. A continuación, de curva en curva, *parece* perder completamente su función destructora para volverse pura forma, ya dibujo. La apariencia es engañosa, naturalmente, pues el toro comprende y el pitón amenaza, en realidad, cada vez más. Por eso, en determinado momento, sobre todo no demasiado tarde, no queda más remedio que abandonar la serie y, por tanto, arriesgarse a volver a encontrar el animal, la fiera, detrás del dibujo de la embestida; es necesario que el torero, por «artista» que sea, vuelva a ser lidiador (cosa que, en realidad, no había dejado de ser en ningún momento) pero, ¿cómo hacerlo sin perder el hilo del arte? Más aún: ¿cómo hacerlo, no sólo para no romper con la forma que curva la materia de la embestida, sino para *rematar* al tiempo que le da forma? Ése es el objetivo formal del remate de la serie: acabar de hacer de un conjunto un todo, dar unidad a la tanda cerrándola sobre sí misma. Pero ese objetivo formal de modelado de la embestida debe fundirse en el objetivo funcional del pase, la evitación de los pitones. A esas dos finalidades opuestas corresponden las invenciones de la media verónica (con el capote) y del pase de pecho (con la muleta).

La primera es obra —una vez más— de Belmonte y tanto más genial cuanto que resuelve artísticamente un problema técnico. El círculo no lleva a ninguna parte, en eso estriba su belleza, lo difícil es salir de él, pues hay que *vivir*. Como lo explica Jean-Pierre Hédoin:

> En esa serie de verónicas [la del 11 de abril de 1913, por ejemplo, véase más arriba], ya no se trata de interrumpir de la forma más rápida y elegante posible —ante una arrancada inopinada o provocada—, sino de poner fin a una sucesión. De lo que se trata es de saber entonces qué es lo que va a poner fin a la serie de verónicas. ¿Sobrevendrá ese fin naturalmente, mediante la extinción momentánea del potencial ofensivo, por agotamiento de las repeticiones, o va ser impuesto al toro por una decisión del torero? (*Clarín Taurino*, Bilbao, 2004, pág. 36).

En realidad, el encadenamiento en curva, en el que el animal queda recogido en los pliegues del trapo en cuanto cesa de *fallar* en la consecución de su objetivo, conduce a un juego cada vez más apretado, en el que el espacio del hombre se reduce y el círculo del animal se cierra sobre el torero, quien ha pasado a estar «como preso de su modo de ejecución» y, por decirlo así, de su propia obra. Para ese problema planteado por el arte a la técnica hacía falta una respuesta que satisficiera a ésta sin traicionar a aquél. Dicho de otro modo, hacía falta encontrar la forma de liberarse de la fiera sin por ello dejar de «hacer una obra» con su embestida. Un recorte hábil, un saltito al lado, una pirueta salvadora habrían resuelto el problema funcional, pero habrían invalidado la forma. El problema es que el arte y la técnica parecen oponerse e incluso dos veces. Primera contradicción de las exigencias formales (el arte de modelar la embestida) y de los apremios vitales (el combate contra el animal): detener el toro al final de una serie de pases *disimulándole* el engaño, sin dejar de *dirigir* su embestida mediante él. Y segunda contradicción: oponer la línea recta al *toro* y seguir imponiendo la línea curva a su *embestida*. Ésa fue la invención de la media verónica belmontina, solución dialéctica de las contradicciones anteriores, tan técnicamente eficaz como artísticamente feliz. Jean-Pierre Hédoin la describe así:

Cuerpo sólidamente apoyado en la pierna de salida [*de la suerte: la pierna derecha, por ejemplo, como en el dibujo más abajo*], adelantada en un perfecto símbolo de toreo cruzado [*en el que se cita a su ojo izquierdo antes de hacer pasar el toro por la derecha*] y cambiado [*en el que la pierna de salida está de antemano colocada en el trayecto de la embestida natural… lo que aumenta los riesgos y obliga a dirigir el toro en curva en torno al cuerpo*], la otra pierna en elegante tensión sobre la punta del pie, con el busto ligeramente inclinado sobre el toro, la voluntariosa barbilla hundida en el pecho [*actitud con frecuencia adoptada aún hoy por los mejores artistas del capote*, el movimiento complementario de la cintura y de la cadera que se rodea con el toro en torno al cuerpo y el trazado coordinado y armonioso de los dos brazos, el brazo interior que se inclina hacia el suelo y el exterior que desvía y después, mediante una muy sutil vuelta de la muñeca, devuelve la trayectoria del toro hacia adentro, detrás de la cadera, la media verónica de Belmonte constituye un conjunto dinámico y plástico excepcional.

Solución del problema funcional: el torero «sale» de la línea de la embestida privando al toro de blanco visible alguno; pero solución artística: el torero sale de dicha línea, sin moverse, mediante un simple movimiento del brazo que se impone al toro, un brazo que traza las curvas sin solución de continuidad con las de las verónicas que las preceden. El cuerpo, con su voluta inmóvil y su aparente desequilibrio, reproduce estáticamente el movimiento mismo del toro en torno al cuerpo del hombre. Genio del artista. El énfasis de la expresión y la torsión es barroco, pero la invención de la idea no puede ser más clásica: es la forma plástica que resuelve un problema técnico (de equilibrio, de continuidad) e incluso funcional (aquí vital), al tiempo que lo oculta a la mirada. Bajo la media verónica belmontina, ya no se muestra la necesidad vital de salir de la suerte para salvarse, queda como aspirada en el pliegue del capote: el torero se «salva» sin salvarse del pase, permanece donde estaba, sigue trazando y con ello sale del apuro.

Los remates de series, curvos como la poesía, son el resultado de las exigencias impuestas por el arte a la prosa recta de la lidia. Así, pues, la serie constituirá plenamente un todo, ya un esbozo de obra, gracias a ese calderón que puntúa la frase, a ese contorno que da unidad a los dibujos que preceden. Con la muleta, puede ser a veces la rúbrica inesperada de una *trincherilla*, hacia abajo, o la majestad de un pase de pecho, hacia arriba. Éste se ha impuesto como la solución habitual para configurar el conjunto de pases que preceden y darle la apariencia de un acabado completo. A veces ese pase de pecho, con el que concluye una serie de naturales, alcanza la fuerza formal de la media verónica belmontiana. El problema técnico es un poco diferente y también lo es la solución imaginada por el arte para dar forma a la materia. Con el capote, el engaño es manejado con las dos manos y a la altura de la cintura: cuando se encadenan las suertes, es decir, cuando se reanuda la embestida en los pliegues de la tela en cuanto el animal vuelve sobre la presa que se le ha escapado, el problema consiste en encontrar un medio «artístico» de disimular el engaño al toro... al que respondía la media verónica belmontiana. Con la muleta, manejada con una mano, cuando se encadenan los pases por abajo, es posible salir del círculo acabando por arriba: ése es el pase de pecho. Puede ser curvado y perpetuar, así, el dibujo precedente. Puede ser recto, pero con la condición de que el artista se incline poéticamente hacia dentro, con la mano cerrándose sobre el cuerpo al tiempo que muestra la salida. Durante mucho tiempo se recordarán, por ejemplo, los interminables pases de pecho retorcidos de Javier Conde, en los que el hocico del toro parecía tocar el cielo después de haber rozado la arena, en un día inspirado en Sevilla (24 de abril de 2004, toro de J.-P. Domecq). También se recordará un extraordinario pase de pecho dado por Enrique Ponce (Bilbao, 24 de agosto de 2006, *Zalduendo*) al final de una faena: lentísimo y largo, totalmente curvado hacia dentro, de muy abajo a muy arriba, y que se acabó, lánguido, como con pesar, a la altura del hombro del torero. También se recuerdan pases de pecho decisivos de José Tomás, como otros tantos puntos de exclamación que concluían una serie de afirmaciones irrefutables.

Así, pues, cuatro veces, por lo menos, cobra forma humana la embestida animal. En primer lugar, se la priva de su función mortífera; al mismo tiempo, resulta curvada en contra de su naturaleza propia y después la sucesión de las curvas la reduce a una línea que va y viene y traza figuras cerradas sobre sí mismas por el sello de un remate que garantiza su unidad.

Dar forma a una materia en el tiempo

Unidades discretas

Así, pues, el toreo es un arte plástico que da forma en el espacio a una materia en bruto. Hay otro modo de dar forma a la embestida y el toreo es no sólo un arte del espacio, sino también del tiempo.

Ahora bien, no puede haber un arte del tiempo sin unidades sensibles distintas. Tomemos el ejemplo de la música. «La música es el arte de los sonidos», sin duda, pero los sonidos, con escasas excepciones, no existen ya hechos en la naturaleza. En efecto, los «ruidos» constituyen un material en el que la individuación y la identificación de diferentes unidades resultan imposibles. ¿Se pueden *contar* los ruidos en la naturaleza? ¿Se puede distinguir lo que vale para *un* sonido y lo que vale para *otro*? Resulta difícil, si se hace abstracción de lo que los produce. No se podría afirmar, salvo arbitrariamente, cuántos sonidos produce el tigre que ruge o el vaso que se rompe al caer. En cambio, en cuanto pasamos de los ruidos de la naturaleza a los sonidos musicales, todo cambia. Resultan identificables sonidos distintos, sean cuales fueren la cultura o la época que los haya producido o el estilo musical al que correspondan. Se pueden individualizar ciertas notas: sus duraciones son conmensurables entre sí mediante una medida y sus alturas corresponden a una escala fija. Aun cuando no haya una escala universal, toda música supone universalmente una escala: el *continuum* sonoro natural es substituido por un orden de las alturas discontinuas y ordenadas. Ésos son dos de los universales que caracterizan todo universo musical: el «arte de los sonidos» supone un orden de duraciones y una *organización* de las alturas de los sonidos por oposición al caos indistinto de los ruidos naturales. Todo ocurre como si la materia sensible (sonora) no pudiera pasar a ser un material para el arte sino con la condición de ser ya racional.

Lo mismo es aplicable al arte del toreo. Las arrancadas del toro forman un caos indistinto de asaltos brutales y desordenados. La tauromaquia también. Póngase al hombre más valiente ante la violencia caótica de un toro bravo. Dóteselo de un trapo para esquivar los asaltos del animal y supóngaselo muy astuto y muy hábil... y también un poco afortunado. Seguramente veremos a nuestro Hércules esquivar con habilidad los repetidos asaltos de ese monstruo furioso mediante su engaño de tela, ¡y tal vez librarse incluso con seguridad y poder del impetuoso animal! Habremos presenciado la tauromaquia: la de verdad. Ningún arte habrá en ella, pues, del mismo modo que no podremos decir dónde comienza un sonido y dónde acaba el otro en un ruido, en esos asaltos continuos y desordenados del animal no podremos distinguir claramente una *embestida* y después otra y luego otra más; y del mismo modo que no podremos contar los sonidos en el rugido continuo del tigre, no podremos decir cuántos pases exactamente ha dado nuestro Teseo en su combate. Pero en el arte del toreo lo que hace del asalto de la fiera una embestida discreta es *la unidad del pase.*

Regates con un trapo hay mil o, mejor dicho, una infinidad, tantos como ruidos en el *continuum* de la naturaleza. Todas las posiciones posibles del cuerpo, toda actitud de las piernas, todo porte de los brazos, toda orientación del engaño, pueden valer como regates y es como lanzar un grito: basta con librarse de la cogida y protegerse con el trapo. El valor, la destreza, la fortuna o el entrenamiento harán el resto. Pero en el toreo no se trata de gritar: hay que cantar. Y, si bien en un *continuum* sonoro, que parece rico, pero es, en realidad, insignificante, se grita, en una escala discontinua de algunas notas, infinitamente ricas de sentido, porque se distinguen y se oponen, se canta. Pases con el engaño, sostenido con dos manos o con una sola, no hay una infinidad, como otros tantos regates posibles, apenas dos o tres docenas. Y, aun así, dos o tres bastarían, los más simples. Con la muleta, por ejemplo, los mayores artistas han compuesto algunas de sus obras maestras con los dos pases más sobrios: el natural con la izquierda, de lo más sencillo, en el que el torero está frente al toro, que gira en torno a su pierna izquierda y mediante el cual se puede encadenar otro, distinto: ésa es la *dominante*; y después el pase de pecho, pase «cambiado», en el que le da ligeramente la espalda para alejarlo al final de él acabando por arriba: ésa es la *tónica*. Es que no se puede permanecer mucho tiempo con una nota dominante sin volver, tarde o temprano, a la tónica... cosa que, evidentemente, *aplaca la tensión*.

No hay expresión *humana* posible sin un léxico de elementos discretos y oponibles unos a otros. El repertorio de pases, con su limitación, es la condición para la inscripción de la forma en el tiempo caótico del asalto. Hacen falta naturales (o sus variantes) para la ida y pases «cambiados» para la vuelta (el pase de pecho y sus variantes), del mismo modo que hacen falta vocales oponibles a las consonantes para formar sílabas audibles. En la tauromaquia salvaje de Hércules o de Teseo, no se pueden contar los pases, todo es confusión, pero en el arte del toreo se *podrían* contar los pases, como en la música se podrían contar las notas (cuando así es, es mala señal, en un caso o en el otro). Contar es poder distinguir: racionalizar lo sensible. No es el arte, es su condición. Además, lo que cuenta en el toreo, en el que intervienen dos para hacer arte, es que esa unidad elemental del pase, es decir, del gesto ejecutado por el hombre, brinde su unidad y su individualidad a la embestida del toro, pues sin ella ésta seguiría siendo indistinta, como vuelve a ser a veces cuando el torero pierde todo el control, cuando el toro ataca a un principiante o cuando todo vuelve a caer en el ruido y la furia de antes del nacimiento del arte.

Pero, ¿qué es lo que permite al pase, a cada uno de los pases, *elemento* a la vez espacial y temporal del arte del toreo, recortar el *continuum* taurino en unidades discretas? Es que el pase, átomo del arte, tiene su unidad en sí mismo. Tiene necesariamente un comienzo, un medio y un fin claros. Se cita, inmóvil, desde el sitio y a la distancia elegidos y ese primer tiempo acaba cuando la embestida alcanza el engaño; entonces se funde con el segundo —clímax del pase y tensión máxima de la *nota (crescendo)*— durante el cual el engaño *dirige* la embestida en torno al cuerpo del hombre, y ese segundo tiempo se acaba en el tercero (*decrescendo*), cuando la muñeca del hombre indica la salida de la suerte y coloca de nuevo el toro... fin de la nota (¡y olé!).

Se objetará que en ciertas grandes faenas hay veces en que se difumina precisamente la puntuación entre los pases y éstos dejan de ser unidades discretas, cada una de ellas con su comienzo y su fin, para fundirse uno en el otro, en una sola serie, un solo movimiento ininterrumpido. ¿Acaso no es una refutación de la idea de que el arte del toreo se basa en unidades bien diferenciadas, los pases, que substituyen el *continuum* caótico de los asaltos y de los regates «naturales»? En modo alguno. Se trata, si se quiere, de la excepción que confirma la regla, pues, en ese caso, la obra de arte (y la emoción que inspira) no nace de pases que no sean aún distintos, cuyos contornos permanezcan borrosos y vagos por lo que no se advierta otra cosa que un amasijo confuso, sino que nace, a la inversa, de una serie en la que aún se pueden advertir, insinuados, los límites de los pases (allí donde cada uno de ellos *debería* comenzar y donde cada uno de ellos debería acabar), pero cuya pluralidad, aún imaginariamente perceptible, está desapareciendo ante nuestros ojos en una unidad de orden superior. En efecto, el toreo se hace arte, normalmente, mediante un cambio de puntuación: los puntos suspensivos que separan las suertes aisladas son substituidos por conjunciones coordinadas (dos pasos adelante y uno atrás, para la suerte siguiente, por ejemplo) o incluso por comas (un simple pasito, sin moverse del sitio) en el caso de los toreros que privilegian la ligazón de los pases. Ése es el efecto de la puntuación: la frase fluye, pero las proposiciones son claras. No obstante, a veces esas propias comas quedan borrosas, no por indistinción, sino, al contrario, conforme a una figura que subraya la falta de coordinación por la presencia subyacente de los elementos claros. Es la figura de estilo llamada en literatura asíndeton... y en el toreo se produce en dos tipos de circunstancias opuestas. Algunos artistas (Ojeda, Castella), que intentan alcanzar el límite de las posibilidades de la ligazón de pases *originariamente distintos,* logran encadenar series en redondo, en un palmo de terreno y con la inmovilidad más completa de los pies, que ya sólo admiten la rotación en el sitio: por ejemplo, las tres series vinculadas entre sí de «circular con la derecha-derechazo invertido-pase de pecho» de Ojeda (Nîmes, 19 de mayo de 1986, «Sepúlveda»). Se puede decir también que hay asíndeton cuando, a la inversa, frente a un toro extraordinariamente bravo y boyante que parece poder desbordar al torero a cada instante, se logra *resistir* ese desencadenamiento, a costa de una conducta tan apretada, precisa y poderosa, a su vez, que ya no queda espacio ni tiempo para puntuar la frase y conviene sólo poder rematarla, en bloque. Así, por ejemplo, el célebre cuerpo a cuerpo de Paquirri con «Buenasuerte» de Torrestrella (Madrid, 24 de mayo de 1979); así, más recientemente, durante una magnífica lidia de poder a poder de El Juli contra el toro «Ligante» de El Pilar (Bilbao, 23 de agosto de 2006), las dos series de derechazos, en el centro del ruedo, fueron ejecutadas con la unidad de un solo asalto desenfrenado del animal y, por decirlo así, con un mismo hálito de pases. En los dos casos, el asíndeton de virtuoso o el de domador, esa figura de estilo del toreo no nos remite al analfabetismo de quien no sabe puntuar, sino a la maestría de quien sabe hacerlo tan bien, que puede llegar hasta el extremo de no puntuar para poner mejor de manifiesto la *sintaxis lógica* de la frase. Así, pues, sigue siendo cierto, en todos los casos, que dicha sintaxis exige fundamentalmente unidades discretas.

Considerado como arte del tiempo, el toreo consiste en la inscripción por el hombre de su marca en la embestida natural constituyéndola, mediante el pase, en una unidad discreta, racional, con su comienzo (el cite), su medio (el regate: el punto en el que *falla* en su función natural, el momento de su desnaturalización) y su fin (la salida). Lo mismo ocurre, *mutatis mutandis*, en el toreo considerado como arte del espacio. El fundamento de la inscripción de una forma en una materia espacial es la curvatura de la embestida. Al redondear un recorrido naturalmente rectilíneo, el hombre la pliega a su imagen, la desnaturaliza, la despoja de su función. La curvatura de la línea recta, humanización de la geometría, es el equivalente en el espacio de la racionalización de la duración, humanización del tiempo.

Pero una curva no es un dibujo, sino sólo su anuncio. Necesita la serie. Asimismo, una unidad de tiempo discreta, una nota, no es una melodía, sino sólo su condición. Es necesaria una pluralidad, un ritmo.

Ritmo

Hay al menos dos rasgos universales comunes a todas las músicas del mundo: la constitución de una escala racional de alturas discretas en el *continuum* de las frecuencias (las alturas de los sonidos); la constitución de puntos de referencia racionales (el compás) en el *continuum* de la duración. Así, pues, para que el toreo sea un arte del tiempo, hacen falta unidades discretas (los pases) y una medida de su encadenamiento, pues una serie de notas repetidas nada tiene de musical, si faltan el compás y el ritmo, es decir, la racionalización del *continuum* de la duración. El pase individualizable, elemental, con su unidad interna, proporciona su unidad y su racionalidad a la embestida. Es la condición del recorte del tiempo. La belleza temporal puede nacer con el pase en el curso uniforme de sus tres tiempos, pero la obra del tiempo comienza cuando *vuelve a empezar*. El segundo pase es el que parece demostrar la realidad del primero. La obra fugaz nace ora suavemente ora bruscamente cuando, gracias a la longitud y la precisión del último tiempo del pase, gracias a ese imperceptible movimiento de la muñeca que lo remata, gracias también a la posición y a la distancia adecuadas del torero, el toro vuelve hacia el objetivo que ha fallado y el torero impone, así, el pase siguiente, semejante y diferente, y después otro más, repitiendo el precedente, y luego otro en un solo movimiento ininterrumpido, pero acompasado por las puntuaciones regulares de la embestida que va y viene... y los olés que se elevan. Entonces es el tiempo mismo el que parece recortado por ese acompasamiento de la obra naciente.

Con el tiempo ocurre como con el espacio. La curva es una forma impuesta a la materia, el *dibujo* que une las curvas en la serie es una forma impuesta a la forma: forma en segundo grado y condición del arte plástico. Asimismo, el *ritmo* de la serie es la unidad formada de la unidad de pases diversos: por tanto, es la forma impuesta en el tiempo a la forma del pase y la condición del arte temporal. Pero, en el caso del ritmo, tal vez haya también algo más, que está en el corazón del arte del toreo: algo secreto y propio de ese arte, algo que con frecuencia es confundido con el temple y que a veces se confunde, en efecto, con él. El ritmo no es seguramente el ingrediente esencial del toreo, pero, a la inversa, ese arte tal vez exprese la esencia misma del ritmo... y más directamente aún que otras artes del movimiento y del tiempo. Pues, ¿qué es el ritmo?

No, como se cree a veces, la repetición a intervalos regulares de un mismo toque. Eso es sólo su efecto... y el más zafio: todo el mundo sabe perfectamente que Beethoven o Duke Ellington tienen más ritmo que las marchas militares. Un texto de Marcel Mauss permite abordar ese difícil concepto. El ritmo es el efecto de una ritmización activa, pero sobre todo es el efecto de una armonía entre varios elementos, de una consonancia que se establece entre diversos sujetos en movimiento o diversas actividades disyuntas. «El ritmo, facultad de conjunto, procede directamente de una acción conjunta» (Marcel Mauss, *Oeuvres*, Minuit, 1969, t. II, pág. 254). Así, pues, el ritmo está vinculado originalmente con el rito, cantar, bailar conjuntamente, es el «resultado de una asociación; las fuerzas individuales nunca habrían producido nada semejante, si hubieran permanecido aisladas. El ritmo procede del rito, es la creación activa y común de dos fuerzas que armonizan». No se podría explicar mejor lo que ocurre en el toreo... cuando la serie embarca a los dos adversarios en un mismo movimiento, cuando se eleva su canto coral y se armoniza su paso de dos, al tiempo que eleva y suscita nuestra emoción. Así se entiende por qué el rito tauromáquico, con sus repeticiones obsesivas, tal vez sea el más apto hoy para recoger en su arte propio el legado de la esencia del ritmo. Es que el toreo permite ver y sobre todo entender el *nacimiento* mismo del ritmo, ya que las dos fuerzas que concuerdan en el toreo son precisamente, en el punto de partida, fuerzas discordantes. Su posición común nace de su oposición primera. Se debe, naturalmente, a que el toro y el torero son dos fuerzas adversas, pero esa concordancia, a la que volveremos a referirnos, no es tanto obra del ritmo cuanto del temple. El ritmo, por su parte, nace de una diferencia de fases, de una oposición de *tempi*. El *tempo* propio del toro es el de un movimiento vital, encaminado a alcanzar su *límite* rematándose en el cuerpo de su adversario. Si vuelve sobre el blanco que ha fallado, no es para volver a empezar, sino para deshacerse de él de una vez por todas, de verdad. A esa temporalidad rectilínea destinada a acabarse todas las veces, el torero impone el *tempo* de la repetición, la ronda de los «aún más», y dicha ronda, en el sentido literal de la danza, en el sentido figurado de vuelta a empezar perpetua, en el sentido también de armonía por fin lograda en el movimiento, es el ritmo, que es «cierta forma de estar juntos en el tiempo» (G. Didi-Huberman, *Le Danseur des solitudes*, pág. 160). Así, pues, el ritmo es la creación del torero a partir de una temporalidad, la del toro, que es por naturaleza rebelde a ella. Es también la imposición de la forma —la de la repetición— en una materia, la del límite.

Los artistas del ritmo son los grandes clásicos... y en primer lugar los de los decenios de 1950 y 1960: Antonio Ordóñez, Paco Camino. Éste tenía un ritmo rápido, pero perfectamente regular, que le permitía dominar sin tropiezos ni trabas los toros más ásperos y los más encastados. Hoy seguramente es Enrique Ponce el mejor rítmico, hasta el punto de que a veces logra movilizar a un animal tardo o quedado e incluso, al final, hacerle embestir con facilidad y nobleza, mediante la simple repetición, regular y cadenciosa, de un mismo movimiento perfectamente ajustado del engaño: ese movimiento parece idéntico y, sin embargo, como en esas obras maestras de la llamada música repetitiva o minimalista (en Steve Reich o tal vez más exactamente, tratándose de Ponce, en John Adams por la majestad del timbre y la libertad creadora), nunca es exactamente el mismo que el anterior, siempre está un poco desfasado, un poco más cerca de la línea de una embestida que aún no ha llegado a su plenitud; ese movimiento se alarga insensiblemente, alarga progresivamente la embestida del toro, que empieza a rendirse, acaba insuflando un vigor e incluso un *tempo*, también él tan lento y uniforme, que procede enteramente del *ostinato* del torero.

El ritmo es para la serie el equivalente en el tiempo del dibujo en el espacio. Así, pues, no es de extrañar que los artistas de la ligazón raras veces sean los del ritmo. En todo caso, los que intentan a toda costa hacer un solo dibujo con sus curvas raras veces se preocupan por el *tempo*... al menos por el de la serie: no es ése precisamente el problema de Ojeda o Castella (aun cuando a veces toreen —¿cómo negarlo?— con ritmo). Y los que buscan a toda costa la pureza de la ejecución de cada uno de los pases, en su unidad, la puntuación más clara entre los pases y la regularidad rítmica de sus encadenamientos raras veces se preocupan por la inmovilidad en el mismo sitio y por la ligazón sin solución de continuidad: no constituye una injuria al arte de Enrique Ponce decir que, en general, no es su obsesión. No procura por todos los medios ligar pases sin enmendarse. Cierto es que en las obras maestras de todos los grandes artistas, al menos los artistas clásicos, acaba estableciéndose un equilibrio entre el encadenamiento en el espacio y el ritmo en el tiempo y, naturalmente, podríamos citar algunas faenas que alcanzan ese ideal del clasicismo. Sin embargo, seguramente hay, subyacente, una alternativa entre dos vías, dos formas de hacer una totalidad de una diversidad: mediante el enlace de un dibujo o la pulsación de una cadencia. La razón tal vez sea matemática. El ritmo exige una puntuación fuerte y la obstinación de la repetición regular: la unidad de la pluralidad se debe a la reproducción, idéntica, de una misma célula... es un pensamiento de la racionalización mediante la numeración; el orden es aritmético, es el arte de contar, lo más regularmente posible. El enlace supone una puntuación débil y la obsesión de la limitación del espacio: la unidad de la pluralidad se debe a la conmensurabilidad de las figuras; el orden es geométrico, es un arte de medir el plano... y con frecuencia de reducirlo lo más posible.

La curva espacial y la unidad temporal del pase imponen la primera forma, a la que la serie, encadenada en un único dibujo o ritmada en un único *tempo*, impone una forma en segundo grado. Y el dibujo acaba con el remate de la serie que la convierte en una totalidad acabada. ¿Qué es lo que en el tiempo desempeña ese papel? ¿Qué es lo que atribuye su unidad a la serie y la convierte en un todo?

El ritmo es una condición necesaria, pero no suficiente. Se comprueba con frecuencia: a veces un pase y después otro y luego otro más, incluso encadenados de forma regular, no forman una unidad y sólo destilan aburrimiento. Sin embargo, nada falta, en apariencia: el pase y su unidad, la serie y su repetición cadenciosa, sin ruptura. El propio *tempo* es bueno, pero el público bosteza. No hay arte en el horizonte, ¡sólo pases! ¿Qué falta? La *frase* o, mejor dicho, lo que en música se llama el *fraseado,* es decir, la forma de ejecutar la frase musical que da a entender que forma un todo, que expresa una sola idea: dicho de otro modo, la *necesidad* interna.

En su estilo antiguo, el anterior a 2005, Morante de la Puebla era un gran artista del ritmo, mientras que después ha parecido más interesado en el dibujo, pero a ese ritmo añadía una increíble dosis de energía que hacía de sus obras unidades dinámicas autónomas. Así, por ejemplo, en una faena memorable (Sevilla, 14 de abril de 1999, toro de Guadalest), se impuso a un toro reservado en cuatro tandas cortas, ritmadas y muy intensas en las que cada una de las tandas e incluso cada una de las suertes parecía *determinar* inevitablemente la siguiente. El terreno reducido en el que se desarrolló todo ello incrementó la fuerza dramática de la obra. ¿A qué se debía? La observación de ciertas faenas más académicas tal vez permita abordar ese misterio. Así, el poder emotivo del toreo de El Cid parece deberse a esa fuerza de necesidad interna gracias a la cual cada uno de los pases de sus series, en particular los de la mano izquierda, parece ser no sólo la continuación cadenciosa del anterior (pues es un artista del ritmo), sino también su *efecto ineluctable* (por ejemplo, Nîmes, 19 de septiembre de 2004, Victorino Martín). Resulta difícil decir precisamente de qué mecanismo técnico depende ese efecto subjetivo, pues en su producción hay una parte importante, pero difícilmente evaluable, que se debe al carácter del toro: su «presencia», su fuerza propia de «transmisión», en particular cuando se vuelve, su tipo de bravura singularmente intrépida (y por eso El Cid triunfa particularmente bien con los toros imponentes y poderosos, pero nobles, de Victorino Martín). El arte propio de ese torero consiste en alargar mucho y durante mucho tiempo el recorrido del toro y desplazarse él mismo en el tiempo en el que el toro se vuelve para cerrar todas las veces un poco más el ángulo de llamada del pase siguiente... siempre con ritmo, naturalmente. En esa nueva posición y desde ese nuevo ángulo, el toro no puede por menos de volver hacia el engaño, del que no ha apartado, por decirlo así, la vista, y dejarse llevar a otro pase «natural», también largo y puro, que no repite el anterior, como si fuera su hermano, sino que parece engendrado por él, como si fuese su hijo, parecido, pero «desplazado».

Así, pues, la causalidad va a sumarse a la sucesión ritmada. Hay ese pase presente, porque *ha habido* ese otro. Naturalmente, la fuerza dramática del toreo se debe a que, en el momento en que se producía ese anterior, su efecto actual en el siguiente, que ahora parece necesario, resultaba entonces imprevisible. Es necesario a la vez que lo que sucede parezca determinado por lo que precede sin dejar adivinar nada de lo que sigue, que, sin embargo, parecerá, un instante después, como determinado por lo que lo ha precedido. Es que en el toreo como en todo arte del tiempo dos tipos de procedimientos opuestos podrían inhibir toda la fuerza dramática: cuando lo que precede parece la causa de lo que sigue y, por tanto, lo vuelve previsible (es la trivialidad) y, a la inversa, cuando lo que sigue no parece el efecto de lo que precede y, por tanto, parece aleatorio o gratuito (es la mediocridad). Contémplese a los genios de la improvisación: en otro tiempo, el arte de un Diego Puerta, más adelante el de un Luis Francisco Esplá, hoy también El Juli (ese sentido del gesto idóneo e inesperado siempre fue su marca propia), Morante también o incluso, cada vez más, Sébastien Castella. ¿Una vuelta inopinada del toro parece sorprenderlos? Ahí está una *trinchera* llena de gracia, que nace como un prodigio de ese encuentro. Nadie habría podido preverlo, naturalmente, pero, cuando se produce o, mejor dicho, en cuanto *se ha* producido, se impone con la evidencia de la verdad. Es como si fuese la *trinchera* misma la que hubiese podido determinar la arrancada imprevisible del toro. Lo inopinado resulta retrospectivamente ineluctable.

Así sucede en todas las artes del tiempo, la música o el teatro, de las que constituye el resorte secreto. La sucesión de los acontecimientos (sonoros o dramáticos) no basta para constituir con ellos un todo (un movimiento, una acción, un relato): «esto *y después* eso» no constituye un orden. Es necesaria una relación entre los acontecimientos; si no, todo resultaría caótico; hace falta, por tanto, un orden que no sea sólo temporal, sino también causal. Lo que viene antes *determina* lo que viene después. Pero, puestos en orden así, los acontecimientos estarían eternamente determinados, todo se encadenaría automáticamente, no habría drama, sino sólo un desarrollo apagado de un mecanismo conocido. Así, pues, la causa debe aparecer siempre como determinante del efecto después de la manifestación de éste. Ése es el arte del drama. Gracias al narrador o al dramaturgo, al compositor o al torero, es como si los acontecimientos que se suceden encontrasen su lugar apropiado, el único, el suyo, en el desarrollo uniforme del hilo del tiempo. Lo que en el momento parece posible que se produzca resulta retrospectivamente, en el relato o bajo los dedos del torero, sin posibilidad de dejar de haberse producido. En las grandes obras del toreo, todo lo inesperado parece ocurrir inevitablemente y, sin embargo, lo inesperado está ahí, precisamente, está presente en ese arte más que en otro alguno, merodea *en verdad* permanentemente, en carne y hueso. De un accidente repentino, el torero hace un acontecimiento intencionado. De un espanto hace una oportunidad y a veces un milagro.

Dar forma a una materia en el movimiento

Se puede ver el toreo como un arte del espacio o como un arte del tiempo. Se puede verlo también —y tal vez ante todo— como un arte del movimiento. Cierto es que, al evocar la serie en el espacio (la ligazón) o en el tiempo (el ritmo), al presentar la unidad de la pluralidad en el espacio (el remate) o en el tiempo (la necesidad interna), ya hemos hablado de movimiento. Sin embargo, quedan dos elementos del toreo que son propios de su carácter dinámico y se deben sólo indirectamente a su dimensión plástica o temporal. Hay que dar forma al movimiento del toro en relación con el torero, ése será el papel del punto fijo, y dar forma al movimiento del toro en relación consigo mismo o, dicho de otro modo, acondicionar su velocidad: eso es lo que se llama temple.

Punto fijo

¿Cómo inscribir una forma humana en una materia en movimiento? Desde luego, hay que *desnaturalizar* la embestida, privarla de su función modificando su recorrido: ése es el papel de la curva. Pero sobre todo hay que llevar, como hemos dicho, esa embestida en sentido único, enteramente orientada hacia su límite (que sería el de acabar, por fin, en su diana), hasta la ronda de lo ilimitado, pues nunca alcanza ese fin, sino que se agota en vano y en redondo persiguiéndolo. Ya está el toro atrapado en el círculo de su propio movimiento, en sentido propio y figurado.

Dicho círculo necesita un centro y ese movimiento, animal y vano, precisa un punto fijo, humano y necesario. En ese centro es en el que se mantiene, en efecto, el hombre. En el toreo, arte del movimiento, el hombre está paradójicamente inmóvil o casi. Lo importante no son los movimientos que ha de hacer (adelantar la pierna, rectificar su posición, retroceder el cuerpo, recuperar espacio, dar un paso o dos a un lado, cambiar de terreno, etcétera), sino el punto de referencia *fijo* o, mejor dicho, inflexible, que tiende a ser. El ideal de ese arte es una inmovilidad que fuera por sí sola el motor de la embestida móvil: un centro motor, por ser dominante, un centro *activo*, pero que no hace nada o casi y tanto más eficaz cuanto que el movimiento que impone es ilimitado, tan redondo como vano. Tal es el «primer motor inmóvil» aristotélico, el dios o el sol copernicano: el torero es ese centro fijo que actúa mediante su inmovilidad sobre el astro pasivo que lo obedece dando vueltas en torno a él, al menos desde que el toreo pasó a ser un arte: cuanto más se ha afirmado como tal, desde comienzos del siglo XX, más se ha afanado el hombre por desempeñar ese papel de astro fijo y adoptar esa dinámica de la movilidad. Según una leyenda demasiado hermosa, el autor de esa revolución que podemos llamar copernicana fue incluso un Belmonte a quien sus atrofiadas piernas obligaron a inventar el arte de mover sin moverse, a transformar su impotencia natural en poder artístico, del mismo modo que un Greco hizo de un defecto de la vista su arte visionario o como otros consiguen hacer de su locura una obra. El toreo, en tiempos arte marcial defensivo, todo piernas y movimiento, pasó a ser un arte *activo por inmóvil*, un arte puro y simple, todo brazos. En este caso poner una forma humana en la materia en movimiento es poner la inmovilidad donde se encontraba el movimiento.

Todo arte necesita un punto fijo que sirva de punto de referencia para la *representación*, cuando alcanza —tal vez convenga precisarlo— su apogeo clásico: pensemos en la unidad de *acción* dramática, punto fijo del teatro, teorizado en la Antigüedad y continuado en la época clásica. En la pintura es el punto de fuga; en música, la tónica. Cuando en el Renacimiento la pintura pasó a ser un arte autónomo, hubo que encontrar un medio técnico para hacer entrar el espacio en el plano (el cuadro) o, mejor dicho, para dar la ilusión óptica de la tercera dimensión utilizando sólo dos dimensiones. La invención de la perspectiva responde a ese problema creando esa apariencia para el espectador fijo de la ventana vertical del cuadro. El punto de convergencia de las líneas paralelas, llamado «punto de fuga», era el correlato objetivo (es decir, en la representación misma) de la necesidad de la fijeza del observador. La constitución del arte en su pura función representativa entrañaba que un sujeto dado tuviera una visión total, la más objetiva posible, de lo representado. En adelante, la pintura estaba destinada a mostrar y a simplemente ser contemplada... y admirada. El problema que se plantea a la música es la transposición, en cuanto al tiempo, del problema que se planteaba a la pintura en cuanto al espacio. ¿Cómo representar en el decurso musical la dimensión que falta al tiempo en el que se expresa? El plano carece de una dimensión, la tercera, por lo que hay que hacerla entrar en el cuadro. La linealidad del tiempo musical carece de una dimensión, la permanencia. A la invención de la perspectiva en pintura corresponde la invención de la tonalidad en la música. En la música es necesario un punto de referencia fijo, la tónica, que sigue dejándose oír implícitamente, para un oyente dado, en todo momento del decurso musical, según las leyes de la atracción de la tonalidad. Así se resuelve, en el decurso mismo, el problema de la permanencia. Aunque la música sea fugaz, el oído dispone de un asiento fijo, la tónica, hacia el que tiende en todo instante el decurso y más en particular cuando pasa por la dominante.

Lo mismo ocurre con el toreo, desde que se constituyó en arte y en particular en arte del movimiento. La conquista del arte fue para el toreo la conquista de *su* punto fijo, un punto cada vez más fijo. Fue en primer lugar el punto fijo durante el pase, el mantenimiento por el torero de una sola posición durante la unidad de una arrancada del toro... punto seguramente ya conseguido en la época de Joselito (decenio de 1910). Después vino la conquista del punto fijo durante una serie, que fue una búsqueda ininterrumpida desde Belmonte (con sus etapas principales en Manolete, El Cordobés, D. González, P. Ojeda, J. Tomás). Y hay también la tendencia asintomática, pero constante, del toreo a acercarse a su punto ideal: el mantenimiento en un solo sitio durante toda la faena. Se puede decir que algunas obras históricas de José Tomás, en las que el punto fijo del torero se sitúa, a lo largo de toda la faena, en el centro geométrico del ruedo, constituyen hasta ahora el punto sin retorno de esa lenta conquista.

(Recordemos, en el caso de que sea necesario, que no sostenemos aquí que esa inmovilidad del torero sea un valor absoluto en la corrida. Lidias admirables, faenas formidables incumplen esa norma, entre otras razones por la embestida bronca del toro o por la evolución de su comportamiento. Pese a todo, cuando un torero cualquiera, aun habituado al cuerpo a cuerpo, todo piernas o poco inclinado a entregarse a la elegancia de las formas o al culto de las Musas (un Ruiz Miguel, un Fundi, un Padilla...), logra por fin, tras una lidia difícil frente a un toro peligroso y ladino, ligar aunque sólo sean tres naturales sin enmendarse (con lo que se garantiza un triunfo), ¿acaso no demuestra con ello que hoy en día todos los públicos, incluidos los aficionados «toristas», y también él mismo, valiente gladiador, reconocen el valor en sí de esa fijeza *conquistada*?)

Habrá quien se pregunte qué significa ese punto fijo. Tiene más de un sentido. En el sentido ético, es la encarnación del aguante del toreo, lo que hemos llamado su virtud de resistencia (véase el capítulo 4). Evidentemente, es lo esencial: ¡es más «meritorio» permanecer inmóvil frente a la embestida que escapar! Esa razón moral es la más profunda, pero no es la única. Si vemos la corrida de toros «como un combate», sostendremos que ese punto fijo es la condición para el dominio más largo y, por tanto, más completo de la embestida del toro por parte del torero. En parte es cierto, pero se puede objetar que una movilidad oportuna, un toreo de piernas, de cambios de terreno, permiten con frecuencia un mejor dominio del toro, en particular si es manso. Se ve todos los días. Así, pues, hay una razón puramente artística, una exigencia propia del toreo visto «como un arte». En todo caso, sólo ella permitiría explicar por qué es la tendencia *interna* ineluctable de la historia de este arte. En realidad, hay incluso dos razones y están vinculadas, como en el teatro, la pintura y la música: una que tiene que ver con la relación con el observador y otra que tiene que ver con el contenido de la representación, dos vertientes de una misma necesidad.

En el teatro la unidad de acción, en pintura el punto de fuga y en música la tónica garantizan la forma mejor para el espectador, el observador o el oyente de abrazar la totalidad de lo que *representa la obra*, más allá de lo que la propia obra, de hecho, *muestra*. Se trata de dos exigencias complementarias. La primera es la siguiente: cuando un arte alcanza su autonomía, suele constituir una sintaxis que adopta el punto de vista de quien va a contemplar la obra: espectador, observador, oyente. (Se podría mostrarlo mediante la forma como se constituyó el cine en arte.) Se aprehende mejor un drama, por compleja que sea su trama, cuando desarrolla una sola y misma acción; se admirará de un solo vistazo el cuadro, si tiende a concentrarse en un punto; se oirá tanto mejor la unidad de una frase musical, si acaba con la nota misma hacia la que tendía en todo instante desde el comienzo. Asimismo, se abarca mejor, desde todas partes, el doble movimiento de enfrentamiento de dos seres, toro y torero, movimientos destinados no sólo a ser vistos (de un vistazo), sino también seguidos (en su desarrollo), comprendidos (en la evolución de su relación), contemplados (admirados), si uno de los dos está inmóvil... y si uno solo está en movimiento, sobre todo si el espectador está por doquier en derredor, si la multiplicidad de los puntos de vista sobre esos dobles movimientos es circular. El círculo de las miradas, concentradas en un punto, se vuelve, a su vez, focal. Esa razón, aparentemente del todo práctica (aunque constitutiva de todo arte), no es sino la otra cara de otra relacionada con la *representación*. No conviene zanjar aquí la cuestión de si el toreo es o no un arte representativo. Postulemos la hipótesis, somera y provisional, de que en la plaza en la que se desarrolla el rito de la corrida de toros y el combate tauromáquico, hay, *además*, la representación artística del *dominio* del hombre sobre el toro. Ahora bien, en el arte todo punto fijo permite aprehender lo *representado* más allá de lo que es mostrado: el punto de fuga permite al espectador percibir la dimensión de la profundidad espacial, allende los límites del plano, la tónica permite al oyente captar la continuidad temporal más acá de la sucesión de las notas y de igual forma la inmovilidad del torero permite *comprender* el dominio que ejerce sobre la embestida del toro, al convertirla en el único elemento móvil de su cambiante relación. La dominación de uno sobre el otro se manifiesta de forma tanto más evidente cuanto que uno (el dominante) está inmóvil y el otro (el dominado) está condenado por él a moverse (en vano). El segundo da vueltas sin fin en torno al otro. El dominio es una relación: la *representación* del dominio, en un arte del movimiento, debe mostrar qué límite máximo puede alcanzar dicha relación entre dos seres móviles: cuando uno puede, desde un mismo punto fijo, pasar a ser la causa única del movimiento indefinido del otro y así hasta la muerte, entonces la diferencia entre ellos es infinita. Y cuanto más alcanza el hombre la inmovilidad, mientras que correlativamente el animal se ve puesto por él en movimiento desde esa inmovilidad misma, más poderosa es la representación del dominio, conforme a las exigencias del arte. Entonces el punto fijo ocupado por el hombre inmóvil, en el centro del círculo de la embestida, e incluso a veces en el centro del ruedo de la plaza, es la imagen de la posición del dios que mueve el mundo en torno a sí y le ofrece, así, la vida durante un tiempo antes de disponer de su muerte. «El mundo, al verlo, habría reconocido a su señor...» (Racine).

Sin su búsqueda, inquieta e ilimitada, de un punto fijo, no se podría ver el toreo como un arte del movimiento. Ese punto detenido da forma, por contraste, a la materia del movimiento del toro. El toreo sólo es arte de movimiento si el propio artista tiende a inmovilizarse. Con esa condición podrá manifestarse más evidentemente como el amo del movimiento de la *embestida* del toro... si es cierto que en el toreo visto como un arte la materia en la que se trata de insuflar la forma es la embestida, no el animal.

Armonía

Falta por saber cómo se realiza, en acto, ese arte del movimiento mediante el cual uno de los actores pasa a ser por sí solo la causa del movimiento del otro. Es obra de lo que se llama el temple, concepto tan evidente como difícil de explicar.

Quien escribe sobre las corridas de toros, en particular sobre el toreo y sobre todo sobre su arte, debe dedicar su parte de «bravura» (nunca mejor dicho) al concepto de temple. Se trata de una perorata esperada y temida, en la que se deben mezclar con las explicaciones más técnicas sobre los «tres tiempos» del pase algunas consideraciones líricas o incluso vagamente religiosas sobre el «enigma» y el «milagro» del temple a la vez virtud de ciertos toreros (los escasos elegidos que «*tienen* temple») y cualidad de ciertos movimientos (los que «se hacen con temple», algo así como una gracia eficaz). Pese a la existencia de una bibliografía ya muy abundante al respecto, hemos de detenernos en este punto, porque el temple no deja de ser, de hecho, uno de los ingredientes de la transformación del toreo en arte. Pero no podemos eludir un paso obligado: la confrontación de las dos definiciones clásicas, supuestamente incompatibles, del temple.

Según la primera, el temple designa ante todo la armonía del movimiento del engaño con la velocidad de la embestida del animal a lo largo de toda la suerte. «Tener temple» es, en el caso del hombre, saber en todo instante armonizar su propio movimiento del brazo con la embestida del toro y conservar, así, entre el engaño y los pitones, una distancia a la vez constante y mínima: mínima, para mandar con mayor seguridad la embestida y dirigirla con precisión; constante, es decir, sin aumentarla nunca, con lo que correría el riesgo de descubrirse y ofrecer su cuerpo a los pitones, ni reducirla, con lo que el engaño rozaría y «avisaría» al toro: en los dos casos, se destruye la armonía del movimiento. Técnicamente, el temple así definido completa el mando, la dirección de la embestida: mandar es controlar el trazado; templar es controlar la velocidad. Así, pues, el temple es en primer lugar una cualidad cardinal del lidiador antes de ser una virtud propia del artista.

Según la segunda definición, el temple designa no sólo esa facultad de armonizar los movimientos, sino también la lentitud con la que el torero ejecuta las suertes y realiza sus gestos o su obra. No se puede hablar de temple en el caso de un toreo que, aun armonizado con la velocidad de la embestida, se lleve a cabo demasiado rápido, pues torear despacio es una conquista del torero sobre la velocidad de la acometida del toro. Técnicamente, el temple así definido perfecciona también el mando: dirigir completamente es decidir el trazado y, por tanto, modificar la línea de embestida natural; templar completamente es decidir la velocidad y, por tanto, modificar la velocidad de embestida natural y, por consiguiente, aminorarla. Así, pues, aun así definido, el temple sigue siendo una cualidad del lidiador y no el privilegio de los artistas.

Planteada en esos términos, la polémica sobre los dos temples parece en gran medida verbal, ya que la segunda definición no es, en realidad, sino una especificación de la anterior y la completa... exactamente como el temple-aminoración completa a veces el temple-armonía, que, sin embargo, es su condición necesaria. Lo importante es esto: la armonía no es una simple virtud de *sumisión* a la velocidad natural del toro, sino también su control activo permanente, y la lentitud no es una virtud en sí: un toro al que el torero lleva despacio porque se arrastra de forma natural no es toreado con temple, sino con tedio. Lo que cuenta, también en ese caso, es la inscripción de una forma en la materia, es, por tanto, el efecto *causado* por el torero en la velocidad de la embestida: no es la lentitud, sino la aminoración llamada temple. En sus dos definiciones, el temple es una virtud *activa* de control o modificación de la velocidad de la embestida, no una simple adaptación pasiva a ese movimiento.

Se ve por qué el temple es una de las condiciones esenciales que permiten ver el toreo como un arte. Desde luego, existe una simple, pero muy poderosa, razón estética. Torear sin enganchones, conservar la capa o la muleta planchadas, desplazar el engaño sin tropiezo y mover el toro sin sacudidas es la condición fundamental de la alquimia del toreo: metamorfosear el vil plomo de un asalto salvaje en oro fino de la belleza pura. Es la garantía de una armonía que, por ser la de un movimiento único resultante de dos fuerzas contrarias, es una dinámica, tan musical (temporal) como plástica (espacial). «Es —como escribe George Didi-Huberman (*op. cit.*, pág. 146)— la concordancia de todos los movimientos hechos por dos seres en lucha mediante el velo que los separa y los atrae al mismo tiempo».

Pero lo esencial es otra cosa. Lo que cuenta para quien quiera comprender cómo se puede ver el toreo como un arte (y no sólo como una estetización de la violencia o una sublimación del miedo... cosa que también es seguramente), es captar qué formas imprime en la materia de la embestida. Desde ese punto de vista, el temple es a la velocidad simplemente el equivalente de lo que la curva es al trazado. La embestida tiene dos cualidades: una estática, su línea; otra dinámica, su velocidad. Así, pues, debe estar «formada» de dos modos: geométricamente por la curva, dinámicamente por la armonía. En los dos casos, es la domesticación de una fuerza de destrucción natural, la inscripción de un designio humano en un material que le es rebelde. «Hacer que el salvajismo del toro se reduzca y se metamorfosee en aquiescencia». (Jacques Durand, *Chroniques taurines*, págs. 253-254). No se trata del menor misterio, sino sólo de una regla del arte, con la condición de añadir que todo arte es un hacer, una transformación activa destinada a «quitar al mundo exterior su carácter fundamentalmente ajeno», como dice Hegel. Eso es, en efecto, el temple, pues no es sólo una simple concordancia, sino que se trata de una concordancia conquistada por el torero sobre la discordancia de la embestida. No es la armonía preestablecida (como si se tratara de dos amantes que bailan juntos un vals consentido), sino la armonía impuesta por el torero, exigida por él, y que somete la embestida. Es la concordancia que está naciendo, que está desarrollándose. El temple no es un estado; es un acto. El temple no es lentitud (a veces los toros son sosos), sino una lentitud adquirida o, mejor dicho, conquistada sobre la velocidad natural del toro. Porque se opone a la cualidad inicial de la embestida es por lo que el temple es artístico. Aquélla es funcionalmente rápida y se acelera de forma natural para alcanzar su diana. Al bajar suavemente la mano que engaña, al inclinar progresivamente el brazo hacia atrás, el torero prolonga en gran medida el instante en que el animal habría de acertar la diana; ahí lo tenemos corriendo con la cabeza gacha en el vacío, en lugar de coger a su adversario. Y cuanto más baja el brazo, con calma y ritmo, más se puede suavizar el impulso (¿acaso se puede correr mucho tiempo así, encorvado tras una presa que retrocede sin cesar?). El temple debe someterse a la embestida para poder someterla. Primero se adapta a la velocidad para después controlarla y, por último, contrariarla. Ocurre lo mismo que con el trazado. La curva de la embestida nace de la recta de la arrancada. El arte transforma visiblemente una arrancada naturalmente rectilínea en embestida humanamente curvada. A eso se debe que resulte casi imposible torear «con arte» cuando, por su posición inicial, el torero emprende la curva desde el comienzo de la embestida. No sólo tendrá menos «mérito» el pase (el torero se habrá situado de entrada fuera de la línea de embestida), sino que, además, será menos «artística»: el torero no habrá dejado que la embestida se exprese de forma natural antes de transformarla. El valor estético coincide con la norma ética. Como arte del movimiento que es, el toreo es el proceso de su formalización, no su resultado. A eso se debe la virtud del temple, que es el equivalente en el movimiento de lo que la curva es en el espacio: la concordancia y la lentitud nacen de una embestida naturalmente discordante y acelerada, pues, así como la línea recta es la imagen fija de la finalidad vital (porque es el medio más seguro de alcanzar una diana), así también la aceleración es la imagen móvil de esa finalidad (porque así es como asalta un adversario amenazante) y así como la curva es el dibujo que el toreo, arte plástica, impone a la recta para desviarla de su finalidad destructora y depurarla de su función vital, así también la armonía o la aminoración de la velocidad conquistada sobre la violencia inicial de la arrancada son las *creaciones* propias del toreo, arte cinemática: convertir una acometida en un movimiento gratuito, lento como el reposo, sereno como el ocio, tranquilo como el juego, en un movimiento que en adelante encuentra en sí mismo, en su actividad indefinida, su única razón de ser.

De esa creatividad tenemos los testimonios de algunas obras maestras de los maestros del temple: El Viti (la autoridad del temple), Curro Romero (la majestad del temple), Antoñete (la depuración del temple), Rafael de Paula (el dolor del temple), Dámaso González (la obstinación del temple), Joselito (la sencillez del temple) y en la actualidad José Tomás (la tragedia del temple), Morante de la Puebla (el tormento del temple), Enrique Ponce (la ciencia del temple), El Juli (el temple dominador), etcétera. También tenemos la confirmación de sus creadores, El Viti, por ejemplo: «Es algo más que lentitud —dice—, pues se tiene la impresión de detener el toro...» Esa confidencia del actor coincide con una impresión del espectador: «Se tenía la impresión de que el tiempo se detenía», se repite a veces, después de una obra maestra de temple. Los lugares comunes irritan. Es una lástima, pues con frecuencia encierran verdades profundas. Hay que saber descubrirlas tras el tópico.

En efecto, ¿de dónde procede esa sensación paradójica, pero experimentada por todo el mundo, de que durante algunos instantes, cinco pases, dos series, raras veces más, «el tiempo se ha detenido»? Según una anécdota, mil veces contada, el reloj del crítico taurino Gregorio Corrochano, que se proponía cronometrar la lentitud de los lances de recibo de un torero gitano, célebres por su lentitud, se detuvo durante la corrida. En su crónica del día siguiente, explicó que las verónicas de Gitanillo de Triana tenían la facultar de detener el tiempo. La historia se volvió leyenda y después tópico. ¿A qué se debe, pues, esa impresión, raras veces confirmada por los relojes, del temple que detiene el tiempo? Intentemos exponer un poco su «fenomenología». ¿Qué es necesario, en general, para que tengamos la sensación del tiempo? Un «movimiento» (se sabe desde Aristóteles) y nada más. Es necesario que se produzca un movimiento, es decir, un cambio cualquiera, en sentido amplio. Así, pues, supongamos por un instante (nunca mejor dicho) que de repente ya nada cambie en el mundo en derredor (algo así como una «glaciación» repentina y absoluta) y sobre todo que ya nada cambie en nosotros, ni siquiera el estado de nuestra conciencia... y, por tanto, el contenido presente de nuestra memoria: habría dejado de haber *sensación* del tiempo. Y un movimiento nos infunde tanto más esa sensación, la de un tiempo que corre inexorablemente, cuanto que los cambios que presenciamos o los movimientos que advertimos están *orientados*: una aguja que gira, un tren que pasa, etcétera, o, mejor aún, uno de esos movimientos naturalmente orientados porque son irreversibles: una manzana que cae del árbol (raras veces suben hasta él), por ejemplo. Concentremos toda nuestra atención en ese movimiento natural de modo que nuestra conciencia quede saturada con él. No tiene otro objeto, ni siquiera nuestros estados internos: no vemos nada más, no imaginamos nada más, no pensamos en nada más que en ese toro que embiste y cuyo movimiento se acelera de forma natural durante la arrancada. Entonces el tiempo ya no es para nosotros otra cosa que esa embestida, ya no tenemos otro punto de referencia. Supongamos entonces a un maestro del temple, uno de esos artistas poco comunes, un Morante con la capa o un Curro con la muleta. Al llegar al engaño, la embestida queda atrapada, aspirada, absorbida, amortiguada, y en adelante es la fina tela la que, tras haber despojado el movimiento de su vigor, parece tirar de él suavemente, cada vez más pausadamente, por *inversión* de su proceso natural: la aceleración se ha convertido en su contrario, la aminoración. Pensamos, esperamos, prevemos que el toro estará ya en la salida del pase (es ahí, sí, ahí donde, conforme a la aceleración antes del encuentro con el engaño, debería encontrarse) y aún está en el medio del pase. ¿Hemos soñado? ¡Qué va! Estábamos despiertos, éramos incluso todo miradas, centrados exclusivamente en ese movimiento. Así, pues, el tiempo se ha «detenido». No sólo se ha aminorado, como la embestida, ya que su *tempo* inicial, el único que parecía ineluctable, en todo caso ordinario, era el de una aceleración vital. Cuando llega hasta el extremo de invertir para nosotros la aceleración que atribuíamos a la embestida, el temple puede detener «por un tiempo» nuestro reloj vital. Ese instante de felicidad se dilata. Una duración sin movimiento. *Nunc stans*, un «ahora perpetuo»... como la eternidad, por un momento vislumbrada.

Ésa es la fenomenología del temple, una fenomenología que Jacques Durand deseaba (*Chroniques taurines*, pág. 253). Podemos intentar completarla con un esbozo de análisis. La alquimia del temple consiste, como ya hemos dicho, en poder transformar un movimiento que está ineluctablemente orientado hacia su fin —vital—, es decir, hacia su objetivo —mortal—, con un movimiento desprovisto de fin, de objetivo y, por tanto, sin límite. Así, pues, el pase (que es esa privación del objetivo) podría continuar perfectamente, desearíamos, por lo demás, que fuera más largo y más aún (como el olé que lo acompaña). El temple transforma el «movimiento» (la arrancada) en una «actividad», realizada sin objetivo, por el placer de hacerla. Una «actividad» (como ver, como vivir, como jugar...) que encuentra en sí misma su razón de ser. Al menos ésa es la impresión que nos da entonces la embestida. ¡No el toro!, naturalmente, que, por su parte, ataca; pero su embestida es vana, en eso estriba su belleza, es un movimiento sin fin, ésa es su forma, la forma artística que le atribuye el temple, la forma de la vida y del juego. El toro, por su parte, combate y muere.

El toro lucha por su vida, pero su embestida es la materia del arte. El torero lucha hasta la muerte, pero el artista que hay en él modela la embestida y le da forma humana. Ver el toreo como un arte es estar atento a esa formalización y a sus variantes. Como artista plástico, el torero desvía la línea recta, liga sus curvas en haces y las rodea de un vuelo final. Como artista músico, acompasa sus pases, los encadena con ritmo y los ciñe con el vínculo de la necesidad. Como artista del movimiento, se inmoviliza en un punto, armoniza los movimientos del toro y aminora sus embestidas. Eso es seguramente lo que se ve cuando se ve el arte en la corrida de toros. Lo malo —o, mejor dicho, lo bueno de verdad— es que es imposible ver la corrida o incluso el toreo *sólo* como un arte. Se lo ve siempre también, al mismo tiempo, como un combate. A cada instante nuestra vista se vuelca y zozobra, como en el dibujo entre conejo y pato, entre la corrida-combate y el toreo-arte. Las dos *visiones* parecen incompatibles, pero sabemos que se debe reunirlas y que, de todos modos, nuestra emoción las une, porque el combate sin arte sería barbarie y el arte sin lidia carecería de sentido. Resulta fácil ofrecer la prueba, pues una simple experiencia de pensamiento basta para hacerlo. Supongamos un animal en todo semejante al toro, pero sin cuernos y, por tanto, sin peligro verdadero, al menos sin riesgo de verdaderas heridas, las peores, las que penetran y a veces mutilan, las que matan: ¿acaso tendría el menor interés el toreo así descrito *como un arte*? ¿Tendrían algún sentido esas curvas, esas series, esas figuras, esa cadencia, esa inmovilidad, esa armonía, todo ese derroche de formas? Tal vez fuera bonito o tal vez estimable o tal vez ridículo. Nada en ello se parecería exactamente a la intensidad de un combate, pero sobre todo no tendría nada de la profundidad y la gravedad de un *arte* precisamente. En eso radica la paradoja: al ver el toreo sólo como un arte, no se puede elevarlo a la categoría y a la exigencia de las artes. Para que ocupe ese lugar, es necesario que conserve su dimensión de lidia: hay que devolver su embestida al toro, volver a poner los cuernos en su sitio, en algún punto entre la cabeza gacha del animal y el cuerpo del hombre, en el *límite* entre la defensa de la vida de uno y el riesgo de la muerte del otro, pues la profundidad y la gravedad del toreo se debe a que es al mismo tiempo un combate a muerte.

El toreo es un arte verdadero porque no es puramente un arte. Porque es también un combate, es un arte en el límite, lo que significa doblemente que está, a su vez, siempre en el límite del arte y que, a la inversa, todas las demás artes están al otro lado de ese mismo límite, con el cual coquetean también. El toreo es un arte en el límite no porque no produzca una obra, sino porque sus obras (efímeras, como muchas otras: ésa no es la cuestión) están en cada instante de su construcción amenazadas de desplome y se construyen precisamente sobre esa amenaza, pues esa curvatura del trazado, ese ritmo de la serie, ese temple del pase, todas esas formas, nunca están inscritos de verdad ni *definitivamente* en una materia... ésa es la diferencia con todas las demás artes. Todo artista que vence la materia (plástica, musical, dramática, etcétera) inscribe en ella una forma y le imprime su estilo, pero, por mucho que el torero imprima ahora su forma en la materia de la embestida, dicha forma está ya, un instante después, lista para perderse. Nunca está definitivamente adquirida ni irreversiblemente inscrita. La forma es una conquista de cada instante... y a esa fragilidad debe su profundidad. En el toreo, el arte mismo es un combate... y no sólo con el toro. Es un combate contra la propia derrota, cuando, en realidad, no puede existir sin ese riesgo de quebrarse siempre. A cada instante hay el peligro de que el fino velo que separa el arte del accidente y la obra del caos se desgarre. Ese límite amenaza la existencia de la obra y al mismo tiempo la garantiza. Lo que la amenaza es la ruptura... en sus tres grados: el tropiezo (muleta enganchada), el desarme (engaño arrancado), la herida (cuerpo quebrado). El pitón coge la muleta y se quiebra el temple: fin del arte. (Es como la voz de una *soprano* que vacila.) El pitón desarma al hombre y se quiebra el poder, se pierde el dominio: fin del juego. (La voz se ha roto.) El pitón coge al hombre y se quiebra la lidia, el cuerpo se ha estrellado. El arte, el juego y la lidia tienen cada cual su fin. El artista que torea con temple está siempre en el límite de esas tres quiebras. Sin ellas, ¿dónde estarían la grandeza y el sentido del toreo? Las amenazas que pesan sobre él pueden matarlo en todo momento y eso es lo que lo vuelve tan vivo en todo momento. Cuando el arte del torero se hace vida, se trata de una vida *activa*, centrada enteramente en mantenerse mediante la movilización de todas las fuerzas que se oponen a su muerte. A eso se debe la fuerza propia de sus obras. Las obras de las bellas artes tienen una vida tal vez eterna, pero pasiva: viven una vez por todas de la vida que se les atribuye. Las obras del toreo tienen una vida fugaz, pero es una vida en la que la existencia es conquistada a cada instante a la inexistencia, una vida de esfuerzo para no perderse, para aguantar y mantenerse aún, para perseverar en el ser.

El toreo es exactamente como la paloma kantiana: el aire que le opone resistencia y contra el cual lucha es precisamente lo que sostiene su vuelo. ¿Qué conclusión hay que sacar de ello? ¿Qué el toreo no es un arte? No exactamente, sino que es a la vez más y menos, como hemos dicho. Es sin duda las dos cosas *a la vez*. Es menos que un arte, ya que es un combate *real* que pone en peligro la obra y la mayoría de las veces le impide despuntar, y es más que un arte, porque es un combate *real* contra el cual se edifica la obra y que le permite a veces despuntar y, con ello, dicta tal vez el horizonte al que aspiran todas las demás artes, pero que les resulta inalcanzable. Si, como no hemos cesado de repetir con Hegel, el origen del arte es la necesidad humana de domesticar un mundo hostil, entonces el toreo es sin duda el arte esencial o al menos originario, pues en la victoria contra su propio material es como inscribe activamente sus formas: curvas contra rectas, series contra dispersión, unidades discretas contra *continuum* insignificante, ritmo contra desorden, armonía contra caos, aminoración contra aceleración... Él y sólo él humaniza una materia al combatir contra ella. El toreo es el único arte vivo que hace revivir ante nuestros ojos ese nacimiento del arte.

¿No habría que concluir de ello también que todas las demás artes, las verdaderas, carecen de esa realidad, de ese riesgo, en todo caso, de ese combate tal vez, pues con frecuencia sólo pueden «representarlos»... cuando no optan por renegar de ellos en pro de la forma vana?

CAPÍTULO 6

Toreo, arte clásico e impuro

El arte del toreo nació al mismo tiempo que el «arte moderno». Cinco o seis años apenas después de *Las señoritas de Aviñón*, Juan Belmonte fundó los cánones estéticos del toreo y definió sus formas creadoras. La coincidencia de fecha entre su famosa serie de verónicas en Madrid en la primavera de 1913 y la ejecución de la *Consagración de la primavera* de Stravinski en París (véase la pág. 183) es el tipo de azar con el que a veces se complace la Historia. Cierto es que los espectadores de la plaza de Madrid o los oyentes del Teatro de los Campos Elíseos, por pasmados que estuvieran ante la fuerza creadora de aquellas nuevas armonías, ante aquella locura rítmica y aquellos desbordamientos de límites formales que imaginaban intangibles, no tenían la impresión de asistir al nacimiento de un arte nuevo. Es la Historia la que, como siempre, señala retrospectivamente las fechas de nacimiento y atribuye las paternidades; ella es la que indica los límites de los comienzos de las revoluciones de las que nosotros somos los herederos, mientras que los contemporáneos no veían sino fenómenos sin futuro o con más frecuencia no veían nada, cegados —ensordecidos— como estaban por la insularidad de los acontecimientos.

Aquel mismo decenio de 1910 vio también el nacimiento de otro arte nuevo: el cine. En efecto, los historiadores gustan de ver en la obra de D.W. Griffith y en particular en su *Nacimiento de una nación*, rodada en 1914 y estrenada en 1915 (años fundadores del toreo belmontiano), la frontera que separa la atracción de feria de los hermanos Lumière de la constitución del séptimo arte. El toreo, por su parte, se separa entonces definitivamente de la fiesta pagana tradicional (que, como el cine, coqueteaba a veces en el siglo XIX con la diversión de circo), para entrar en la historia del arte. Durante aquellos años, Griffith codificó los principios del lenguaje cinematográfico: montaje alternado, variación de los puntos de vista, inserción de primeros planos en escenas alejadas, plano-contraplano, *flashback*, etcétera. Inventó, así, la sintaxis narrativa que permite a un espectador, fijo en el espacio y en el tiempo, aprehender en el tiempo lineal del decurso cinematográfico la lógica del desarrollo dramático y la relación entre los diversos planos espaciales y temporales en los que se desarrolla. Belmonte, por su parte, inventó la curva, la serie (con la capa), la media verónica y lo que aquí hemos llamado el «punto fijo», que es la piedra de toque de la ética de las corridas de toros modernas («¡el aguante!») y sobre todo el pilar sobre el cual se ha construido la sintaxis del toreo: punto de referencia intangible para la mirada de los espectadores de la plaza circular y centro de la representación del dominio del toro. Seguramente se podría ahondar el paralelismo cine/toreo.

A esa comparación paralela se sumaría una aproximación ortogonal. En el momento en que la pintura rompe con las leyes de la representación clásica (lenguaje geométrico y sobre todo introducción en la obra de la multiplicidad de los puntos de vista, véase *Las señoritas de Aviñón*), ruptura que la abre al llamado arte «abstracto» o no figurativo, el cine inventó un nuevo arte de la *representación* (en aquel caso dramático más que plástico), que reintrodujo la unicidad del punto de vista del espectador. (También se podría hacer la aproximación con la invención progresiva por Schönberg, a partir del *Pierrot lunaire* —1912—, de un lenguaje que, al abandonar las leyes de la atracción tonal, rompe también con una concepción de la música centrada en lo que *esperan* los oyentes.) El cine pasó a ser, así, el gran arte *clásico* del siglo XX, que obedece a los cánones estéticos y a la sintaxis expresiva de todas las artes de la representación. Tal vez no sea el cine el único arte clásico inventado por el siglo XX. Hay que sumarle el toreo. Falta ver qué papel singular ha desempeñado en este siglo XX... y sigue desempeñando en la actualidad: clásico por sus normas estéticas, moderno por su historia, contemporáneo por su carácter híbrido y —todo sea dicho— «impuro».

La corrida de toros, una estética de lo sublime

La mayoría de las bellas artes tradicionales han abandonado progresivamente el ideal clásico que constituía la norma de la exigencia creadora (el de la Antigüedad, continuado en el Renacimiento, desarrollado en la época clásica): la belleza. ¿Qué crítico de música culta o de arte contemporáneo podría declarar, tan campante, sin reírse ni arriesgarse a ser objeto de sarcasmos: «¡Ah, qué belleza!»? Esa palabra está anticuada, ese juicio es obtuso, ese valor es cursi, pero el juicio taurino no se apura. Se considera bello un pase, una serie, una faena y se los considera así porque lo *son* y lo son porque *aspiran* a serlo, porque la belleza es uno de los valores estéticos dominantes del toreo. Sin embargo, las corridas de toros mismas no aspiran a la belleza.

En efecto, olvidemos por un instante el arte del toreo. Olvidemos la faena y sus cánones (dominio, belleza). Olvidemos también todo lo que sabemos. Miremos simplemente las corridas de toros «como un *espectáculo*» y hagámoslo con inocencia, al modo de un «hurón», sin juzgar y, por tanto, también en parte sin comprender. Intentemos recuperar las impresiones de la «primera vez», si es que la hubo, es decir, si esa «primera vez» no estaba ya contaminada por las imágenes, las palabras, las creencias... cosa que seguramente resulta difícil, pues las corridas (su nombre, su renombre, su idea) han tenido siempre ya un *sentido* para nosotros a nuestro pesar, por mucho que nos remontemos en nuestro pasado. Sobre todo no juzguemos. No escuchemos a los comentaristas expertos. Dejémonos guiar por las sensaciones en bruto que emanan del espectáculo en bruto y por los afectos en bruto que provocan: sol, ruidos, colores, la fiesta, la multitud, el ceremonial y de repente el toro negro que se ve salir de la obscuridad, sus cuernos, el espanto, el toro que se planta, magnífico, en medio del ruedo, que embiste a todo lo que se mueve, sus cuernos, el espanto, hombres que se agitan con capas rosadas y amarillas, sus carreras (¿premeditadas? ¿enloquecidas?), hombres montados en caballos con petos, la sorpresa, el toro que se lanza contra ellos, la pica, la sangre, la confusión, el toro que derriba el tinglado, hombres que se precipitan, el pánico o la calma, no se sabe, otros hombres que llegan con palitos de colores, su destreza, las heridas, la confusión otra vez y después también la calma, el trapo rojo, y un cara a cara, caracoleos extraños, algo así como una danza salvaje o tal vez una lucha, la destreza del hombre (¿será el mismo de antes?), su sangre fría, los cuernos otra vez, siempre evitados no se sabe cómo, la embriaguez que aumenta, la repulsión que desgarra, el agotamiento del toro y de repente la espada en el silencio, la sangre de nuevo, pero no se ha visto nada, el toro que flaquea, vencido, muerto tal vez, y la multitud a la que se vuelve a oír, que seguramente no había cesado en ningún momento de manifestarse, los gritos, la gente a la que se reconoce, la confusión otra vez.

Así son las corridas de toros en su desnudez sensible. Las sensaciones y los afectos que suscitan en nosotros, en ese «nosotros» imaginario inmemorial, tal vez no estén alejadas de las que podía provocar la corrida de toros vivida en el siglo XVIII y hasta mediados del siglo XIX, pese a la considerable diferencia de ordenamiento de los espectáculos y de sensibilidad de los espectadores. Ese espectáculo, desprovisto de los valores éticos de la *lidia*, no es admirable. Privado de los valores estéticos del arte del toreo, no es *bello*. No va encaminado a crear belleza. Es sublime. Al menos —ya que con frecuencia no llega a alcanzar ese objetivo— *aspira a lo sublime*, ésa es su finalidad secreta, que sólo se manifiesta cuando intentamos recuperar nuestras primeras impresiones o cuando, de tarde en tarde, determinada corrida de toros despierta en nosotros ese recuerdo enterrado. A condición, naturalmente, de entender por «sublime» no un valor sinónimo ni una especificación de la belleza (como en la lengua corriente, en la que «sublime» es un simple superlativo de «bello»), sino una categoría distinta de la belleza y que podemos incluso oponer a ella: tan distintas como el día y la noche, pues «el día es bello y la noche es sublime» (Kant). Lo bello es la mesura; lo sublime es la desmesura. Lo bello es la disposición de todas las partes en un todo; lo sublime es el exceso de todas las partes en el todo. Lo bello es la forma admirable que se impone a la materia en bruto; lo sublime es el poder, es el espanto, es la materia reventada, turbadora, asombrosa...

El siglo XVIII inventó la «estética», el estudio de nuestras sensaciones y del placer singular que nos dan cuando están desprovistas de juicio moral alguno o interés vital alguno, el puro placer del espectáculo, de la contemplación visual o auditiva. A veces la naturaleza nos ofrece ese placer cuando nos sobrecogen sus panoramas admirables (la inmensidad de los Alpes o del océano, que en aquella época se empezaron a contemplar); otras veces, son las creaciones humanas, las bellas artes, los espectáculos, el teatro, la música, la danza, la pintura. Sin embargo, el siglo XVIII, en particular Burke o Kant, teorizó y opuso dos grandes tipos de categorías estéticas: lo bello y lo sublime. Ése fue también el momento en que la anarquía tauromáquica dio paso progresivamente a las corridas de toros formalizadas, en el que se formularon sus reglas y cánones para las corridas de toros, que abarcan su desorden aparente... en el que se iba, por tanto, a las corridas por el *espectáculo*, por el éxtasis estético que infunde.

Conviene avisar aquí contra un contrasentido: lo sublime no es el esplendor del caos ni el frenesí dionisíaco: la «domesticación artística de lo horrible», como decía Nietzsche de la tragedia. El disfrute de lo sublime, tal como se entendía en el siglo XVIII y en la época romántica, nada tiene que ver con la delectación cruel. Es la *admiración* impresionada ante la grandeza absoluta, el sobrecogimiento turbador ante un poder desmesurado. Hay pues dos tipos de lo sublime, según Kant: uno el de la grandeza, «lo que da la impresión de algo absolutamente grande, con lo que nada se puede comparar ni medir» (¿acaso no dan algunos días esa impresión ciertos toreros?), y otro dinámico, el espectáculo de una fuerza natural sin límites (¿acaso no provocan algunos días ese sobrecogimiento ciertos toros?). «Nubarrones borrascosos que se amontonan en el cielo y avanzan zarandeados por relámpagos y estruendo, volcanes con toda su violencia destructiva, huracanes que siembran la desolación, el océano sin límites elevado en tempestad, la caída vertiginosa de un río potente, etcétera, reducen nuestra facultad de resistencia a una pequeñez insignificante, comparada con su fuerza», escribe Kant (*Crítica del juicio*, § 23). Se nos ocurren otras imágenes. Estamos en Pamplona, una de esas plazas que, de vez en cuando, nos elevan a alturas de lo sublime. Es el 11 de julio de 1987. El segundo toro, llamado «Chivito», de la ganadería de Pablo Romero, está en el ruedo: es gris obscuro y pesa 651 kg de músculos y pitones acerados, un monstruo de fuerza. Nada más salir al ruedo, siembra el pánico: salta la barrera y expulsa a todo el personal del callejón, vuelve al ruedo, nada ni nadie puede detenerlo, nadie puede engañarlo ni dirigirlo, es un poder desnudo y libre; entran los caballos, «Chivito» se precipita tres veces contra los petos y derriba todo el grupo ecuestre, dos veces el picador de turno, después, en seguida, el picador de reserva, tres veces se desploma la tonelada como frágil montaña, «pequeñez insignificante comparada con su fuerza», luego «Chivito» vuelve a saltar la barrera, nuevo pánico, vuelve de nuevo al ruedo, nuevos asaltos contra los percherones encaparazonados y, al quinto puyazo, nuevo desplome de la fortaleza montada, el picador Caneva cae sobre los pitones y se escapa de ellos, pero, ¿quién detendrá esa «violencia destructora»? Al noveno puyazo, se calma un poco, suena el cambio de tercio y con las banderillas hay un sálvese quien pueda, y por fin Luis-Francisco Esplá se encuentra solo frente al huracán...

> Pero su espectáculo —continúa Kant— resulta aún más atrayente cuando más espantoso es, con la exclusiva condición de que estemos protegidos; y con gusto llamamos sublimes esos fenómenos, pues elevan las fuerzas del alma más allá de su nivel habitual y nos hacen descubrir en nosotros una facultad de resistencia de una clase totalmente distinta, que nos infunde el valor para medirnos con la aparente omnipotencia de la naturaleza.

Ambigüedad de los sentimientos e impresión de lo sublime. Por una parte, el *espanto* ante ese poder; por otra, la *falta de miedo*, pues ante la naturaleza estamos como en las corridas de toros: en el espectáculo. Lo sublime espanta sin dar miedo: basta con que «*ima-*

gináramos el caso en que quisiésemos oponerle alguna resistencia y en el que cualquier resistencia resultaría vana» (Kant). *Una realidad espantosa, pero vista como en el teatro*: eso es exactamente una corrida de toros. Y ese espectáculo nos engrandece, pues tenemos la sensación de que podríamos... no *nosotros*, nosotros no podríamos en verdad, pero vemos claramente que sería posible a *un hombre* medirse con esa omnipotencia, por lo que sentimos en nosotros también la posibilidad de esa fuerza que, en realidad, nos supera. Algo en nosotros podría ser Esplá.

> El carácter irresistible de la fuerza de la naturaleza [*ese toro desenfrenado*] nos hace reconocer, a nosotros, seres naturales [*nosotros, pobres seres humanos*], nuestra impotencia en el plano físico, pero, por otra parte, nos revela al mismo tiempo una facultad para considerarnos independientes respecto de esa fuerza irresistible, así como una superioridad sobre la naturaleza [*pues ahí tenemos en Esplá una humanidad posible*]: esa superioridad fundamenta una conservación de sí de un orden totalmente distinto del que se ofrece a los ataques de la naturaleza exterior y a sus amenazas. Así, la humanidad en nuestra persona permanece imbatida [*puesto que la tenemos ahí imaginariamente en la arena de la plaza*], aunque el hombre debiera sucumbir ante ese poder de la naturaleza [*pero también puede triunfar sobre ella*]. Nuestro juicio *estético* [pu*es estamos en el teatro, no hay que olvidarlo*] no considera que la naturaleza [*la naturaleza real, pero vista desde los tendidos*] sea sublime porque infunda miedo [*espanta, nada tenemos que temer*], sino porque moviliza en nosotros nuestra fuerza (...) que nos permite entonces considerar pequeños nuestros motivos de preocupación (bien, salud y vida) y, por consiguiente, no considerar la fuerza de la naturaleza (...) un poder tal, que estuviéramos obligados a someternos a él [*pues esa omnipotencia física es humana y moralmente vencible*]. Así, llamamos sublime la naturaleza simplemente porque eleva la imaginación hasta la capacidad de presentar esas situaciones en que el espíritu puede tomar conciencia del carácter en verdad su-

blime de su destino, superior incluso a la naturaleza» (Kant, *Crítica del juicio*, § 28).

Así, pues, el placer de lo sublime siempre va mezclado con pena, nunca es puro. «Lo bello entraña directamente una sensación de plenitud de la vida (...), pero la sensación de lo sublime es un placer que sólo brota indirectamente, porque es producida por la sensación de una detención de las fuerzas vitales durante un breve instante, seguida inmediatamente de una expansión de ellas tanto mayor» (*ibid.*, § 23). El poder sin límites nos espanta, la grandeza nos abruma.

> El primer efecto de lo sublime es el de abrumar al hombre y el segundo el de elevarlo. Al principio, se apodera de nosotros el espanto ante ese aspecto [*el del toro a la salida del toril*], aunque ningún daño personal pueda afectarnos entonces [*sentimos intensamente la comodidad de nuestros incómodos tendidos*], pero, cuando toda la furia de la naturaleza se manifiesta, el hombre siente una energía interior que puede liberarlo de todos los temores, mediante la voluntad o la resignación, mediante el ejercicio o la abdicación de su libertad moral, y esa conciencia de sí mismo vuelve a animarlo y lo alienta (*ibid.*).

La grandeza sola es a veces sublime: la del torero cogido, herido, sangrante, que permanece en el ruedo, de pie, pálido, para terminar su faena y se desmaya en el momento preciso en que el toro se desploma: como si su cuerpo, al desfallecer, se hubiera impuesto al final a su fuerza de ánimo, como si su *ser* de torero lo abandonara para indicarle el fin de su oficio. Pensamos también en ciertos cuerpo a cuerpo épicos: Domingo Valderrama frente a miuras que le sacaban una cabeza en altura y el grande era él. O las lidias, de poder a poder, de César Rincón en Madrid, al comienzo del decenio de 1990: ¿cuándo se ha visto un cuerpo tan vulnerable al servicio de un alma tan generosamente resistente? O también Nimeño II en la plaza de Nîmes, el 14 de mayo de 1989, al quedarse solo frente a cinco guardiolas terribles, uno de los cuales ya había enviado a su compañero Victor Mendes a la enfermería: ahí teníamos a Nimeño, frente a ese toro criminal, que estuvo a punto de matarlo, y después frente a los otros cuatro, capas, banderillas, muleta, espada, y él siempre tan endeble y cada vez más grande de toro en toro. Ya no era una corrida de toros, era una epopeya y real, ahí, ante nuestros ojos. Entonces, ¿la humanidad puede alcanzar esa grandeza? Sólo el espectáculo de una *lucha* puede darnos una idea de ello. Es lo que confirma precisamente Kant, el gran «humanista» y el hombre del «proyecto de paz perpetua». Al leerlo, nos preguntamos si habría presenciado alguna una corrida. No salió de Königsberg (hoy Kaliningrado), al borde del Báltico, región poco taurina, ya lo sabemos, pero, reflexionando sobre la estética de lo sublime, reinventó sin saberlo el concepto de corridas de toros.

> En efecto, ¿cuál es —pregunta— el objeto de la mayor admiración de los hombres? Un hombre que no se espante, que no tenga miedo, que permanezca firme ante el peligro y, al mismo tiempo, haga firmemente lo que deba hacer aplicando toda su reflexión. Incluso en el nivel más refinado, el guerrero sigue siendo un objeto de consideración privilegiado; simplemente, se exige, además, que dé prueba de todas las virtudes propias de la paz, por tanto, de dulzura, compasión (...) e incluso que dé prueba con su propia persona de un cuidado conveniente, precisamente porque así se reconocerá que su alma es inaccesible al peligro. (...) Cuando se riñe con orden y respeto sagrado de los derechos civiles, la propia guerra es en cierto modo sublime y al mismo tiempo revela la forma de pensar del pueblo que la hace así, tanto más sublime cuanto que se ha expuesto a numerosos peligros que ha sabido afrontar con valor (*ibid.*, § 28).

¿Qué mejor retrato del torero? Un hombre que no se espanta... que permanece firme ante el peligro y, al mismo tiempo, hace firmemente lo que debe hacer (virtud ética) aplicando toda su reflexión (virtud intelectual)... Un guerrero que da prueba de todas las virtudes propias de la paz es algo que no existe en las guerras de verdad, en las que la inhumanidad más grosera rivaliza con la crueldad gratuita, pero es lo que se ve todos los días en la plaza. Un guerrero que da prueba de un cuidado conveniente para con su propia persona, pero, ¿dónde se ha visto, fuera de las corridas de toros, a combatientes impecablemente arreglados y cuidadosos de su atuendo hasta el menor detalle? ¿Y qué mejor cuadro (involuntario) de la lidia en la plaza? «Una guerra reñida con orden y con respeto absoluto» del adversario: ésa es exactamente la ética agonística de las corridas de toros. ¿Dónde se ha visto una realidad que corresponda a esa imagen sino en las corridas de toros, que hacen realidad su ideal ante nuestros ojos? Y eso es precisamente lo que las hace sublimes.

A veces la grandeza absoluta del torero y la omnipotencia del toro se mezclan y la propia naturaleza interviene: encuentro sublime de esas tres manifestaciones de lo sublime, la grandeza del hombre, el poder de la fuerza animal y la naturaleza furiosa que combina poder y grandeza. Estamos, por ejemplo, en Pamplona el 14 de julio de 1973. Los toros son de la (en aquellos entonces) temible ganadería de Miura, es la corrida de clausura de la feria y el matador Antonio José Galán ha triunfado, sin gloria, con el tercer toro, con un estilo populista y basto que le ha valido dos orejas generosas. En el quinto toro, el cielo se pone amenazador: «nubarrones borrascosos que se amontonan en el cielo y avanzan zarandeados por relámpagos y estruendo»... como dice Kant. De repente, cuando sale el sexto toro, derrochando bravura, estalla la tormenta. Su nombre —*Inoportuno*— es presagio de la excepción. Arrecia la tormenta, se vuelve inmensa, pero el toro ha salido, ya no se puede suspender la corrida, hay que ir hasta el final. Los capotes se debaten ya en el barro. Cae un diluvio, el toro acude con fiereza al caballo, boyante. El cielo se ha puesto negro. Los tendidos se han quedado casi desiertos, la multitud se ha refugiado mal que bien en las gradas. El trueno y el rayo se desencadenan durante el tercio de banderillas, nos preguntamos de dónde pueden proceder tanta agua y tanto frenesí. En esta noche que cruzan fulgores y rugidos, el torero de sonrisa pánfila toma la muleta y la espada, ¿qué va a hacer para deshacerse del incansable asaltante bajo semejantes trombas de agua? Pero precisamente no lo «liquida», pues todo está ya empantanado, salvo los dos adversarios, que han permanecido sólidos y más bravos que nunca. Galán se apresta pues para la lidia... Mira por dónde, el hombrecillo vulgar adelanta la mano izquierda, casi desarmada, y se pone a resistir valientemente toda aquella fuerza, la del cielo que nos cae encima y la de los pitones que se lanzan sobre él; ya está descalzo, ya no hay arena debajo de él, sólo un vago mar en el que el toro va y viene, pero el hombrecillo permanece plantado allí, de pie, con su grandeza en medio de las olas que le llegan por todos lados y resulta que él, el payaso grotesco como el Mozart de Milos Forman, se pone a dibujar series de naturales de ensueño, las más distinguidas y elegantes del mundo, para burlarse del cielo, parece, cuya furia se decuplica. Vociferamos o permanecemos callados, nadie sabe qué hacer, todo se embarulla, risas y lagrimas. Sin embargo, aún no hemos visto nada: a lo sublime de poder sucede lo sublime de grandeza. Con el estoque en la mano, nuestro Aquiles intenta un primer asalto, pero resbala y pincha. Entonces el heroico duendecillo tira al agua la muleta y lo que le queda de instinto vital para no ser ya otra cosa que un alma desnuda —sin cuerpo ya. Y sin trapo y sin defensa se lanza al vacío, entre los pitones, tras su espada. Cae en el mar, muerto tal vez... ¡Pero no!, es el otro héroe, «Inoportuno», el que se desploma... Galán renace de repente a la vida, ya está en el paraíso, viene de otro mundo; no es su *Réquiem* lo que acaba de escribir, sino su *Misa de la coronación*. Ni siquiera tiene tiempo de mirar su obra que yace a sus pies en el río cenagoso, cuando, al calmarse de repente la tormenta, el público invade el ruedo, suben en hombros al héroe, con las dos orejas y el rabo en las manos (¿quién ha dicho que hubiera sido nunca vulgar o pequeño? ¡Es el más grande y noble de los toreros!), mientras que los restos mortales de «Inoportuno» son aclamados por una multitud que ha vuelto de pronto de todos lados y que afirma haberlo visto todo: «Ha sido sublime», dicen. Sí, sublime, no hay otra palabra para expresarlo, pero, ¿quién podía saber (¡pobres profanos!) que aquel desorden de todos los sentidos existiera y que una corrida de toros pudiese llegar hasta *allí*? Es el único espectáculo en el que uno puede ver la desmesura de la realidad con tanta evidencia. ¿Dónde puede uno sentirse embargado de ese espanto y esa admiración por el poder de la naturaleza fuera del hombre y por la grandeza de la naturaleza en el hombre?

El toreo, arte clásico

Las corridas de toros raras veces son sublimes, a veces son bellas, con frecuencia aburren, pero en su esencia el espectáculo aspira a lo sublime. El toreo, por su parte, raras veces es bello, a veces es admirable, con frecuencia es insípido, pero, según los cánones de su *estética* (y, naturalmente, en modo alguno se reduce a ella), ese arte aspira a la *belleza*. No es seguro que, de todas las emociones que pueden querer suscitar las corridas de toros (miedo, espanto, admiración, entusiasmo, exaltación, éxtasis, etcétera) —por no hablar de las que no quiere suscitar (cansancio o hastío, a veces)—, la emoción estética sea preponderante. No es seguro que, entre las emociones estéticas que puede infundir, la de la belleza sea la dominante; con ella se mezcla, como en muchas otras formas de expresión o creación, fealdad, esperpento, grandeza, tragedia, patetismo y, evidentemente, sublimidad, pero el arte del toreo mismo, independientemente de toda consideración de estilo e incluso en los toreros que no están considerados artistas ni estilistas, tiene como finalidad estética la belleza y obedece a sus cánones. Hay en ello algo que debería asombrar y que, sin embargo, resulta innegable.

No se trata de esa belleza exterior a la esencia del toreo, la que inspira a las otras artes, la que retiene el ojo del pintor, la belleza de la plaza, de los trajes, de los hombres, la de ciertos toros, la que inspira el gesto del escultor, la belleza dinámica del grupo toro-picador, el perfil de un toro de Pablo Romero. Se trata solamente de la belleza interna del toreo, la de ese duelo estilizado al que se entregan el torero, armado de su engaño (capa o muleta), y el toro, armado de sus pitones. Esa belleza está creada por el *arte* y sólo ese *arte* puede crearla.

Contrariamente a un prejuicio tenaz, esa belleza, como ninguna otra, *no es* «subjetiva», no depende de los «gustos» particulares de cada cual... aunque dependa de cada cual la búsqueda en el toreo de otras emociones distintas de la belleza o preferir a Joselito frente a Belmonte o el estilo de tal «artista» al de tal otro. Se puede debatir indefinidamente para saber quién es el «mejor» torero o cuál es la «mejor» faena, como podemos preguntarnos quién es mejor pintor: Velázquez o Goya. En realidad, esa disputa mezcla dos preguntas: ¿cuál es el criterio del «buen torero» o, mejor dicho, cuál sería la correcta jerarquía de criterios (suponiendo que exista): el más dominador, el más eficaz, el más valiente, el más creativo, el más personal, etcétera? La otra pregunta es: ¿Y cuál es el estilo de toreo que *me emociona* más? La primera es objetiva y sólo versa sobre la belleza, la segunda es subjetiva y no zanja la cuestión de la belleza. Se puede ser defensor de Juan José Padilla o de Richard Milian, admirar su valor, alabar sus recursos, aplaudir su oficio, pero a nadie se le ocurriría alabar la «belleza» de su *estilo*, salvo como un abuso del lenguaje. Y nadie podrá discutir que el estilo del toreo de Manzanares padre o hijo (que puede no gustar) es más «bello» que el de Espartaco o el de Eduardo Dávila Miura (que se puede poner por las nubes), como tampoco se podrá negar que una tela de Tiziano es más *bella* que una de Goya... lo que no impedirá a nadie sentirse más emocionado por el *Tres de mayo* que por *El hombre del guante* o considerar al maestro español «un más grande pintor» (si es que eso tiene sentido). En realidad, si consideramos la belleza y sólo ella, deberemos convenir en que tal vez sea la más objetiva de nuestras categorías estéticas, la menos dependiente de nuestras preferencias.

Pero hay otro sentido en el que se puede considerar la belleza un valor objetivo y en modo alguno subjetivo del *toreo en general*... y desde ese punto de vista el toreo es un arte diferente de los demás. Es que, sean cuales fueren el estilo del torero o el concepto de su toreo (dominio, poder, entrega, expresividad, dramatismo, etcétera), los fundamentos de éste son esencialmente —lo quiera y lo sepa o no— los cánones de la *belleza* clásica —los que Belmonte inventó para el toreo al redescubrirlos en las otras artes— en el momento mismo en que éstas parecían abandonarlos definitivamente. Sí, Padilla, Milian, Espartaco o Dávila Miura, también ellos torean conforme a esos mismos principios, aun cuando, por su estilo, su personalidad o su concepción del toreo, los ilustren menos evidentemente que los que visiblemente *buscan* la belleza: Manzanares, Ortega Cano o Morante.

Los cánones de la belleza clásica tal vez no sean otra cosa que la realización sensible de algunas reglas lógicas. Entonces podríamos guiarnos por los principios generales de la razón, tal como los enunció en la época clásica, en particular, Leibniz y aplicarlos a la esfera estética. Así ocurre con el principio de «maximización»: un «mínimo de causas debe ocasionar un máximo de efectos». En matemáticas, por ejemplo, una «bella demostración» es la que infiere las consecuencias más considerables o más inesperadas del mínimo de premisas: así, las célebres demostraciones de la infinidad de números primos o de la irracionalidad de $\sqrt{2}$, proposiciones vertiginosas que se deducen con toda sencillez de algunas proposiciones evidentes. En el ajedrez, igualmente, se conceden por unanimidad «premios de belleza» a esas partidas en las que, después de una cascada de «sacrificios» de piezas importantes, el empuje de un mero peón conduce a un jaque mate imparable: esa clase de combinación audaz hace llorar de emoción estética a los aficionados. Del mismo modo, el torero intenta obtener el mayor número de efectos posible sobre su adversario utilizando el mínimo de medios: mínimo de engaño, de tiempo, de espacio, de movimientos, etcétera. Ese principio de economía —«lo más mediante lo menos»— es el primer secreto de la belleza plástica del toreo, ya sea en el gesto, el pase, la serie o la faena entera.

En la «dirección de la lidia», a veces la belleza de un gesto surge en el momento más imprevisible. Veamos: el momento es ingrato, casi vacío, es una fase aparentemente técnica: el torero debe desplazar el animal de aquí a allá, desde un extremo de la plaza, donde distraían su atención durante la entrada de los caballos, hasta el picador que ya está en su lugar: «colocarlo en suerte», según la jerga. Inopinadamente, ahí tenemos el brillo de la belleza, una joya, un regalo: en un único lance, un simple gesto, un gesto de lo más sencillo, el torero, como si nada, con una sola mano hace volar el capote ante los ojos del toro y lo conduce con un movimiento de la muñeca quince metros más allá, ahí, así, justo donde hace falta, delante del caballo... Es la belleza en persona, tan desnuda como la verdad. Supongamos que un instante después el torero deba quitar el toro del caballo contra cuyo peto esté ensañándose. También entonces hace esa maniobra con un solo movimiento, pero esa vez es un pase afarolado, en el que al final se lanza la capa por encima de la cabeza, como jugando. Entonces la belleza adquiere un cariz distinguido, casi aristocrático, como una sonrisa que se suma a la razón: «Mira», parece decir la inteligencia a la materia, «puedo doblegarte con un gesto y ese gesto me divierte, me gusta, disfruto».

Pues el pase es, en su fondo, funcional: un regate. No hay arte en él, salvo tal vez la gratuidad del juego: provocar el peligro para poder evitarlo. Pero la primera dimensión formal que se suma a la función es la economía: la búsqueda de la simplicidad de las vías de las que depende la elegancia de la ejecución. Entonces el juego ya no es con el animal, sino con los medios empleados, acciones, espacio, tiempo. Así, pues, el camino de la belleza, en el caso del pase, es forzosamente la línea recta o el arco de círculo. La línea recta es el máximo de movimiento del toro provocado por el mínimo de movimiento del torero: así, el hombre espera, inmóvil, estilizado y, con un temblor del engaño (el toque), el toro se arranca de lejos, derecho, la muleta se eleva a su paso, apenas un impulso de la muñeca: es la belleza elemental del pase llamado «estatuario». El arco de círculo es más bello, pues no es sólo el máximo de movimiento del toro gracias al mínimo de movimiento del torero, sino también el máximo de *efecto* sobre el movimiento natural del toro gracias al mínimo de *causa* en el propio movimiento del torero. Ya no se trata sólo de mover el toro, sino también de mover su movimiento. A cada instante, el toro se ve obligado a curvar su recorrido, pero la inclinación es continua, el arco es perfecto y el cuerpo del torero, punta plantada del compás, es su causa inmutable. El canon de la belleza plástica coincide en este caso con el principio constitutivo del punto fijo, mediante el cual se definen todas las artes. La semántica de la belleza coincide con la sintaxis del arte. Lo que hace bello el pase no es esa *causa*, ese gesto apenas esbozado del torero, pues, si no fuera ejecutado delante del toro, sino delante de un espejo, sería elegante, pero vano. Lo que hace bello el pase no es ese *efecto* en el toro, ese cambio de su movimiento que no cesa de inclinarse y aminorar, pues, si fuera provocado por una agitación febril del torero, ese mismo efecto sería basto. Lo que hace la belleza es la fuerza de la *relación* entre la modestia de esa causa y la amplitud visible de ese efecto.

La belleza de una serie obedece al mismo principio. El torero ocupa un espacio mínimo sin que en ningún momento parezca *desplazarse en él*, mientras que el toro se desplaza en un espacio máximo sin que en ningún momento parezca poder *ocuparlo*. Eso es lo que hace el estilista: da un paso, uno solo, justo, mientras que el zafio pisotea. El estilo bello es el del esquiador que baja recto y veloz, encadena los virajes sin desviarse de su propia línea recta; parece mandar a la pendiente en lugar de sufrirla, ya que la gravitación carece de efecto sobre su velocidad, siempre uniforme; todo está controlado, la pendiente, la nieve, el relieve, y, sin embargo, no parece que haga nada, apenas un ligero desplazamiento regular de las rodillas, lo demás no se advierte, todo está unido, sin esfuerzo, sólo placer, nada en él que pese o cueste. Ciertos creadores logran, así, a fuerza de depuración de su propia actitud (mínima) y de dominio (máximo) de la conducta del toro, transformar un arabesco de paso o un simple gesto técnico en un pase esencial y profundamente *bello*. Paco Camino transformó así el lance llamado chicuelina, todo tela y media vuelta, en el que el toro pasa al lado sin ver nada, en una suerte en la que el cuerpo gira suavemente sobre su eje, en que todo el gesto guía al toro con la eficacia de una verónica, sin tela que se desborde. José Tomás supo recuperar la dramática sobriedad y el espíritu del creador de la manoletina, muy lejos del frívolo caracoleo en que se había convertido. Y, después de Enrique Ponce, el «cambio de mano por delante», pase funcional como su nombre indica, nunca más será como antes: ya no hay dos manos, hay un solo gesto completamente fundido, en el que el paso del toro es el que parece asegurar el paso del engaño, en un movimiento continuo del cuerpo entero de suma elegancia y autoeclipse. El milagro de la belleza está aún presente en este caso, aunque no se separe de la eficacia: el toro resulta embarcado con la misma seguridad que con el más firme de los pases naturales. En los tres casos, lo que ha permitido a grandes artistas transfigurar pases anodinos es la reducción de los medios (gestos, movimiento, tela, desplazamiento, actitud), correlativa con una ampliación de los fines (mandar durante más tiempo, con mayor recorrido, con mayor poder). Así se transforma el plomo en oro. Todos los grandes toreros, sin excepción, sea cual fuere su estilo, han logrado esa economía. Es su marca.

Toda belleza plástica obedece al principio de «maximización». A él se debe en el espectador una sensación de equilibrio, pero en el caso del toreo hay algo más, pues el equilibrio —y, por tanto, la belleza— nace de su opuesto. El toreo, en su definición, supone un contraste inicial: la aparente fuerza del toro, la aparente debilidad del torero. La alquimia de la belleza transforma esas apariencias en sus contrarios, el poder del torero, la impotencia del toro: ése es el principio de «maximización» aplicado singularmente al arte del toreo. Cuanto más reducidos parecen los medios de lucha del hombre, mientras que los del toro parecen aumentados, tanto más bella podrá ser la transformación, pues la belleza sólo nace si —y cuando— esa desproporción inicial se convierte en su opuesto: la riqueza de la utilización que el hombre hace de sus medios comparada con la —irrisoria— que el animal hace de los suyos. *La belleza es el acto de esa transmutación.* Se vislumbra en la belleza intrínseca del pase natural, el más simple y, por tanto, el más difícil: la tela y el gesto quedan reducidos a la anchura del estaquillador, mientras que con la derecha la tela queda ampliada con la espada, y el recorrido del toro se alarga al máximo.

En todo arte clásico, el gran artista da la impresión de no hacer nada. Se contenta con ser. Ni esfuerzo ni dificultad, ni *esmero* siquiera. Estar ahí, simplemente, y hacer, con una cosita de nada, como si nada. El gran torero se eclipsa o, mejor dicho, no actúa, causa, es una causalidad sin actividad. (Lo inverso ocurre con algunos agitados, antiartistas. Actúan, se apresuran, sin de verdad «causar» nada.) Lo que engendraba así la belleza tan serena del toreo de Antoñete era que toreaba aparentemente sin hacer *nada* y sin hacer nada *aparentemente*... lo que en todo arte es lo más difícil y el último grado de la destreza: la mano izquierda se adelanta, la pierna izquierda está ya ahí, claramente en el eje de embestida, pero sin adelantarse ni mostrarse avanzando, al contrario de esos toreros aplicados que «cargan (demasiado visiblemente) la suerte», como dice la jerga, y quieren demostrar así que «no dejan de hacer todo como Dios manda». Y después la mano de Antoñete vuelve, igualmente ligera y, sin embargo, recargada esa vez con toda la embestida del animal. Se podía ver la misma depuración servida por otro estilo, más caprichoso, pero más augusto, en otro creador de belleza, Curro Romero. Así, en una de sus faenas de muleta (San Sebastián, 17 de agosto de 1973, Mercedes Pérez-Tabernero), admirable miniatura, la tela estaba tan reducida en los «naturales», que el torero daba la impresión de torear sin engaño, al desnudo, sólo con su cuerpo, pese a estar casi inmóvil, que parecía dirigir lentamente la embestida donde gusta, o mejor dicho, donde resulta necesario. Curro era eso, una forma imperial de no hacer nada por sí mismo y hacer que el resto lo hiciera el toro: así se representa a un soberano de derecho divino. En sus demasiado escasas grandes obras, era todo *actitud*, nunca *movimiento*. La embestida del toro parecía plegarse a lo que la omnipotente estatua del comendador le ordenaba hacer. Rafael de Paula era la misma belleza al servicio de una expresión inversa: el sufrimiento barroco. En una serie de verónicas (Madrid, 1979), la embestida del toro resultaba más violenta a cada paso, mientras que el tamaño del capote resultaba cada vez más reducido, descubriendo poco a poco los muslos. La belleza crecía, más intensa, pero también más desgarradora, como si estuviera a punto de romperse. Fue lo que ocurrió al quinto lance, la embestida era demasiado violenta, el engaño demasiado estrecho, la belleza demasiado intensa... y fue herido de gravedad. Dos años después, en esa misma plaza, la misma belleza, la que disminuye sus medios para aumentar el poder de sus efectos, se rompió de nuevo: el torero Pepín Jiménez fue víctima, también él, de un *exceso* de belleza, si es que podemos decirlo así. La desproporción entre aquel hombre desprovisto (estaba en el eje, tranquilamente, adelantaba el brazo, simplemente, esperaba con calma) y la arrogancia de los medios del toro (se arrancaba en línea recta) alcanzaba su límite extremo: tenía por fuerza que romperse. La fragilidad del hombre, la fuerza del toro, se veían entonces al desnudo, solitarias, entregadas a sí mismas, sin el fino hilo de belleza pura que los unía. Entonces se comprende (tan claramente como al escuchar un *Impromptu* de Schubert) que la mayor belleza, *cuando es la más sencilla*, está próxima al mayor sufrimiento. ¿Hay algún otro arte, distinto del toreo, en el que ese sufrimiento se tome en sentido propio y no sólo figurado? Pues en el toreo es sin duda las dos cosas, real como la angustia o la herida del torero y metafórico como nuestra angustia, cuando vemos brotar esa belleza del miedo que la emparedaba.

El principio de maximización somete la belleza a una regla cuantitativa: lo más posible mediante lo menos posible. Pero ese principio es insuficiente, si no es completado por una regla cualitativa de optimación o de *unidad*, sin la cual la belleza se reduciría a una admirable economía de medios o a un simple cálculo de rendimiento. Podemos llamar a ese segundo principio «regla de perfección», entendiéndolo en el sentido de los teóricos del arte (o de los teólogos) de la época clásica: «tanta variedad como sea posible, pero con el mayor orden que se pueda, es el medio para obtener tanta perfección como se puede» (Leibniz, *Monadología,* 58). Más simplemente: «la concordancia (*consensus*) con la mayor variedad» (Christian Wolf, *Ontologia,* 503).

En ese sentido, la perfección es ya, negativamente, la falta de fallo o de escoria. No hay ruptura del movimiento ni distancia incontrolada, ni enganchones de la capa ni de la muleta, todo es liso, todo fluye. Ni defecto ni exceso: nada en demasía. Ni ese desequilibrio en la posición del cuerpo ni esa abertura excesiva del compás de las piernas ni ese arqueo demasiado marcado ni ese alargamiento desmesurado del brazo. La serie, la faena, ni demasiado corta ni demasiado larga: ni tiempo muerto ni precipitación. «A eso se debe nuestra costumbre de decir, al referirnos a obras muy logradas, que es imposible suprimir ni añadir nada en ellas, con lo que nos referimos a que el exceso y el defecto destruyen la perfección, mientras que el justo medio la preserva» (Aristóteles, *Ética a Nicómaco,* II, 5), pues, «si bien el justo medio parece cuantitativamente un centro entre dos extremos, cualitativamente es una cumbre» (*ibid,* II, 6).

Pero la perfección no es sólo la falta de imperfección ni el equilibrio cuantitativo entre excesos contrarios, es también el equilibrio cualitativo entre fuerzas opuestas. Los dos adversarios precisamente: sus dos cuerpos antagónicos (verticalidad brillante, sombría horizontalidad) coligados en una única masa y unidos en un *mismo* movimiento, el del pase, la serie, la faena. El hombre es todo brazos, el toro es todo patas y juntos forman un solo movimiento. El torero está inmóvil: la Razón no puede cambiar. El toro está móvil: la Naturaleza no puede permanecer quieta. Pero juntos componen una misma actividad regulada que imita la inmovilidad. El animal es arrebato, pero el toreo lo humaniza. La belleza excluye regreso alguno de la animalidad: por parte del toro y por parte del torero. A la menor injerencia del cuerpo del torero (un automatismo, un reflejo, el instinto), a la menor intrusión de su emoción (el miedo, el espanto, el pasmo), la belleza se quiebra, junto con la unidad: ahí volvemos a tener dos mecanismos adversos en lugar de esa unidad orgánica que parece movida por una sola voluntad.

El torero es un combatiente que necesita un enemigo al que abatir, pero el artista que es necesita connivencia, pues la belleza es concordia, en la que está vedada disensión alguna. En todas las artes, la belleza nace del sentimiento de una unidad ganada a la diversidad y de la relajación de las tensiones antagónicas (líneas de fuerzas plásticas, expectaciones armónicas, etcétera), pero, ¿dónde, fuera de una plaza, se puede ver tan claramente que la belleza es la realización en acto de esa reconciliación de los contrarios? Al ver torear al artista, se comprende (tan claramente como con la contemplación de un cuadro de Caravaggio o escuchando una sinfonía de Beethoven) que la mayor belleza, *cuando es la más armoniosa,* está próxima a la mayor discordancia, porque nace de su pacificación. ¿Acaso existe un arte distinto del toreo en el que ese apaciguamiento se tome en sentido propio y no sólo en el figurado? Pues en el toreo es tan real como el combate y tan metafórico como nuestra tensión cuando vemos surgir esa belleza de su contrario.

La perfección es también el orden compatible con la mayor variedad, la unidad de la diversidad. *Unidad* de acción... en el sentido del teatro clásico. El toreo es por definición una sola acción, un único relato, siempre el mismo: «Sale un toro, lucha y muere». Dicho de otro modo, toda la historia se resume en esto: «Un hombre afronta un animal salvaje y triunfa sobre él». Y la belleza del toreo consiste en hacer de esa acción única una unidad de acción. Así José Tomás: va al centro del mundo, combate y vuelve. *Unidad* de tiempo. El toreo tiene por definición una limitación temporal: una faena de muleta dura una decena de minutos como máximo, después de los cuales *hay que* matar, pero la belleza del toreo consiste en hacer de ese tiempo limitado una unidad de tiempo: una intensidad en aumento, como en ciertas faenas de Enrique Ponce, o una tensión permanente, como en algunas de El Juli. *Unidad* de lugar. El toreo se desarrolla en un espacio cerrado y el arte consiste en mostrar su unidad; a eso se debe con frecuencia la belleza de una faena: se desarrolla en un solo terreno, está enteramente recogida en sí misma, por lo que es enteramente *comprensible*... en el doble sentido del término: aprehensible por la inteligencia y la imaginación. Y, si, además, ese terreno es el centro del ruedo, parece obedecer, a su vez, al principio de maximización: desde un centro único, tomado como medio, dominar un espacio inmenso, considerado como fin; a la belleza se suma la grandeza. Al final del decenio de 1980 y al comienzo del de 1990, el matador José Ortega Cano construyó así algunos sólidos edificios clásicos (en Santander, en Sevilla), maravillas de equilibrio y depuración, enteramente construidos sobre un espacio reducido, a medio camino de las tablas y de los medios. Una decena de años después, en un estilo muy diferente, menos teatral y más dramático, José Tomás edificó, en pleno centro (Barcelona, Madrid, Puerto de Santa María), algunas obras maestras en las que la intensidad parecía enteramente contraída en un punto.

A esos dos principios, cuantitativo y cualitativo, hay que sumar seguramente un principio que los una. Es fácil de inferir de lo que precede: la maximización es un principio de economía de medios: aun así, hace falta que éstos constituyan un todo, gracias al principio de perfección o de unidad. Pero, ¿en qué se basa *en realidad* la unidad de los contrarios si no en la voluntad del hombre que se impone a los dos? Para que los desplazamientos del hombre y del toro formen un solo movimiento, es necesario que el hombre se imponga tanto a sí mismo (a su cuerpo, a su miedo) como al toro (a su embestida, a sus desvíos). Es necesario que se vean la suerte, la serie e incluso la faena como resultantes de una única voluntad que se impone, prevé, ordena. Ésa es la condición de lo que se llama una «obra», en la esfera que sea. La belleza nace de ahí o, mejor dicho, vemos la belleza en la obra cuando, gracias a esa voluntad única, la *necesidad* de una acción pasa a ocupar el lugar de la contingencia de los acontecimientos. En la obra bella, no hay sólo economía de medios, unidad del todo, sino también y sobre todo necesidad de cada uno de los detalles y los momentos. Determinada pincelada de color no habría podido ser otra ni producirse en otro momento; ese *sí* bemol no habría podido dejar de producirse. Es la sensación que da toda belleza, la impresión de que hay ahí algo que, aun siendo fortuito como el arco iris, se produce exactamente como Dios manda. Cuando surge, el pase bello se desarrolla de una manera que excluye accidente de recorrido alguno y *el siguiente no habría podido seguir de otro modo* y la serie entera se desarrolla como debe hacerlo. No es que lo imprevisible haya desaparecido (está siempre ahí merodeando y amenaza precisamente… es lo propio de la corrida de toros), pero todo ocurre como si hubiera sido impuesto. Cada cosa llega en su lugar y en su momento, como si no pudiese dejar de llegar, como si desde siempre fuera seguro que sucedería así. En las grandes faenas todo parece concebido desde la eternidad e improvisado en el instante. No prevemos las series, pero creemos ver a cada instante que eran previsibles, ya que parecen producidas, *creadas*, como por necesidad de una voluntad soberana. Incluso los tiempos muertos pasan a ser respiraciones indispensables, los adornos parecen pases fundamentales y la muerte del toro se presenta como el fin ineluctable de la obra. Todo arte clásico, cuando aspira a la belleza, excluye el azar: toda obra bella es portadora de una necesidad interna, sin otro fin que ella misma, pero hay una diferencia entre el toreo y todas las demás artes clásicas, una superioridad tal vez: es que el toreo crea ante nuestros ojos, «en tiempo real», como se suele decir, esa necesidad de la obra con su contraria, la accidentalidad, la de la vida, de lo vivo, de lo salvaje, del instinto. Al ver torear al artista, se comprende (tan claramente como en el espectáculo de una tragedia clásica) que la mayor belleza, *cuando es la más necesaria*, está próxima al mayor desorden, porque hace de la anécdota una fatalidad y de la historia un destino. ¿Acaso hay un arte distinto del toreo en el que la doma del azar se tome en sentido propio y no *sólo* en el figurado?

¿Cuál es el secreto de esa transformación? Es el motor de todo arte clásico. Todo arte clásico es *mimesis*. «Imita la naturaleza»... en el sentido verdadero del término. Con frecuencia se ha interpretado esa fórmula aristotélica como un programa de duplicación. «Imitar la naturaleza» parecía significar hacer representaciones que copian la apariencia natural, hacer obras que sean lo más «parecidas» posible a los objetos reales, su doble. Tal vez tuviera sentido en la pintura, más difícilmente en la poesía, pero carecía enteramente de él en la música. ¿Qué podría significar en el toreo? En realidad, «imitar la naturaleza» no es lo que hace y menos aún lo que debe hacer la obra (la que «re-produce» las apariencias), es lo que *hace* el arte, lo que hace *necesariamente* en su proceso creador. *Reproduce* el movimiento de la naturaleza cuando ésta *produce*. El arte *hace* lo que debe hacer como la naturaleza lo haría si debiera hacerlo, y desde ese punto de vista la música y el toreo más aún son artes que «imitan la naturaleza».

El toreo es sin duda un arte clásico: la belleza en él no es sino la quintaesencia de la técnica. Un arte clásico se basa en una pericia: ésta hace lo que la naturaleza no puede hacer, pero lo hace como la naturaleza podría hacerlo. El artista clásico es efectivamente una clase de artesano, con la diferencia de que nunca hace dos veces la misma cosa (hace «obras» más que productos) y sus obras están destinadas al placer de la contemplación más que a la utilización práctica, pero esa pericia se aprende y se transmite (saber dibujar, saber componer). Lo mismo ocurre con el toreo, técnica que se transmite en los «tratados», las *Tauromaquias*, y que se aprende bajo la dirección de los maestros en las escuelas taurinas, como en tiempos el dibujo en los talleres. Y la belleza en ese arte clásico no es otra cosa que el mejor producto de la técnica tan bien dominada y asimilada, tan incorporada en el cuerpo y en los gestos del artista, el torero, que ya no se deja ver, ya no se deja siquiera analizar, ni siquiera por el propio artista. Entonces todo parece fácil. Todo cae por su peso. La belleza del arte nace de la técnica, es su flor. Cuando la técnica resulta invisible y se vuelve, por decirlo así, «naturaleza», la belleza resulta posible. El torero, cuando «torea con arte», imita la naturaleza, porque sus gestos, sus actitudes, sus movimientos, parecen nacer de la naturaleza misma de su propio cuerpo o, mejor dicho, de su humanidad (su verticalidad, su autodominio), sin parecer nunca forzados por la naturaleza del animal ni impuestos por la situación de la lidia… y sobre todo porque los movimientos del hombre y del toro se funden hasta el punto de constituir un solo movimiento dictado por su naturaleza común: el pase bello y la serie bella parecen «imitar» el movimiento o la serie de movimientos que haría naturalmente el cuerpo del toro, si fuera determinado exclusivamente por la naturaleza de la voluntad del hombre. Animal *bifronte*, minotauro invertido, cuerpo de toro con cabeza de hombre: una sola naturaleza. Desde ese punto de vista, el toreo es como todas las artes clásicas: la necesidad interna del desarrollo de la obra parece lo opuesto de la imposición exterior y el simple efecto de las leyes de la naturaleza. Ése es el *juego* de la naturaleza y del arte, cuando éste obedece libremente a los cánones clásicos: la naturaleza está «representada» en él. El artificio nunca se deja ver, cae —por decirlo así— «por su peso».

Pero hay algo más en el toreo: esa imitación de la naturaleza en que consiste la *belleza* del toreo se conquista *contra* la naturaleza, porque ésa es la finalidad misma del toreo en general. Cierto es que en el toreo «con arte», la naturaleza es objeto de «representación». Pero ello se debe a la *desnaturalización* que previamente le impone el toreo como tal para que pueda alcanzar belleza. El toreo consiste, como hemos dicho, en la imposición de una forma humana a una materia en bruto y en contrariar la finalidad natural de la embestida del toro; volverla vana, imponerle la curva contra la recta, el orden contra el desorden, la aminoración contra la aceleración, etcétera. El arte consiste en desnaturalizar la embestida natural del toro, pero se trata de hacerlo con belleza, si podemos decirlo así, y, por tanto, *desnaturalizarla lo más naturalmente* posible, imprimirle un dibujo, un ritmo, un movimiento que va en contra de la naturaleza del toro, pero que imita a aquellos que *la* naturaleza utilizaría para realizar esa desnaturalización misma. Ésa es la razón por la que, una vez más, por mucho que la belleza producida por el toreo sea perfectamente clásica, «natural», no por ello deja de ser paradójica, porque está siempre amenazada y a cada instante resulta conquistada sobre su contraria, que es en este caso la naturaleza misma.

Arte contemporáneo, cánones clásicos

Así, pues, el arte del toreo obedece, como cualquier otro arte clásico, a la exigencia de belleza. Es un arte que nació a comienzos del siglo pasado y reinventó para sí mismo los cánones de la belleza adaptándolos a su sintaxis; el cine hizo lo mismo en la misma época. Dichos cánones son el principio cuantitativo de maximización (un mínimo de causas para un máximo de efectos), el principio cualitativo de la perfección (unidad de la diversidad) y el principio de necesidad interna (imitar la naturaleza). Sin embargo, hay algo singular en la forma como el toreo ilustra esos tres cánones... y que hace de él un arte a la vez ejemplar (el que más lo es de todos) y paradójico (el más precario de ellos). El toreo no se contenta con mostrar su obra, la belleza, sino que, además, muestra cómo es *conquistada* sobre su contrario... y por eso es un arte ejemplar. En el toreo la belleza no está nunca de verdad enteramente *dada* ni definitivamente *adquirida*, pues ese contrario del que nace no cesa de amenazarla... y por eso es un arte paradójico. Lo mismo ocurre con la alquimia de la maximización: mientras que las (otras) artes se contentan con ilustrar la maximización y nos dan la belleza, por decirlo así, ya hecha, el toreo nos muestra cómo se forma: es necesario que la indigencia del torero —la economía de sus medios— se convierta en omnipotencia para que la fuerza del toro se convierta en impotencia y pueda nacer la belleza. Entonces es cuando se ve la belleza *in statu nascendi*, pero eso precisamente es lo que la vuelve tan frágil: a cada instante, la fuerza y la malignidad del toro amenazan ese frágil despojamiento. Así ocurre también con el principio de perfección. Mientras que en las (otras) artes la unidad de la forma de la obra abarca la mayor variedad de elementos en un todo, en el toreo esos elementos no son sólo diversos, sino también opuestos: el toro y el torero, combatientes uno *contra* el otro, unidos *en* la misma obra. De modo que el toreo es más arte que todos los demás: en el toreo, mejor que en ningún otro caso, se puede ver que la belleza reconcilia los contrarios, pero ésa es precisamente la razón por la que, también en este caso, esa belleza es precaria: se ve perfectamente que ese sosegamiento (en el temple, por ejemplo) es momentáneo y se teme en todo momento que esa unión de los adversarios sea una simple apariencia, una falsa ilusión, y que vuelva a ser lo que es y seguramente no ha cesado de ser: un combate a muerte. Lo mismo ocurre, por último, con el principio de necesidad. En una obra de arte clásica, todo parece necesario: se ve aún mejor en el toreo, ya que dicha necesidad, la de cada uno de los pases manifestada en el temple, la de su encadenamiento ineluctable, con ritmo, no cesa de ser conquistada sobre el accidente siempre posible (el enganchón, el desarme, la herida), pues el toreo imita a la naturaleza, más que ningún otro arte y, sin embargo, más difícilmente, ya que lo primero que debe hacer es contrariar dicha naturaleza, plegarla, para poder imitarla y, por tanto, ésta puede siempre recuperar sus derechos. Así, pues, se trata de un arte *clásico*, sin duda, pero es un arte impuro, contaminado por la realidad que lo asedia: algo más y algo menos que un arte, una vez más.

Pero hay un punto común, esencial, entre ese más y ese menos. Algo en él le impide alzarse hasta el nivel de un arte y, asimismo, lo coloca por encima de cualquier otro arte. Es que es *verdadero*. El toreo toca una realidad que las demás artes sólo pueden —en el mejor de los casos— soñar. Nunca alcanza la inmutabilidad de las obras de las artes «verdaderas» ni la pureza de las creaciones imaginarias, precisamente porque sus obras son verdaderas y, por tanto, vulnerables, porque están manchadas con la impureza de la realidad: la sangre, la muerte. Parece fracasar en su intento de producir una verdadera representación, condenado como está a la presentación de lo verdadero: un verdadero peligro, una herida abierta, la muerte. Pero al mismo tiempo supera el sueño, instala la escena de la representación en la arena de la realidad. A eso debe su fuerza. La otra escena, la del arte, está, gracias a él, aquí abajo. El otro mundo está en éste. Está ya ahí. Cuando a veces se instala durante unos minutos ante nuestros ojos en las plazas y creemos estar soñando despiertos, cuando todo da un vuelco repentino y lo verdadero se vuelve una obra, cuando se borra la frontera entre presentación y representación, vemos perfectamente de qué está hecho el arte y aquello a lo que tal vez aspiren todas las demás artes, bajo sus apariencias: llegar ahí, a ese punto, llegar a ser igual de *reales*, sin cesar de ser aparentes.

Se podría decir de ese arte impuro que es la «transfiguración de lo vital», en el sentido en que Arthur Danto ha podido hablar de «transfiguración de lo trivial» a propósito del gesto artístico mediante el cual Marcel Duchamp transformó, hacia 1913, el objeto cotidiano (escurreplatos, pala para apartar la nieve...) en una obra... substrayéndolo a la vida cotidiana para exponerlo a las miradas (el *ready-made*). Con frecuencia se ve en ese acto «transgresor» de Duchamp el origen de lo que, más allá del arte «moderno», iba a llegar a ser el «arte contemporáneo», de las *performances*, las «instalaciones», el *body art*, etcétera. El arte contemporáneo heredero de Duchamp es un arte de la *presentación*... que ha roto con todas las formas de la *representación*. Ahora bien, la invención del arte del toreo por Belmonte no sólo es contemporánea del nacimiento del arte moderno, sino también del gesto de Duchamp y constituye el otro extremo simétrico de éste, pues lo que se vuelve obra de arte, al ser substraído de la vida más cotidiana para ser *presentado*, no es lo «trivial», sino lo «vital» (lo menos cotidiano, lo más raro, lo más grave), que se vuelve obra de arte al ser *representado* y, mientras que Duchamp funda el «arte contemporáneo» al dar la espalda a los cánones de la belleza clásica (el urinario) y al romper con las convenciones de la representación, ya que lo *presentado* —y ya no reproducido— es lo más trivial de la realidad, Belmonte hace lo contrario: funda un nuevo arte clásico que *presenta* al desnudo lo más vital de la realidad (el combate, la herida, la muerte), pero que lo transfigura al *representarlo* y hacer con ello una obra conforme a los cánones de la belleza clásica. De un combate gratuito, de un desafío a la muerte, hace un nuevo arte, en el momento mismo en que las antiguas artes de la representación parecen haber agotado todas sus posibilidades. De un espectáculo que, siempre presa del exceso y del desorden, raya a veces en lo sublime, Belmonte hace un nuevo arte de lo bello, un arte del orden y la mesura. Es que no fue sólo contra la realidad siempre amenazante (el toro, ser vivo, su embestida imprevisible, el posible accidente) como hubo de edificarse la belleza del toreo posbelmontiano, una realidad que se le resiste, sino también contra la desmesura del espectáculo, su grandeza salvaje, su fuerza indomada: la belleza del toreo es conquistada a la realidad, que, al tirar de él hacia abajo, por decirlo así, podría anularlo y también es conquistada a lo sublime, que, al tirar de él hacia arriba, lo proyecta hacia lo indefinido y podría igualmente echarlo a perder. La belleza del toreo debe vencer a la realidad y domesticar lo sublime.

El arte del toreo conserva su marca original e híbrida de ese doble origen; es a la vez un arte de la presentación y un arte de la representación. Lo que muestra es efectivamente real, no se trata de una reproducción: el toro está vivo y el torero no está «representando»; lo que interpreta, lo que se juega es su vida. Así, pues, como todo arte contemporáneo, es «actuación», con su parte de contingencia y aleatoriedad; por ser improvisado, parece carecer de «obra», ya que ésta se agota en su realización. El combate real es a veces sublime, pero el combate sublimado, por su parte, obedece a los cánones de la belleza y, como todo arte clásico —pintura, escultura, literatura— debe ser también un arte de la representación.

Puede parecer extraño: así, pues, ¿el toreo «representa» algo? ¿No es simplemente el espectáculo (la «presentación») de un combate real de un hombre contra un toro? Sí, eso es la corrida de toros... que, en efecto, no «representa» nada y no tiene ni sentido «transcendente» ni significado exterior a lo que muestra, pero el toreo, el arte de esquivar la embestida de los toros con arte, sí que *representa* algo. Pues, ¿qué? Observemos: un hombre desafía a un ser vivo que amenaza su vida, gratuitamente, por juego, y esquiva mediante un pase el peligro de muerte, como si tal cosa, de la forma más *bella* y natural posible. El toreo es la «puesta en juego» de la vida y una puesta en juego por la belleza del gesto. Entonces, ¿qué representan el cite, las suertes, las tandas y la faena así creados, sino la vida, *puesta en juego*, a su vez, o, dicho de otro modo, representada: amenazada a cada instante, conquistada a cada instante libremente a la adversidad y reconquistada a la muerte, en lugar de ser vivida simple y pasivamente, como la vivimos sin cesar, indiferentemente, sin tener siquiera conciencia de que *vivir es un acto*. Así, pues, el toreo representa lo que parece presentar simplemente: la vida. Lo que tal vez *presente* es la muerte, pues la exhibe y con mucha más realidad seguramente que en ningún otro arte o espectáculo, pero *representa* la vida, al menos en el sentido más propio del término, es decir, el vivir, el *acto* de vida, la vida en su actualización misma: el vivir puro y simple, sin contenido, sin representación, como pura forma vacía del vivir y de la voluntad de vivir. Durante la suerte, durante la faena, se ve hacerse la «voluntad de vivir». Es la conquista *de cada instante* a la muerte, ya que el vivir así representado no es otra cosa que el «conjunto de las fuerzas que se resisten a la muerte» (Bichat). La interpretación del torero, en el sentido en el que se dice del actor en representación que interpreta, es la del vivir. Provocar y esquivar la posibilidad de la muerte es reconquistar la vida durante el tiempo de la obra. A cada instante, todo podría perderse y eso es lo que el toreo nos *muestra*: es claramente el arte de la transfiguración de lo vital en representación. Así, pues, el toreo es más y menos que un arte. Es más que un arte porque es *verdadero* y ésa es la razón por la que nunca será del todo un *arte*: lo que presenta, la realidad de la muerte, amenazará siempre lo que pretende representar, la voluntad de vivir.

Capítulo 7

La singular alquimia del placer taurino

Lo que es una locura es que aún haya toreros, hemos dicho más arriba. Es el misterio de la pasión taurina, la *afición*. La otra cara de ese misterio es el *aficionado*. Se trata de un hombre —o una mujer— que podría quedarse tranquilamente en su casa leyendo libros excelentes o cultivando su jardín, que podría ir, como todo el mundo, a un estadio, al cine, al teatro, a un concierto, y decide pagar más que por todo eso para asistir a un espectáculo, con frecuencia decepcionante, en condiciones incómodas, que el más achispado de los *hooligans* rechazaría horrorizado... El aficionado (¡y yo lo soy!) me resulta un misterio insondable. ¿Tras qué secreto arrobamiento corre? ¿Qué regalo precioso y único le dan las corridas de toros, que no cambiaría por nada del mundo? La respuesta a ese enigma radica seguramente en la singular composición del placer taurino. ¿Cuáles son sus ingredientes? El análisis alquímico debe acudir en ayuda de la introspección.

Comencemos por los primeros placeres, los más exteriores al espectáculo. En primer lugar, los de la fiesta, pues «el toro es una fiesta», como lo ha sido siempre, interrumpe la monotonía de los días y la pesadez de las tareas: las ferias de todas clases, siempre jubilosas, la sevillana, la locura de los sanfermines de Pamplona, la explosión de las fallas de Valencia, las bodegas nimeñas o las charangas daquesas. (Se puede ir a los toros al salir del metro y del trabajo, como en Madrid, pero, ¡entonces se suele estar de mal humor!) Bien, nada de toros sin fiesta, está claro, pero, salvo algunas bandas borrachas que apenas miran la corrida, no se va a la plaza *para* hacer fiesta, al menos no el aficionado, que precisamente se ausenta dos horas de la fiesta para participar en la liturgia taurina. No consideremos de poca monta las delicias del ceremonial (música, trajes, colores, etcétera) ni los encantos de la escenificación (paseíllo, trajes, ritual, pañuelos, pasodobles, olés): desempeñan un papel considerable en las primeras emociones taurinas, los descubrimientos del niño o los del espectador ocasional. Para el aficionado, todo eso es un simple aliño. Apenas lo nota, por tener su atención tan centrada en la relación entre el hombre y el toro. Así, pues, pasemos rápidamente sobre todas las modestas satisfacciones mediante las cuales prolonga su placer de la plaza; las tertulias en las que revive la corrida, las eternas polémicas para arreglar el planeta taurino, las largas veladas de invierno en las que hojea sus recuerdos, sus libros, sus colecciones diversas. Penetremos en la intimidad de su disfrute propiamente taurino.

Dos ingredientes son indiscutiblemente constitutivos de dicho disfrute y son opuestos. Una satisfacción intelectual, cuando la mirada se clava en los gestos del hombre, y un sobrecogimiento físico, cuando se centra en el combate del toro. El placer intelectual consiste en *comprender* lo que hace el torero (y con frecuencia incluso el toro), en intentar prever lo que podría hacer o juzgar lo que debería hacer: abreviar el tercio o prolongar la suerte de varas, alargar el pase o adelantar la pierna, torear con la mano izquierda en lugar de con la derecha, citar desde más lejos, «tocar» más tarde o más alto o más despacio, bajar la mano, cambiar de terreno, interrumpir la faena, coger la espada, etcétera. Aunque las mayores emociones taurinas nos dejen asombrados, aunque las faenas más geniales rayen por fuerza en lo irracional (ya es que no se entiende nada al respecto), entender contribuye al placer corriente de la plaza: sin ese componente intelectual, compuesto de un poco de comprensión de las causas y un mínimo de anticipación de los efectos, no se podría interpretar lo que hace el hombre, bien o mal, ni apreciar lo que ocurre en la arena, no habría continuidad de la faena ni de la lidia. Para algunos aficionados (como el Doctos del prólogo), todo el placer consiste precisamente en considerarse inteligente por haber sabido comprender cómo ha podido el torero dominar a su adversario o por qué no ha sabido hacerlo. En cambio, para otros no hay placer más intenso que el de poder maravillarse simplemente con la inteligencia del hombre que ha sabido encontrar el sitio adecuado, la distancia correcta, el ritmo, que ha podido imponerse al toro manso en la lidia o convertir al adversario en colaborador. Todo aficionado gusta de entender, aunque también de verse subyugado, pues el mayor de esos placeres intelectuales es la admiración.

Otro placer se centra en el animal. Es tan orgánico como el anterior es cerebral. Es el placer en bruto ante el desencadenamiento de las fuerzas de la bravura. (Es uno de los placeres a los que se refería nuestro Atlos.) La fiera que sale del toril para pelearse o se planta en medio del ruedo para desafiar a todo intruso, la que se arranca sobre todo lo que se mueve, embiste con impetuosidad al caballo de picar, vuelve a embestir con obstinación, combate a despecho de su propio sufrimiento, suscita en todos los aficionados una excitación muda y mezclada de respeto. Es la estupefacción que se experimenta ante el poder irresistible de la naturaleza. Esa sensación de embobamiento ante una grandeza que nos supera es lo que hemos llamado el placer estético de lo *sublime*, pero ante el toro hay algo más. No es la simple satisfacción de sentir un terror sublimado. Se mezcla con él una auténtica admiración «ética» ante la bravura del toro, tan próxima a las virtudes humanas, pues esa bravura es una fuerza vital, no una simple violencia natural, sirve a una lucha a muerte, no es una agitación vana y desordenada; es una energía irresistiblemente encaminada hacia su diana. Esa extraordinaria fuerza de vida es la que el gran torero es capaz de expresar y hacer surgir de la animalidad misma... para mayor placer nuestro.

Así, pues, por un lado hay esa fuerza que corre y, por otro, esa inteligencia que la engaña. Sin embargo esos dos ingredientes indispensables para el placer taurino no constituyen aún lo esencial de él, pues sólo marginalmente son suscitados por la *relación* del toro y del torero. De su encuentro es del que nace el placer propiamente taurino, el que hace ir a Sacerdos todos los días a las plazas, el placer de ver que se ha producido lo inesperado. Frente al ataque de una fiera armada, el instinto nos hace huir o retroceder. Ésa es la reacción natural. Frente al mismo ataque, el torero aguanta, ésa es la virtud de los Paco Ojeda y los José Tomás. Más aún: la inmovilidad triunfa sobre la movilidad, la quietud supera la violencia, la astucia desnuda triunfa sobre la fuerza bruta. ¡Olé! Evidentemente, la tauromaquia es más que eso, pero es *en primer lugar* eso y el placer taurino estriba en primer lugar en eso, pues sentados en nuestro sitio, oscilamos entre la *tensión* física de la embestida y el *alivio* tranquilizador de su desvío: los dos tiempos de toda descarga de goce. El placer surge de esa oscilación cadenciosa entre espanto y admiración. Ahí están los dos constituyentes del placer trágico, el de la catarsis de las emociones: el «temor» (ante el animal) y la «empatía» (por el hombre) y ahí no se trata de teatro. Es *de verdad*. En eso estriba la diferencia radical. El héroe trágico es representado por un actor, pero la plaza es ese teatro único en el que se representa de verdad una obra que cuenta siempre la misma historia y cuyo drama no está, sin embargo, escrito nunca. En ella se admira a héroes intrépidos que se elevan por encima de los mortales al consentir poner su vida en juego... en nombre de una libertad más fuerte que todas las necesidades, la que mueve al hombre común a huir ante el peligro o la que ordena a todos los seres vivos exteriorizar sus emociones. El torero, por su parte, no huye, no manifiesta nada: ni miedo ni molestia. Parece despegado... y, por tanto, libre. En el torero, el propio instinto vital está sometido al control de la libertad. Eso es lo que en ninguna otra parte se podrá ver. En el circo, el trapecista, me dirán. Es cierto, también ahí hay «tensión-alivio». El espectador de circo que tiembla deliciosamente durante los redobles del tambor antes del triple salto se parece, en efecto, al espectador de la corrida, cuando el torero se arrodilla delante de la jaula de la fiera antes de su entrada en el ruedo (a porta gayola), pero, en cuanto el toro ha salido y se ha ejecutado el primer capotazo (un farol), el placer taurino vuelve a ser singular, comparable a ningún otro, pues esa vez el peligro ya no es un vacío, un agujero abierto: es *otra* fuerza de vida que, por su parte, está encadenada a su deseo de vivir.

No debemos omitir un ingrediente esencial: el placer propiamente estético. El torero no juega sólo con su inteligencia para excitar la nuestra ni con su valor para calmar nuestro miedo, crea belleza. Es la que busca nuestro Calímaco: equilibrio de las líneas y los volúmenes en tensión opuesta, como en la obra plástica, armonía de los acontecimientos consonantes o disyuntos, como en la obra musical, bodas del azar y la necesidad, como en toda actuación única. En la gran faena artística, todo es improvisado y, sin embargo, todo parece sobrevenir milagrosamente cuando es necesario y porque lo es. De una fuerza caótica, imprevisible, porque es vital, el artista hace una forma previsible y, por decirlo así, racional, que obedecería sin esfuerzo a su voluntad y de la que toda imperfección, la de los seres reales, y todo accidente, los de la vida verdadera, parecen haber desaparecido: la Idea misma realizada en lo sensible.

¿Hemos acabado el análisis del placer taurino? Sí y no. Sí, en un sentido, pues seguramente no entraña nada más que esos cuatro elementos constitutivos: el placer intelectual de comprender lo que hace el hombre, el placer orgánico de ver expresarse la fuerza del animal, el placer carnal de tensión-alivio ante la relación física del hombre y del animal, y el placer estético de la belleza de las formas creadas por el torero a partir de las embestidas del toro. Sí, también porque, con esos cuatro ingredientes, se podrán encontrar los diversos placeres de los que hablan los amigos aficionados, esos hermanos tan desemejantes. Sí, siempre, porque esos cuatro ingredientes, diferentemente dosificados, componen los placeres tan diversos que nos dan individualmente los diferentes toreros. No es que a cada uno de éstos corresponda exclusivamente tal o cual tipo de placer —en todos hay por fuerza mezclas—, sino que, según su estilo, tal o cual especie predomina en el gusto que su toreo nos deja en la boca: algunos, como Ponce, a fuerza de inteligencia nos vuelven más inteligentes; otros, como El Fundi, muestran hasta tal punto la omnipotencia de su adversario, que olvidamos que son ellos quienes nos hacen verla; otros, como Rincón o El Cid, calman a cada instante una tensión que hacen renacer sin cesar; otros, como Manzanares o Morante de la Puebla, nos hacen vislumbrar formas puras en las que no parece haber la menor tensión, la menor materia incluso. Sí, hemos repasado toda la gama de los placeres taurinos, porque seguramente podríamos clasificar más o menos a los aficionados en cuatro categorías, según los consideremos más sensibles a tal o cual de dichos placeres, si bien los «buenos aficionados» buscan —y sienten— los cuatro placeres: el mejor aficionado es, como se suele decir, el que tiene a más toreros y toros en la cabeza, pero es porque experimenta la corrida en todas sus dimensiones y el placer taurino en todas sus formas.

Sin embargo, no hemos dicho lo esencial, a saber, lo que el placer taurino tiene de exclusivo. No es ni la emoción física del miedo calmado ni la emoción estética de la belleza contemplada, sino su conjunción, su singular síntesis precisamente, pues esas dos emociones son contrarias. Sus placeres son normalmente incompatibles o al menos opuestos y lo que vamos a buscar en las plazas, lo que sólo en ellas podemos encontrar, no es exactamente ni uno ni el otro, es su improbable unión.

Improbable e incluso aparentemente imposible, pues lo propio de una emoción estética «normal», al menos cuando se trata de *belleza,* es que la suscite un objeto, un estado de cosas, una obra (un cuadro, una música, un poema, etc.) del que nos parezca que ha desaparecido toda presión vital. Para ver la belleza de algo, hay que tener en cuenta su simple apariencia, satisfacerse con su pura forma exterior, gozar del placer de su simple presencia sensible; así, pues, hay que hacer abstracción de su utilidad, dejar de preguntarse para qué sirve, dejar de preocuparse por sus ventajas o inconvenientes prácticos, ser indiferente incluso a su existencia concreta: así es como se puede contemplar la pura «representación», la armonía de sus formas, de sus colores, su equilibrio estático, dinámico, etcétera. Una cosa útil puede ser bella, pero, para poder *verla como bella*, hay que dejar de *verla como* útil. Ésa es la condición para la actitud estética. Es el lujo de un ser vivo totalmente sosegado, que puede gozar de la apariencia de las cosas sin desearlas ni temerlas. Kant lo dijo en otros términos (*Crítica del juicio*, § 2). Podemos referirnos también a la tesis de Edward Bullough sobre la actitud estética: es, según nos muestra, la «distanciación psíquica» de toda consideración práctica e incluso de todo interés vital. Una niebla sobre el mar, por ejemplo: nada hay más espantoso… cuando estamos en el mar. Pero, si ponemos entre paréntesis y dejamos fuera todo riesgo para nuestra propia vida o la ajena, entonces esa misma niebla puede ser, por sus simples efectos sensibles, el venero de una emoción puramente placentera: ese juego de colores confundidos y de formas mezcladas *es bello*. Nada más ajeno, por tanto, a la contemplación estética que el peligro, nada más alejado de la belleza que el miedo. Eso es incluso lo que *gusta* en la belleza, esa atenuación de toda tensión de la «voluntad de vivir» o del miedo a morir. La belleza en el arte ignora el miedo y, más en general, toda emoción interesada. Por eso, el arte clásico, el que aspira a la belleza, es pura *representación*. El sosiego que nos ofrece corrientemente la belleza es el de otro mundo, purgado de toda tensión, de toda urgencia.

Ahora bien, eso es precisamente lo contrario de las corridas de toros, pues, si la emoción estética taurina fuera desinteresada en ese sentido, desprovista de toda presión vital y, en particular, de miedo (todo miedo es en el fondo miedo a morir), estaría vacía, dejaría de ser «taurina». Lo propio de la emoción taurina es precisamente que une ese desinterés de lo bello con el interés supremo, la vida, es que produce belleza sobre un fondo de riesgo de muerte. Se trata de algo que es normalmente imposible y que está vedado por todo arte interesado en la belleza. El objeto espantoso, mientras espanta, no puede ser contemplado, menos aún puede gustar o verse como bello. Por eso es la belleza taurina tan fuerte, tan violenta, tan desgarradora. Su clamorosa luz se recorta sobre el fondo de su opuesto absoluto, la negrura del miedo, el miedo de la negrura, y no cesa de vacilar, al borde del abismo en el que a cada instante corre el riesgo de caer. Nunca es segura, nunca viene dada. Nunca se puede tenerla, sujetarla, retenerla, para contemplarla por fin. Parece escapársenos en el momento mismo en que se nos da y, a cada segundo en que, aun así, perdura, pese a todo (pese al miedo), es como un milagro, porque parece contraria a la ley según la cual eso no puede durar, no puede seguir siendo bello. Una gran faena es el milagro de la creación continua. Su belleza se conquista a cada instante a su emoción contraria, que la amenaza: el miedo que tenemos a la muerte del torero. Sentimos las dos cosas al mismo tiempo y esas dos emociones, en la «gran faena», lejos de anularse, se suman, se multiplican una a la otra, pues las vivimos al mismo tiempo, una pese a la otra, una contra la otra, una en la otra. (¿Se va a ver la tragedia para llorar por el dolor de Bérénice o para gozar de la belleza del verbo raciniano? La pregunta carece de sentido: gozamos con esa belleza que entraña ese dolor y lloramos por su fusión. En la corrida, el placer nace de la misma unión de los contrarios, que, sin embargo, no son los mismos. En la tragedia, no se muere de verdad y, sin embargo, es un sufrimiento verdadero, y en la corrida no hay sufrimiento de verdad, todo es juego, y, sin embargo, hay heridas y se muere de verdad, por lo que se trata de un miedo de verdad. Así, pues, el placer de la fusión entre poesía del toreo y miedo a la muerte de verdad es absolutamente único.)

En la corrida nunca podemos vivir sólo la belleza sosegada. Aburriría, sosa, empalagosa. Y tampoco podemos satisfacernos con el miedo por el torero sin buscar en él la poesía —o al menos la grandeza— del toreo. El miedo solo sería insoportable. Así, pues, vivimos los dos, a la vez despegados del miedo para ver la belleza del toreo y apegados a la vida del torero para seguir su lidia, pero lo que aumenta aún más nuestro placer, en el momento mismo en que se mezclan esas dos emociones, es ver que esa *distanciación estética* que nunca podemos lograr del todo en relación con la belleza del toreo, pues tenemos miedo por el torero, éste, por su parte, la realiza completamente: nos muestra, a su vez, esa distanciación de su propia vida que nosotros no podemos hacer respecto de la suya. Esa actitud de total desapego *estético* que nosotros, pobres mortales espectadores de la corrida, nunca podemos lograr completamente, la vemos realizada en el torero en la forma de su desapego *ético*. Contémplese de nuevo al torero en sus obras, véase su elevación por encima de las vicisitudes de la lidia, su distanciación de sus propias emociones, su actitud ostensiblemente «desinteresada», como si su vida misma importara poco, no más que la niebla en el mar cuando no estamos en el mar. Recordemos su virtud de aguante, esa ciudadela interior, esa libertad conquistada mediante la indiferencia para consigo mismo. Parece poner su cuerpo entre paréntesis, elevarse por encima de su vida, interpretarla: *presentar* su vida al toro a fin de poder *representarla* para nosotros. El desapego de su propia vida nos permite vislumbrar en su pureza la belleza sin el miedo. Su distanciación ética es el equivalente de nuestra distanciación estética. En el fondo es la misma: la elevación por encima de la vida y la muerte. Cuando la contemplación del toreo se confunde con la admiración por el torero, entonces las dos emociones contrarias —el miedo y la belleza— se funden en una sola, improbable y más violenta que ninguna otra.

Así, pues, busque el lector en sí mismo cuándo surge espontáneamente el olé de sus entrañas: ¿acaso no es precisamente cuando, sobre el fondo de ese riesgo extremo, de esa tensión absoluta, surge la evidencia del gesto aparentemente desprovisto de toda presión vital y que parece proceder del mundo sosegado de la representación pura? ¿Acaso no se trata de lo que se llama precisamente el gesto torero... gesto ético tanto como estético? Y usted, lector, ¿acaso no sabe, entonces, que sólo la corrida puede procurarle ese placer único, tan carnal como casto, tan profundamente físico como espiritual, tan vital en su fondo como desinteresado en su forma?